Si les hommes pouvaient parler...

Alon Gratch

Si les hommes pouvaient parler...

Les 7 clés de la psychologie masculine

Traduit de l'anglais (États-Unis)
par Corinne Marotte

Petite Bibliothèque Payot

Titre original :
If Men Could Talk...
here's what they'd say
This edition published by arrangement with Little, Brown & Company (Inc.), New York, New York, USA.

106, boulevard Saint-Germain, 75006 Paris

AVERTISSEMENT

Les cas décrits dans ce livre sont des composites. Je les ai délibérément mélangés et transformés afin de protéger le droit de mes patients à la confidentialité et à l'anonymat. Ainsi, tous les noms de mes patients ont été changés, tout comme d'autres aspects de l'identité de ceux-ci : profession, état civil, âge, et contexte familial. J'ai aussi modifié certains détails de leur expérience et de leurs rêves. Toute ressemblance avec des personnes vivantes ou mortes ou avec des événements réels serait le fruit d'une pure coïncidence.

INTRODUCTION

Les hommes sont difficiles

Les hommes sont difficiles. Souvent, ils ont l'air distants et fuyants. Ou râleurs et odieux. Et si vous cherchez à savoir pourquoi, les choses empirent : ils se mettent sur la défensive et rentrent dans leur coquille, impénétrables. À la différence des femmes qui, pour la plupart, expriment ce qu'elles ressentent, les hommes ont en effet un mal fou à s'ouvrir aux autres. Mais lorsqu'ils y parviennent, ils révèlent toujours un moi intérieur à la fois puissant et incroyablement vulnérable. Je vous propose de partir à la découverte de ce moi caché. À mesure que nous explorerons le monde intérieur des hommes, nous serons confrontés à un paradoxe, qui fonde la masculinité : l'identité de l'homme repose, non pas sur les désirs masculins de celui-ci, mais sur ses désirs féminins.

Je suis psychologue clinicien et, ce qui est peu fréquent, l'essentiel de ma clientèle est constituée d'hommes. Alors que la majorité de mes confrères passent leur temps à écouter leurs patientes se plaindre des hommes, qui ne parlent pas, n'écoutent pas et ne comprennent rien, ce sont justement ces hommes-là que j'accueille dans mon cabinet. Et, avec un peu d'aide, voici qu'ils se mettent à parler, à écouter et à comprendre.

Je suis persuadé que les femmes chercheront toujours à décoder les comportements masculins dans le but d'améliorer leurs relations avec les hommes. Pour de nombreuses femmes, c'est même un enjeu prioritaire. Avec ce livre, j'espère les aider à atteindre cet objectif, non pas en leur indiquant ce qu'elles doivent faire, mais plutôt en les invitant à pénétrer, au niveau émotionnel et spirituel, dans le « réduit intérieur » de l'homme. Je voudrais partager avec elles les expériences que j'ai eues avec mes patients de sexe masculin et le travail que j'ai accompli, en tant que psychologue, lorsque j'ai dû faire face à certains des aspects les plus troublants de la psychologie masculine.

Mais ce livre ne s'adresse pas qu'aux femmes. J'espère bien, en effet, que des hommes le liront. En voyant comment d'autres hommes luttent pour se sortir de leur isolement émotionnel et comment j'ai pu les toucher, créer des liens avec eux, peut-être se reconnaîtront-ils, se sentiront-ils émus et compris. Aussi balbutiante, secrète ou partiellement inconsciente soit-elle, peut-être parviendront-ils alors à une meilleure connaissance d'eux-mêmes.

Ce qui pousse un homme chez le thérapeute et ce dont il finit par parler sont deux choses différentes. D'ailleurs, au début, il ne dit généralement rien – en tout cas, rien qui soit signifiant ou intéressant. En un sens, il consulte *parce qu'*il ne parle pas. Intimement persuadé, sans toujours en avoir conscience, que parler c'est perdre du temps et que les actions en disent plus que les mots, il entame souvent sa thérapie comme il conduit : au lieu de demander son chemin, il fonce tout droit, jusqu'à ce qu'il se retrouve dans une impasse, ou soit perdu, ou ait un accident. Et même là, certains évitent encore de demander de l'aide, en comptant sur la personne assise à côté d'eux pour le faire.

Beaucoup de mes patients débarquent ainsi dans mon cabinet après avoir commis un acte destructeur et/ou avoir été encouragés par leur épouse ou leur petite amie. Dans ce dernier cas, ils sont souvent « poussés » à venir parce qu'ils refusent de communiquer, ou parce que leur seul moyen de communication consiste à exploser de colère ou à se comporter violemment. Parfois, et pour les mêmes raisons, c'est leur patron ou un collègue qui les incitent à consulter. Et souvent, qu'il s'agisse d'une menace de divorce ou de licenciement, il y a un ultimatum à la clé.

Si certains hommes se décident pour des raisons analogues à celles des femmes – dépression, anxiété, difficultés relationnelles –, la plupart viennent consulter parce qu'ils rencontrent des problèmes typiquement masculins, et ils le font dans un style qui leur est propre. Quels sont ces problèmes ? Des études ont montré chez les hommes des prédispositions particulières à l'alcoolisme, à la prise de drogue et aux comportements antisociaux ; pourtant, la majorité de ceux que je reçois dans mon cabinet ne correspondent pas à ces critères diagnostiques. Et comme on ne peut pas non plus les confondre avec des femmes, il doit y avoir autre chose. Beaucoup traversent une crise professionnelle. Subir un licenciement ou une restructuration est une expérience traumatisante, mais un sentiment d'échec, voire un manque de succès, peuvent aussi précipiter la crise. Bien d'autres raisons d'ordre professionnel les poussent également à consulter : difficultés à prendre des décisions ; tendance à se retrouver impliqués dans des conflits politiques coûteux ; sentiment d'être opprimés ; ennui au travail.

Je vois aussi des hommes sans aucun problème professionnel. Ceux-là souhaitent que je les aide à faire face à un profond sentiment d'incertitude, à des instincts de survie surdéveloppés, à une soif d'émotion qu'ils avaient jusque-là parfaitement réussi à mettre au service de leur carrière. Certains d'entre eux viennent parce qu'ils s'aperçoivent qu'ils ne se sentiront jamais rassasiés. D'autres parce qu'ils ont payé un lourd tribut à leur succès : leur femme et leurs enfants leur sont devenus étrangers, ou bien ils ont le sentiment d'avoir échoué sur le plan personnel.

Enfin, beaucoup consultent parce qu'ils ont – ou pensent avoir – des problèmes sexuels. Ceux qu'ils évoquent le plus couramment sont l'impuissance, l'éjaculation précoce, les fantasmes gênants, les doutes quant à leur identité sexuelle, l'infidélité, les pulsions sexuelles fortes ou compulsives. On trouve dans ce groupe des patients chez qui la honte est si grande qu'ils mettent des mois avant d'avouer la raison pour laquelle ils sont venus me voir. D'autres sont tellement obsédés par le sexe qu'ils tiennent à la moindre occasion des propos d'une crudité qui frôle parfois la pornographie. Et d'autres enfin ont recours à la plaisanterie pour masquer leurs angoisses sexuelles.

Et si ce n'était pas une question de sexe ?

Il y a plusieurs années, j'ai pris conscience que ma clientèle était différente de celle de mes confrères. Ce fut d'abord un sentiment diffus. Quand je donnais des cours, quand je faisais des supervisions, ou lorsque je comparais mes notes avec celles de mes confrères, j'avais l'impression que mes patients formaient un groupe plutôt vivant et pittoresque et que, au fond d'eux-mêmes, ils vivaient leurs problèmes avec plus d'intensité, voire plus d'audace, que d'autres. La différence la plus flagrante était qu'ils finissaient toujours par me raconter, avec moult détails et explications, des fantasmes sexuels provoquants. Il leur arrivait également de critiquer mes chaussures et de se moquer de mes cravates, d'analyser mes propres commentaires et mes motivations, de me demander quelle était ma couleur préférée, d'essayer de me surprendre en train de mentir, ou encore, par jeu, de m'accuser de les manipuler ou de les utiliser comme cobayes. Ils faisaient aussi preuve d'amour et de reconnaissance.

Au début, j'ai pensé être à l'origine de tout cela – et, dans une certaine mesure, ce n'était pas faux. Puis je me suis aperçu que la plupart des patients avec lesquels je comparais les miens étaient des femmes. Il est évident que les hommes diffèrent des femmes. Mais se pouvait-il que, derrière leur façade dure comme de la pierre, dormît un monde fascinant d'émotions contradictoires ? Finalement, je compris une chose : à condition d'être placés dans un certain contexte émotionnel, les hommes *peuvent* parler – et ce qu'ils ont à dire ne manque pas d'intérêt.

De quoi s'agit-il ? Le contexte émotionnel dont je parle ici n'est guère enseigné à l'université et vous ne le trouverez pas non plus dans les manuels de psychologie. Il correspond plutôt à ce qu'un psy « suffisamment bon » (pour paraphraser Winnicott) met de lui-même dans la relation thérapeutique ; il est aussi, et surtout, ce que chacun d'entre nous peut, avec un minimum d'attention et d'amour, apporter à un être cher. Le contexte émotionnel associe un certain état d'esprit et des outils personnels forgés à partir de quelques éléments de base comme le jeu, l'humour et la curiosité.

Pour moi, le processus thérapeutique n'est pas un traitement médical spécialisé, mais une extension des processus relationnels naturels, principalement l'amour – que je définirais comme le fait d'apprendre à connaître, à ressentir et à apprécier le monde intérieur de l'autre. Il en découle que le lecteur devrait être capable d'appliquer à sa propre vie la plupart des techniques thérapeutiques présentées dans ce livre. Par exemple, l'une des choses les plus importantes que fasse le thérapeute est d'interroger le patient sur sa manière de penser. S'il est honnête, il le questionnera par curiosité et par intérêt, et non pas dans le but de l'influencer ou de le changer. Si vous vous plaignez que les hommes ne parlent pas, posez-vous plutôt la question de savoir à quand remonte la dernière fois où vous avez demandé à un homme ce qu'il avait en tête – non pas pour lui arracher une information, mais simplement parce vous y accordiez de la valeur. Naturellement, certaines questions sont plus pertinentes que d'autres, il y a des moments plus propices que d'autres pour les poser, et la façon de les poser importe aussi – tout cela figure dans ce livre.

Si vous demandez à une femme ce qui la tracasse, vous obtenez en général une réponse. Pour accéder au monde intérieur des hommes, il faut emprunter un chemin plus tortueux. Et parfois s'exposer à des propos crus ou vulgaires. À son retour de vacances, l'un de mes patients, officier de police en retraite, me déclara de but en blanc : « J'ai gagné cinquante-cinq mille dollars au black-jack à Las Vegas, la semaine dernière. » Alors que je m'attendais à ce qu'il commente le fait qu'il venait quasiment de doubler la somme qu'il avait mis toute une vie à économiser, il arbora un sourire triomphant et ajouta : « Et ma femme m'a taillé une pipe ce matin. » Cette dernière information semblait réellement lui importer plus que la précédente. Mais était-ce parce qu'il était question de sexe, ou bien parce qu'il s'agissait d'un succès dû moins à la chance qu'à la conception que ce patient avait de sa supériorité masculine ?

Oui, les hommes ne pensent qu'au sexe. Mais lorsqu'ils en parlent ouvertement et sans inhibitions, il devient clair que cet intérêt sexuel leur permet souvent d'exprimer autre chose. Pour paraphraser la célèbre formule de Freud, « parfois un pénis est juste un cigare ». Cette idée que les hommes, au travers du sexe, font passer des sentiments puissants et inconscients m'est apparue lors d'un séminaire que j'avais organisé sur la sexualité masculine. Pompeusement intitulé « Transfert et contre-transfert en psychothérapie dans les cas de troubles (et de comportements normaux) sexuels masculins », il avait pour but de montrer aux professionnels de la santé mentale comment aider leurs patients mâles à évoquer et à comprendre leurs propres problèmes sexuels. Les participants – en majorité des femmes – trouvèrent les informations fournies intéressantes et utiles. Mais je m'aperçus peu à peu que les six ou sept concepts autour desquels était organisé le séminaire caractérisaient non seulement la sexualité, mais aussi, de manière générale, la psychologie masculine. Je commençai alors à réexaminer, au travers du prisme de ces concepts, tout ce qu'au cours des années j'avais pu apprendre de ma clientèle privée comme de celle que je voyais en entreprise, ainsi que tout ce que j'avais noté de ma propre évolution en tant qu'homme. Finalement, je réorganisai ces concepts en sept éléments ou attributs psychologiques, tout en tenant compte des recherches qui avaient été menées dans ce domaine : chaque attribut expliquait pourquoi les relations avec les hommes sont si difficiles, et pourtant tellement irrésistibles.

Les 7 attributs masculins

Les deux premiers attributs que je vais évoquer expliquent pourquoi les hommes ont tant de mal à parler de ce qu'ils ressentent. Ce sont eux qu'ils utilisent comme défenses psychologiques pour se protéger de la douleur qui accompagne les cinq autres éléments. Nous allons donc emprunter le même chemin que celui de la relation thérapeutique, ou de toute relation intime : de l'extérieur vers l'intérieur, de l'apparence vers la substance, de l'inhibition vers son interprétation rassurante.

La honte

La honte (« Un vrai mec ne pleure pas ») est la raison la plus courante pour laquelle un homme ne se laisse pas aller au dialogue émotionnel. Nous savons tous que c'est un sentiment extrêmement douloureux, mais nous ne nous rendons pas toujours compte de son caractère destructeur. Dans les relations de couple, par exemple, les hommes projettent souvent sur leur partenaire leur propre honte devant l'échec. Ils critiqueront son apparence, exigeront qu'elle s'habille comme ci ou se coiffe comme ça. Dans ce type de rapport, l'homme cherche à se débarrasser de la honte qu'il éprouve face à sa propre médiocrité ; il insiste pour que sa compagne soit brillante, de façon à avoir, à travers elle, une meilleure opinion de lui-même.

La femme se sent alors contrôlée et jugée. Pire, elle finit par avoir honte de ses propres imperfections (physiques). Lorsque le cercle de la projection se referme et qu'elle ressent enfin ce que lui ressentait au début, l'affrontement est terrible. Elle l'accuse d'être critique et de vouloir la contrôler ; il lui reproche d'être insensible et hostile.

De telles disputes pourraient être facilement évitées si, dès le départ, au lieu de se concentrer sur les performances de sa partenaire, l'homme se connaissait suffisamment et était par exemple capable de dire : « Je ne me suis pas senti utile au bureau aujourd'hui. » Si l'homme ne possède pas cette capacité d'introspection, il est encore possible d'éviter l'affrontement quand, dans son propre intérêt, la femme lui vient en aide. Comme nous le verrons, nous pouvons tous être – jusqu'à un certain point – le thérapeute de notre partenaire.

Le vide émotionnel

Briser la barrière de la honte aide tout homme à s'ouvrir. Mais la plupart présentent une résistance encore plus profonde et bien plus troublante au langage des sentiments. Le vide émotionnel (« Je ne sais pas ce que je ressens ») constitue le deuxième attribut masculin. Nous pénétrons là sur un terrain beaucoup plus accidenté, où les outils habituels du psychologue ne sont parfois d'aucune utilité. La question : « Et qu'éprouvez-vous face à cela ? », à laquelle ont recours, en désespoir de cause ou par manque d'imagination, de nombreux thérapeutes (y compris moi-même) est, à titre d'exemple, particulièrement inutile. Car la réponse typiquement masculine sera : « Je pense... » – ce à quoi le thérapeute pourra rétorquer : « Ce n'est pas un sentiment. »

La tendance des hommes à tout intellectualiser et à se distancier de leurs sentiments constitue un réel handicap dans les relations intimes. Mais ce peut être un problème tout aussi gênant sur un plan professionnel. J'ai eu, par exemple, le cas d'un jeune homme employé comme chargé des investissements dans une banque. Sa petite amie l'avait « envoyé » se faire soigner, car elle ne supportait plus son addiction au travail. Lors de notre première rencontre, il avait déjà amassé huit millions de dollars. Mais au cours des deux ans qui suivirent, il effectua des placements hasardeux et perdit tout. Incapable d'éprouver la moindre peur ou anxiété quand il prenait la décision d'investir, il n'arrivait pas à évaluer les risques. De manière assez remarquable cependant, après avoir tout perdu, dont son travail, il réussit à lever de nouveaux capitaux – assis sur un banc, dans un parc, et téléphonant depuis son portable ! – et à se remettre en selle... jusqu'à la chute suivante, qui lui fut fatale, puisqu'il perdit aussi sa petite amie.

Si l'on peut assez rapidement briser la barrière de la honte, qui empêche la communication, le problème du vide émotionnel est beaucoup plus délicat à résoudre. Que faire en face de quelqu'un qui ne ressent rien ? La solution consiste en partie à rechercher les sentiments là où ils sont et non là où ils ne sont pas, à faire venir au jour et à être prêt à accueillir n'importe quel type de sentiments, aussi désagréables soient-ils, comme dans le cas de la colère ou de la dépression.

Elle implique aussi d'apprendre à accepter, parfois même à admirer, les manifestations de force qui accompagnent la placidité un peu ennuyeuse des hommes, et de suivre ces derniers sur le terrain où s'expriment leurs émotions. Ainsi, lorsque je travaille avec un homme d'affaires, plutôt que de lui demander ce qu'il ressent devant l'absence de relations intimes qui caractérise son mariage, je commence par l'interroger sur la stratégie qu'il entend appliquer lors de son prochain entretien avec son directeur général. À partir de là, nous explorons en quoi ce rendez-vous est important, pourquoi sa carrière est essentielle pour lui, et nous revenons sur ce qui compte dans la vie en général. La discussion s'engage alors sur les manques de sa propre existence, révélant ce qui, dans son mariage, le fait souffrir en silence.

Il est donc facile de voir que des expressions comme « réflexion stratégique » et « tactiques de négociation », qui sont, aux yeux de certains hommes, porteuses d'une valeur quasi aphrodisiaque, peuvent mener vers les mots de l'intimité. On pourrait me rétorquer qu'il s'agit de manipulation, mais ce n'est pas le cas, car je m'intéresse vraiment autant à la stratégie que déploiera mon patient lors de son entretien, qu'à sa carrière. Je veux comprendre ce qu'il a dans la tête et comment cela fonctionne. Et peu m'importe d'attaquer par l'intellect : si vous ne pouvez vaincre l'ennemi, luttez sur son propre terrain.

Le sentiment d'insécurité

Le sentiment d'insécurité (« Je suis fatigué de devoir être le meilleur ») est le troisième attribut masculin. Il est à la base même de ce que les hommes cachent sous leur apparence bourrue et réservée. Une fois, l'un de mes patients, un entrepreneur fonceur et dur en affaires, me déclara : « Certains jours, je ne rêve que d'une chose : m'applatir. » Au sens propre, il voulait dire qu'il avait envie de se coucher et d'arrêter de bouger ; au sens figuré, qu'il voulait baisser les armes et se retirer de la lutte professionnelle. Ce n'était pas seulement son épuisement ou le souhait de tout arrêter qu'il exprimait ainsi, mais un désir profond de ne plus courir après la bravade et de se faire dorloter passivement. Consciemment ou inconsciemment, ce type de vœu – être poursuivi plutôt que poursuivre, être un objet plutôt qu'un sujet (de l'attention des autres), être celui « à qui l'on fait » plutôt que celui qui fait – se retrouve chez tous les hommes, bien qu'il soit en même temps ressenti par eux comme une menace fondamentale à leur virilité. Résultat, ils surcompensent en s'efforçant d'adopter un comportement toujours plus masculin.

Ce conflit est l'une des clés psychologiques de l'impuissance sexuelle. Au niveau du conscient, l'impuissance est presque toujours liée à une angoisse de performance, de sorte que plus l'homme se met la pression pour guérir, plus le problème empire. Mais inconsciemment, l'incapacité à être ferme révèle le désir d'échapper aux pressions imposées par la masculinité pour se réfugier dans la douceur féminine.

Paradoxalement, pour traiter l'impuissance, le thérapeute doit alors se mettre du côté du pénis peu coopératif, plutôt que de celui du patient qui est en demande. Ce faisant, il invite ce dernier à ressentir et à exprimer ce que son corps manifeste par ses actions (ou son manque d'action). Le patient peut ainsi se laisser aller à révéler des sentiments tels que : « Je suis fatigué d'avoir à réussir et à assumer pour vous tous », « J'aimerais avoir des amis intimes », « Si seulement je pouvais rester à la maison avec les enfants », ou encore : « Je voudrais avoir un homme fort pour *me* protéger. »

Les hommes ont aujourd'hui de réels problèmes d'identité. Ils ne savent plus comment se comporter. Doivent-ils, par exemple, approcher sexuellement les femmes comme ils le faisaient auparavant, ou bien laisser celles-ci prendre les devants ? D'un point de vue psychologique, les questions qu'ils se posent reflètent une tentative d'intégrer deux éléments : une ancienne identité sexuelle, rigide mais sécurisante, et les nouvelles libertés issues du féminisme.

Après avoir nié qu'il existât des différences psychologiques entre les sexes, les féministes ont fini par admettre que le fait de reconnaître l'existence de ces différences n'impliquait pas qu'on acceptait l'inégalité. De même, après avoir été violemment antiféministes, les hommes semblent maintenant prêts à reconnaître que la féminité ne représente pas un ennemi. Puisque les différences entre les sexes sont indéniables, ne pourrait-on pas les atténuer grâce à une meilleure communication ? Allons plus loin : je crois que les différences peuvent non seulement être aplanies, mais *intégrées*. Les hommes peuvent apprendre à accepter leur propre féminité en dépit de la menace qu'elle fait peser sur leur masculinité, sans pour autant devenir des « femmelettes ». Et comme souvent, les femmes ont un rôle important à jouer dans ce processus d'intégration.

La bonne nouvelle, donc, c'est que les hommes n'ont pas à choisir entre la masculinité et la féminité : ils peuvent avoir les deux à la fois ; du coup, les femmes n'ont pas à choisir entre une mauviette et un tyran. La mauvaise nouvelle, c'est que l'intégration ne s'opère pas sans un certain effort. Mais que cette démarche soit consciente ou non, nous verrons tout au long de ce livre que les tentatives de mes patients, leurs échecs et leurs succès, ainsi que les réactions de leurs femmes, ont de puissantes répercussions sur chacun des sexes – au lit comme au bureau.

Naguère, la principale forme de discorde conjugale,

dans le couple traditionnel, était la polarisation psychologique. L'homme pensait, la femme ressentait. Il était calme et froid, elle était émotive et hystérique. Il aimait le sport et les films d'action, elle aimait le shopping et les comédies romantiques. Il sortait boire entre copains, elle restait papoter à la maison avec ses amies. Autant dire que la situation était intenable, non seulement parce qu'elle débouchait sur des conflits au quotidien, mais aussi parce que, dans ce genre de couples, les partenaires n'avaient presque rien à partager.

Aujourd'hui, bien que ce type de relation ait perduré, les thérapeutes reçoivent de plus en plus de couples déchirés par la dynamique inverse : la femme est du genre affirmée, responsable, active, allant à l'essentiel, tandis que l'homme se montre sensible, compréhensif, réceptif et émotif. Lorsque les différences s'exacerbent, cette nouvelle version de la « fracture sexuelle » n'est pas plus tenable que la précédente : la femme reproche à son mari d'être un paillasson, passif, prêt à tout accepter ; de son côté, l'homme a l'impression que son épouse est un monstre d'insensibilité, avide de tout contrôler.

La guerre des sexes prospère à l'ombre des extrêmes. C'est une évidence, nous le savons bien, et pourtant, aussi incroyable que cela puisse paraître, nous continuons de tomber dans le piège qu'ils nous tendent. Pour résoudre le conflit généré par l'insécurité masculine, on verra qu'il faut presque toujours intégrer *au sein de son propre sexe* la fracture entre le masculin et le féminin. Prenons le cas de la femme « agressive » et du mari « soumis » : plus l'épouse se plaint que son mari est passif, faible ou peu affirmé, plus elle continue de le dominer avec ses demandes et ses critiques. Sans le vouloir – et sans en avoir conscience –, elle renforce la dynamique qu'elle souhaite *a priori* modifier. Elle devrait au contraire essayer de laisser s'exprimer ou de réveiller les qualités « féminines » qui, chez elle, sont probablement assoupies ou latentes : sa passivité, sa réceptivité et sa sensibilité. En étant moins directive, moins agressive et plus vulnérable d'un point de vue émotionnel, elle laisserait une chance à son mari de s'affirmer. Le même raisonnement vaut pour ce dernier. Quand il se plaint que son épouse décide de tout et qu'elle est insensible, il se place de lui-même encore plus sous son contrôle. Il devrait plutôt s'efforcer d'exprimer l'agressivité masculine qu'il refoule habituellement. Ce faisant, il inviterait sa femme à mettre une sourdine à son autoritarisme et à laisser parler sa sensibilité féminine. Ce principe s'applique bien entendu, de la même manière, au couple traditionnel, où le mari est hypermasculin et son épouse hyperféminine.

Quel que soit le type de couple, la fracture sexuelle est si profonde que, malheureusement, elle se perpétue. Mon modèle d'intégration est donc plus facile à expliquer qu'à appliquer. Mais s'il est possible de le mettre en place au cours d'une thérapie, on devrait aussi, en faisant appel aux mêmes stratégies, pouvoir l'utiliser dans la vie quotidienne.

La préoccupation de soi

La préoccupation de soi (« Regardez-moi, écoutez-moi, touchez-moi, considérez-moi ») est le quatrième élément qui permet de comprendre la psychologie masculine. Il dérive plus ou moins directement du conflit généré par le sentiment d'insécurité. Savoir que je suis un homme ne suffit pas à me protéger de mes propres désirs féminins, je dois aussi en permanence me le prouver à moi-même. Mais cela non plus n'est pas suffisant : il faut encore que je le montre avec ostentation au reste du monde.

Évidemment, les femmes éprouvent elles aussi le besoin d'être vues, reconnues et admirées. Mais alors que le narcissisme féminin reflète souvent l'attention que porte notre société à l'apparence physique, à la beauté et à l'esthétique, celui des hommes tourne davantage autour d'une obsession de la force, du pouvoir et de la réussite.

Le narcissisme est au développement personnel ce que l'avidité est au capitalisme. L'amour de soi, qu'il soit raisonnable ou excessif, est le ressort psychologique du courage et de la réussite. Son côté expansif et le désir de plaire qui l'accompagne peuvent même déboucher sur une certaine générosité. Mais ce n'est pas par hasard si le narcissisme est plutôt considéré comme un défaut. Un ami chirurgien m'a dit un jour, de but en blanc, alors que nous nous trouvions en présence de sa femme et de ses enfants : « Depuis quinze ans, je ne m'intéresse à rien d'autre qu'à ma carrière. Pas même à ma femme ou à mes enfants. » Des propos de ce genre, avec leur franchise brutale, nous font dire que le principal problème avec les personnalités narcissiques, c'est leur manque de considération pour les autres. Mais au bout du compte, ce type d'homme finit toujours par se blesser lui-même. Nous avons tous, au moins une fois, rencontré l'un de ces hommes qui, arrivés à cinquante ou soixante ans, se retrouvent confrontés au sentiment terrible, et que certains cherchent à fuir, qu'après avoir consacré leur vie à pourvoir aux besoins de leur famille, ils ont l'impression d'être devenus des étrangers pour leur femme et de s'être aliénés leurs enfants.

Parfois, l'ironie de la défaite narcissique prive de tout succès celui qui la subit. L'un de mes patients, un acteur de théâtre à succès, bien vu de la critique, ne réussissait pas à comprendre pourquoi il n'avait jamais été une star. C'était pourtant assez clair : dans ses relations avec les producteurs, les metteurs en scène et les autres acteurs, il avait toujours placé son travail et sa carrière au-dessus de toute considération d'ordre social. La seule chose qui importait à ses yeux, c'était d'être littéralement sous le feu des projecteurs.

C'est pourquoi, bien que chacun reconnût son talent, personne ne voulait jamais retravailler avec lui.

Dans la mythologie grecque, Icare désobéit à son père et vole trop près du soleil. Ses ailes de cire fondent, il tombe dans la mer et se noie. Cherchant à se rassurer sur lui-même, l'homme audacieux, inconscient et égocentrique entreprend de défier la réalité. Sa chute est le lieu – central du point de vue de la psychologie – de la rencontre du narcissisme et du masochisme. Pour beaucoup d'hommes, la richesse et ses signes extérieurs suffisent à témoigner de leur propre valeur. Mais d'autres cherchent à rehausser leur estime de soi en repoussant les limites de leur bien le plus fragile : le corps. Ces hommes se lancent par exemple dans des activités sexuelles avec toute l'exubérance de la jeunesse. Non qu'ils soient à la recherche d'une plus grande intimité, mais parce qu'il veulent triompher de la peur de vieillir et de la dégradation physique. Les expériences sexuelles des hommes sont comparables au rêve d'Icare : elles leur servent à nier leurs limites et soutiennent leur illusion d'être immortels.

En dépit de la noblesse de ses origines existentielles, cette dynamique présente divers inconvénients pratiques. En refusant le fait que nous sommes mortels, nous ne faisons que nous rapprocher de la mort. Pour s'en persuader, il suffit d'observer la tendance des jeunes hommes à se croire invincibles et à fumer trop, à conduire en état d'ivresse, ou à chercher la bagarre. Une autre des manifestations de l'arrogance masculine est comparable à « l'insubmersible » Titanic : un homme âgé qui a une liaison avec une femme beaucoup plus jeune afin de s'approprier une partie de sa jeunesse finira très probablement par avoir le sentiment d'être « un vieux dégueulasse ».

Si l'on veut avoir de bonnes relations avec un homme, que ce soit au travail ou en amour, il est capital de résoudre les conflits liés à la préoccupation de soi. De ce point de vue, il y a beaucoup à apprendre du thérapeute, qui sait à la fois manifester une empathie compréhensive à l'égard de ses patients et leur faire prendre conscience des extraordinaires défenses qu'ils ont élaborées. Aimer quelqu'un pour ce qu'il est et admirer ce qu'il a réellement accompli impliquent aussi que l'on rejette et que l'on remette en question toute manifestation exagérée de vanité. Cela requiert un certain savoir-faire que j'espère réussir à vous transmettre.

L'agressivité

L'agressivité (« Je vais te montrer qui est le chef ») dérive elle aussi du sentiment d'insécurité. Les thérapeutes de couple le savent bien : l'un des problèmes les plus fréquemment exposés est celui du mari colérique, critique, violent et de la femme blessée, larmoyante, abattue. Dans cette dynamique, l'agressivité de l'homme sert d'abord à intimider « l'adversaire » et à lui ôter ses défenses ; ensuite, à violer son intimité psychique, voire physique, pour y pénétrer et l'occuper ; enfin, à édifier un mur d'amertume qui le séparera psychologiquement de sa compagne. Ces trois tactiques reflètent indubitablement la peur très puissante – mais aussi le désir – que l'homme ressent à l'idée de se perdre dans une femme. Comme je l'ai dit plus haut, le souhait d'être (avec) une femme et l'angoisse de perdre sa propre identité entrent en conflit, générant chez l'homme un fort sentiment d'insécurité.

Pour venir à bout de l'agressivité masculine, il faut là encore fournir une réponse équilibrée. Même s'ils l'expriment avec vigueur ou insensibilité, nous devons respecter le besoin que les hommes ont de s'affirmer, et y répondre de la même manière ; mais il faut simultanément rejeter la puissance destructrice de l'homme, qui est avant tout sadique même si elle s'accompagne parfois de remords. Beaucoup de femmes ont du mal à faire la différence entre les deux. Certaines sont à ce point habituées à l'agressivité qu'elles entretiennent l'enchaînement abus-remord-gentillesse-abus-remord-gentillesse en faisant semblant de croire qu'il ne se répètera pas. D'autres sont tellement paniquées devant le moindre signe d'agressivité masculine qu'elles sont incapables d'y voir la force et la protection dont elles pourraient un jour bénéficier.

Un homme vint consulter parce que sa femme le mettait violemment en colère. Il me raconta entre autres qu'enfant, il avait souvent de terribles accès de rage et que, depuis toujours, il faisait preuve d'impatience. À la fin de la seconde séance, alors qu'il s'apprêtait à partir, il me demanda : « Alors, est-ce que ça aide ? » Un peu sur la défensive, je répliquai : « Je n'en sais rien. C'est à vous de me le dire. » Puis, comme je l'aimais bien, j'ajoutai en souriant : « Je vais vous dire ce que je pense vraiment. Je pense que ce que vous me dites, c'est : "Hein, que cela n'aide pas ?". Mais pour moi, vous faites encore l'un de vos accès de rage. Vous êtes d'une impatience ! » En lui répondant ainsi, j'avais d'abord opposé mon agression à la sienne, ce qui l'avait empêché de me cataloguer parmi les « mous ». Mais en même temps, le ton chaleureux et compatissant de ma voix l'avait désarmé. Il n'avait donc pas eu besoin de se protéger en contre-attaquant. Cette tactique peut être employée dans le cadre d'une relation intime : l'homme a besoin de se sentir libre de manifester une certaine agressivité sans avoir à craindre de détruire sa partenaire. Celle-ci doit donc lui opposer sa propre agressivité pour poser les limites de ce qui est acceptable. Mais simultanément, elle doit aussi essayer de le désarmer en témoignant de la réelle attention et de l'affection qu'elle éprouve à son égard.

L'autodestruction

Quand les hommes sont fondamentalement incapables d'être agressifs envers les autres, ils se retournent contre eux-mêmes. D'où le sixième attribut masculin : l'autodestruction (« Je suis vraiment nul »). L'un de mes patients, un sympathique ophtalmologiste, était venu me voir parce qu'il n'arrivait pas à se marier. Sa vie professionnelle était un succès, mais il souffrait beaucoup de son incapacité à s'engager sur le long terme auprès d'une femme. Au bout de quelques semaines de psychothérapie, il se sentit tellement frustré de ne pas avoir progressé que sa frustration et son impuissance à s'en sortir commencèrent à « contaminer » notre relation. Alors que je commençai moi-même à me sentir frustré et impuissant, il fit un rêve dans lequel j'étais un guide touristique timide, « faible » et affligé d'un problème occulaire. Lui, était l'un des touristes du groupe dont j'avais la charge, et on lui demandait de venir me soigner.

Le fait que j'aie « attrapé » son impuissance et que je sois devenu « faible » me suggéra qu'il s'agissait là de ce qui, inconsciemment, était à la base de sa frustration. Pensez au pouvoir qu'un enfant malheureux a sur le bonheur de ses parents – l'autodestruction est un moyen de toucher l'autre en se privant soi-même. Si donc je voyais mal, comment pouvais-je guider mon patient ?

Mon patient pouvait également avoir eu l'impression que je ne le « voyais » pas. Dans ce cas, sa frustration et son impuissance étaient une tentative pour corriger ma vision. Je finis par apprendre que cet homme avait le sentiment de mener la vie que son père avait toujours voulu qu'il mène. Le moyen le plus efficace qu'il avait trouvé pour lui dire non (ou pour être considéré pour lui-même) avait été de devenir un « perdant », du moins en ce qui concernait le mariage. Vu sous cet angle, me frustrer et me détruire – moi, le soi-disant représentant thérapeutique du devoir de mariage – faisait partie d'une démarche logique, bien qu'irrationnelle. Telle est l'essence de l'autodestruction. Nous préférons nous plaindre du noir plutôt que d'allumer la lumière.

Cette puissante dynamique est souvent le ressort psychologique des syndromes addictifs et compulsifs, de l'échec professionnel, de la tendance à avoir des accidents ou à adopter des comportements à risque. Mais on la retrouve aussi dans des problèmes moins graves, comme les décisions financières désastreuses, les situations professionnelles bouchées, le fait d'arriver en retard à des entretiens, de faire des chèques sans provision, de parler sans réfléchir, de mentir et de se faire prendre, d'être distrait, de laisser brûler le pain grillé, etc. – quiconque a eu affaire aux hommes le sait, la liste est infinie.

Dans leur zèle à aider les hommes qui s'autodétruisent, beaucoup de thérapeutes, mais aussi de parents et d'épouses bien intentionnés, apprennent souvent à leurs dépens que l'enfer est pavé de bonnes intentions. Selon les circonstances, cela peut être contreproductif et douloureux. Il faut surtout éviter de voir dans le comportement de l'homme que l'on cherche à aider une forme d'agressivité qui serait dirigée contre soi, car on se retrouve alors dans une situation impossible. Il s'agit de décider si l'on veut mettre au point une politique d'actions constructives ou laisser tomber. Quelle que soit sa décision, il ne faut jamais endosser la responsabilité du comportement de l'homme que l'on a en face de soi. Cela vaut, que l'on soit son thérapeute, sa petite amie ou son épouse : si l'on fait tout à sa place, cet homme n'apprendra jamais à bien se conduire.

L'expression sexuelle

Si les hommes étaient muets, c'est par le biais du sexe qu'ils communiqueraient. Pour la plupart d'entre eux, en effet, tout est sexuel – sauf le sexe, qui reflète le plus souvent la honte, le vide émotionnel, le sentiment d'insécurité, la préoccupation de soi, l'agressivité et l'autodestruction. Cette « obsession » sexuelle (« Je veux du sexe, et tout de suite »), septième et dernier des attributs masculins, englobe tous les éléments qui précèdent. Autrement dit, les hommes expriment par le sexe tous les conflits émotionnels qu'ils ressentent et qui n'ont, en définitive, rien à voir avec le sexe.

L'un de mes patients qui, bien que très doux avec sa petite amie, ne parvenait pas à se sentir proche d'elle, n'était excité que par des fantasmes de viol. À travers eux, il exprimait toute la rage qu'il n'arrivait pas à éprouver autrement. Les hommes associent généralement leur excitation à du désir sexuel, alors que, bien souvent, les fantasmes qu'ils mettent en scène recouvrent toute une gamme de sentiments très forts.

Le langage sexuel des hommes n'a rien d'incompréhensible. C'est une sorte de dialecte qui peut et doit être déchiffré. Un jour, un homme vint me voir parce que son érection retombait dès qu'il voulait pénétrer sa femme. Dans d'autres situations et fantasmes sexuels, il n'avait en revanche aucun problème. Au cours de l'une de nos premières séances, il me fit part d'un rêve où je lui avais dit, en tant que thérapeute, de s'introduire une banane dans le rectum. Il avait fini par s'y résoudre. La banane l'avait pénétré profondément, puis était ressortie par son pénis qui, alors, était devenu dur et fort. N'ayant jamais été consciemment attiré par les hommes, mon patient craignait que ce rêve ne révélât une tendance homosexuelle. C'était possible, en effet. À mon avis, toutefois, ce qui lui manquait plutôt pour fonctionner comme un homme, c'était une légère, mais puissante dose de masculinité.

Évidemment, lui seul était capable de s'injecter ce sérum. Mais les autres, à commencer par son thérapeute, pouvaient faciliter son passage à l'état d'homme. Ici, la femme de ce patient joua un rôle thérapeutique important. À sa manière féminine, elle aida son mari à manifester ses sentiments – autrement dit, à s'exprimer plus souvent comme le ferait une femme, tout en se comportant d'une manière plus virile. Telle est la voie royale pour atteindre le cœur de l'homme.

Une famille d'hommes

Les concepts présentés dans ce livre tiennent compte des théories et des recherches actuelles en psychologie clinique. Cependant, je ne pense pas qu'il soit possible d'être totalement objectif lorsque l'on décrit ou que l'on analyse le comportement humain : sa propre subjectivité s'interpose toujours [1]. Pendant que j'élaborais ce livre, il m'a donc fallu réfléchir à mon propre sentiment d'insécurité et me demander dans quelle mesure il influençait mes observations.

Pour commencer, j'ai grandi dans une famille d'hommes. À la maison, ça ne manquait pas d'agressivité. Nous étions trois garçons et j'étais le petit dernier. Mes frères aînés avaient cinq et dix ans de plus que moi ; c'étaient plutôt des durs – du moins, c'est ce qui me semblait à l'époque. En témoigne notamment le contre-plaqué qui avait remplacé le panneau de verre de la porte du couloir après qu'il eut été cassé trop de fois.

Mon père était un homme d'affaires. Il n'avait pas l'air agressif, mais ce n'était pas non plus un tendre. Et comme bien des hommes, il parlait rarement de ce qu'il ressentait. Il y a quelques années, alors qu'il était à la maison, il a fait un infarctus massif. Ma mère raconte que les seules paroles qu'il prononça furent : « Je ne me sens pas bien. » Cela suffit néanmoins pour qu'elle appelle immédiatement une ambulance. L'interprétation que ma mère avait faite de son minimalisme lui sauva la vie.

Ajoutez à cela l'atmosphère de l'époque à laquelle j'ai grandi. Nous habitions Jérusalem. L'État juif d'Israël en était encore à ses débuts. L'agressivité masculine était un ingrédient nécessaire, et même idéalisé, de la survie. Lorsque la guerre israélo-arabe éclata, en 1967, et que les sirènes remplirent l'air de Jérusalem, mon professeur me renvoya chez moi en compagnie d'un autre enfant de dix ans, sans la surveillance d'un adulte. Notre chemin fut ponctué par le bruit des mitraillettes et, avant que nous soyons arrivés à la maison, des tirs d'artillerie avaient commencé non loin de là. Le plus étrange, c'est que je ne me souviens pas d'avoir eu peur. Je crois qu'à cet âge, j'avais déjà appris à me débarrasser d'une émotion aussi inutile.

Je suis convaincu que les marques laissées par la famille se mêlent aux influences culturelles et génétiques. Lorsque j'étais à l'université, ma mère me dit un jour : « Puisque tu vas devenir psychologue, tu devrais analyser ta famille. » En fait, tel était ce qu'elle voulait dire, mais elle fit un lapsus : au lieu de dire *mishpacha* – « famille », en hébreu –, elle dit *milchama* – qui signifie « guerre ». Ce lapsus ne renvoyait pas à l'idée que c'était la guerre à la maison – nous étions tous très proches et il n'y avait pas chez nous plus de conflits que chez d'autres –, mais à celle que la culture de notre famille, comme celle de la nation, était une culture de guerre. Bref, mon univers familial et mon pays étaient en quelque sorte hypermasculins.

Ma mère, qui était la seule femme à la maison, n'avait pas d'autre choix que de se fondre dans cet environnement. En un sens, pour garder la tête hors de l'eau parmi ses « garçons », elle dut s'adapter – ce qu'elle sut faire à merveille. Elle conserva un cœur généreux et aimant, mais le cacha sous une apparence assez brusque.

À présent, mettez-vous à la place de mes parents ou même de mes frères. Si vous faisiez partie d'une famille comme celle-ci et qu'un troisième enfant s'annonçât, ne souhaiteriez-vous pas que ce fût une fille ? Moi, si. Et mes parents aussi, ainsi peut-être que mes frères, même si au moment de ma naissance ils s'étaient probablement déjà trop endurcis pour le verbaliser ou même entretenir de telles pensées. Mais, comme pour défier leurs vœux, c'est un nouveau petit garçon qui vint au monde, un autre guerrier potentiel – moi.

Potentiel, mais non réel. Car, comme le font souvent les enfants, je me pliai de moi-même à certaines des attentes familiales. Bien que je ne fusse pas un petit garçon efféminé, ni même très féminin, je ne manifestai pas non plus la même agressivité que mes frères. J'étais au contraire plutôt sensible, avec une tendance à l'instrospection. J'étais sentimentalement plus doux, voire fragile, et, du moins en surface, je me conduisais comme un petit garçon (une petite fille ?) sage. Je me souviens encore de la sensation physique de larmes roulant doucement sur mes joues, sans parler du sentiment amer de la honte devant les moqueries de mes frères. Et j'entends la voix de ma mère qui essayait de m'aider : « Tu n'as qu'à les ignorer ! », me disait-elle – et ce conseil, qui ne sert à rien, est exactement le même que celui que je donne aujourd'hui à mes enfants quand on les embête dans la cour de récréation.

Tel fut donc, alors que j'étais enfant, l'un des conflits auxquels je dus faire face : d'un côté, je voulais préserver en moi et offrir à ma famille un certain niveau de vulnérabilité et d'expression des émotions ; de l'autre, je n'étais pas prêt à renoncer au pouvoir et à la force que je percevais chez mes frères. Et peut-être faut-il y voir l'origine inconsciente des idées « cliniques » que j'ai par la suite élaborées sur le conflit, au cœur de l'insécurité masculine, qui veut que l'homme lutte pour à la fois exprimer et réprimer ses désirs féminins.

Comme la plupart des hommes, je n'ai pas toujours réussi à gagner le combat. Adolescent, par exemple, j'ai de manière inconsciente cherché à devenir sentimentalement vulnérable. Il ne s'agissait pas seulement pour moi de préserver mon univers émotionnel, mais aussi, par ce biais, d'appeler au secours mes parents, ou une autre autorité, pour qu'ils viennent me sauver. Ainsi, je « m'abaissais pour gagner ». À d'autres moments, je cherchais à exprimer mon agressivité de manière encore plus indirecte, en ayant recours à l'arme de l'observation et de l'analyse afin de « diagnostiquer » ce que, avec arrogance je croyais être de l'infériorité chez les autres. Est-ce la raison inconsciente pour laquelle j'ai choisi le métier de psychologue plutôt que, par exemple, celui d'avocat ? Peut-être. Mais ce fut aussi pour moi le moyen de parvenir à une meilleure intégration de mes identifications masculine et féminine. J'ai eu la chance d'y arriver. Cela dit, comme tous les hommes, je continue de travailler sur ce conflit dans un certain nombre de domaines – avec plus ou moins de succès.

Je ne raconte pas cela pour analyser devant vous mon enfance ou ma dynamique familiale. De ce point de vue, les choses sont en effet bien plus profondes et plus complexes. Mais ce conflit, aussi simple qu'il puisse paraître, fut fondamental. Et tout mon travail de psychologue en porte la trace, même inconsciente.

Tandis que je finissais mes études aux États-Unis, je fus embauché comme psychologue au New York Police Department (NYPD). L'idée de travailler dans un environnement paramilitaire ne me réjouissait pas particulièrement, mais c'était le seul boulot à peu près décent que j'avais réussi à trouver où l'on ne me demandait ni diplôme ni autorisation d'exercer. Quoi qu'il en soit, la nature défensive et le coût émotionnel de l'hypermasculinité qui régnait là-bas me fascinèrent.

La situation que les nombreux psychologues employés par le NYPD redoutaient le plus était qu'un officier de police demande de l'aide parce qu'il se sentait en proie à des pulsions suicidaires. C'était au psychologue que revenait de prendre la décision de lui retirer son arme de service. À l'époque, et j'imagine qu'il en est toujours ainsi, si l'on privait un policier de son arme et qu'on lui assignait un travail de bureau, les risques étaient grands qu'il se sente inadapté. En outre, comme il n'y avait pas moyen de dissimuler aux autres l'absence de l'arme, le retrait équivalait à une castration publique et provoquait un insoutenable sentiment de honte. L'intervention du psychologue pouvait ainsi pousser le policier encore un peu plus loin sur la voie du suicide ! Et pourtant, il n'était pas envisageable de laisser un individu suicidaire en présence d'une arme. Le pire, dans ce dilemme, était que la majorité des policiers disposaient chez eux de leur propre arme, pour laquelle ils avaient un permis de port et que le NYPD n'avait aucun droit de confisquer. Aussi, alors que le psychologue se trouvait parfois dans l'obligation de lui retirer son arme de service, le policier pouvait tout à fait conserver un accès à l'autodestruction.

Ce dilemme, qui provenait de la valeur émotionnelle et du symbolisme attachés à l'arme à feu, était une conséquence directe et vitale de l'hypermasculinité. Autre exemple, certes moins flagrant, mais tout aussi troublant : un des tests psychologiques que les candidats étaient tenus de passer avant d'être jugés aptes à devenir flics. Il s'agissait de dessiner une personne sur une feuille vierge. Ce genre de test, qui n'impose aucune règle, s'appuie sur l'idée que l'individu qui le passe projette, à la manière d'un artiste, ses propres pensées, soucis ou problèmes dans ce qu'il crée. On peut sans doute s'interroger sur sa validité scientifique, mais il peut être très utile lorsqu'il est utilisé, comme ici, en association avec d'autres tests plus « objectifs ».

Une bonne partie des candidats – de jeunes hommes d'une vingtaine d'années – pensaient qu'ils étaient censés dessiner un homme fort et costaud, sans doute pour démontrer leur propre force. Mais comme la plupart étaient loin d'être des artistes, ils devaient se concentrer sur les muscles pour les accentuer. Le résultat était parfois aussi drôle que révélateur. En cherchant à dessiner un torse bien développé, certains forçaient le trait et la silhouette qui apparaissait se trouvait affublée d'un buste hypertrophié, aux seins bien marqués et à la taille étroite, ce qui lui donnait un aspect androgyne.

Cet exemple illustre une idée que je développerai plus loin, lorsque je reviendrai sur la « fracture sexuelle » : les contraires se contiennent l'un l'autre. Dans ce cas précis, lorsqu'un homme cherche à nier sa propre vulnérabilité au point d'adopter une position de force masculine extrême ou irréaliste, il finit par arriver précisément là où il voulait de toutes ses forces éviter d'aller. Poussée à l'extrême, cette dynamique explique en partie certains comportements masculins comme l'alcoolisme, le jeu, ou la conduite dangereuse. Pour prouver leur force, les hommes font la guerre – et meurent. Les femmes, de leur côté, survivent et s'endurcissent. En un sens, non seulement les contraires sont inclus l'un dans l'autre, mais ils sont aussi produits l'un par l'autre. Dans ma famille, par exemple, l'hypermasculinité de mes frères encouragea le développement de ma féminité.

Une fois diplômé, tout en développant ma clientèle privée, je travaillai comme consultant en management et en entreprise. Je donnais des conseils en négociation à de nombreux cadres. Dans ce domaine, en fonction de la nature des relations d'affaires entre les deux parties, il est possible d'avoir recours à des tactiques qui font appel à un degré plus ou moins élevé de coopération. Pour prendre un exemple, si vous vendez votre voiture à une personne que vous n'allez plus jamais revoir, vous n'êtes peut-être pas obligé de lui dire que vous la vendez parce que son entretien vous coûte vingt mille francs par an. Dans la plupart des négociations commerciales (lorsque votre entreprise négocie le prix et les termes d'un contrat avec une agence de communication ou avec un prestataire informatique par exemple), il convient cependant de prendre en compte la relation à long terme. Dans ce cas, les parties doivent mettre en œuvre des tactiques de négociation qui s'appuient sur la coopération et le « win/win » (vous pourriez par exemple regretter un jour d'avoir caché une information à votre partenaire). Mais allez vendre cela à des cadres agressifs ! Même si, sur le principe, ils sont d'accord avec vous, ils préfèrent, lorsqu'on aborde la pratique, attaquer par surprise, batailler, ou impressionner leur « adversaire » plutôt que d'employer des techniques de négociation plus « douces » – et, si j'ose dire, « féminines » – visant à construire une relation. Écouter les préoccupations commerciales de l'autre partie ? Travailler pour élargir le terrain d'entente ? Donner des conseils gratuits ? Céder sur un point mineur pour faire avancer une situation bloquée ? Pour la plupart de ces cadres – des hommes dans leur grande majorité –, tout cela n'était qu'un fatras d'idées ennuyeuses, vaguement méprisables...

Il va sans dire que ma propre histoire et mes partis pris psychologiques colorent la perception que j'ai de mes patients et ma façon de travailler avec eux. Le sexe du thérapeute influe toujours sur la dynamique patient-thérapeute et son évolution. Dans une certaine mesure, je n'adopte pas la même attitude, en tant que thérapeute, selon que mon patient est un homme ou une femme. Est-ce que cela limite l'utilité des conseils que je peux prodiguer aux femmes ? Sans doute. Sauf si je leur suggère de s'inspirer de ma masculinité pour apprendre à agir plus en homme dans leurs relations avec les hommes.

Cependant, la subjectivité du thérapeute ne commence ni ne s'arrête au sexe qui lui a été assigné. Même si la plupart des gens estiment que les thérapeutes ne sont pas censés ressentir d'émotion face à leurs patients, c'est en réalité le contraire qui se passe : les bons thérapeutes sont attentifs à leurs propres émotions et s'en servent comme d'un outil thérapeutique. Lorsque j'éprouve de la colère face à un patient qui me dit qu'il ne « croit » pas vraiment qu'une thérapie soit utile et qu'il vient juste à cause de sa femme, je sais que cette colère ne me concerne pas. Elle est plutôt induite par l'attitude de mon patient et je peux en profiter pour en apprendre un peu plus sur ma relation aux autres. Mais cela n'est possible que si je sais, premièrement que je suis en colère, et deuxièmement que ce n'est pas à cause de mes propres doutes sur la thérapie. En d'autres termes, ce n'est qu'en sachant qui on est que l'on peut être suffisamment prêt à connaître une autre personne.

J'ai commencé par dire que les hommes sont difficiles. Cela ne signifie pas que les femmes soient faciles. Elles aussi sont difficiles, mais à leur manière. Quand un couple vient me voir pour entreprendre une thérapie, j'observe souvent ceci : au début, l'homme fait figure de méchant. Il ne communique pas, il est en colère et critique, il est distant, il se conduit comme un enfant, il est irresponsable, il a un problème sexuel, il passe sa vie à travailler, il boit, il a une liaison, il se drogue, etc. Et c'est vrai, généralement il se méfie de la psychothérapie. La femme, en revanche, semble ouverte aux critiques, prête à assumer ses responsabilités, pressée de communiquer, et raisonnable dans ses désirs et ses souhaits. Très vite, cependant, un autre tableau émerge : le comportement de l'homme ne fait que recouvrir une âme sensible et en quête de quelque chose, alors que l'attitude coopérante et raisonnable de la femme est un mince vernis qui cache... Mais cela ferait l'objet d'un autre livre – sur les femmes...

CHAPITRE PREMIER

La honte
(« Un vrai mec ne pleure pas »)

Quand mon fils entra en cinquième, il décida de se mettre au foot. Comme j'avais toujours adoré ce sport et que, petit, j'étais plutôt un bon joueur, je me suis proposé comme entraîneur. Je fus impressionné de voir à quel point les gosses de cet âge ont l'esprit de compétition : ce qu'ils veulent, c'est gagner. Mais ce n'est rien à côté des parents qui, lorsqu'ils assistent aux matchs de leurs enfants, deviennent complètement dingues. Ne parlons pas de celui qui est à la fois parent et entraîneur : potentiellement, c'est le plus dingue de tous. Si je déclarais à mes gamins qu'il était plus important de s'amuser et de développer certaines techniques de jeu que de gagner, au fond de moi, je n'étais tendu que vers un seul but : la victoire de l'équipe de mon fils. D'ailleurs, j'étais beaucoup plus décontracté quand celui-ci ne jouait pas.

Il n'y a rien de mal à s'investir émotionnellement dans les sports de compétition. Mais une fois, j'eus un comportement bizarre, qui me troubla beaucoup. Ce jour-là, notre équipe perdait. Épuisé, mon fils se mit à pleurer. Soudain je me retrouvai, moi le psychologue qui prêche pour la vulnérabilité masculine, absolument furieux de voir mon fils dans cet état. « Cesse de pleurer ! », lui criai-je. Et j'ajoutai, méchamment : « Non mais, tu te rends compte que tu es le seul garçon à pleurer ? » J'étais dans une telle colère que, bien qu'ayant tout de suite senti que j'avais blessé mon fils, il me fallut un bon moment avant de saisir tout le tort que je lui avais causé.

Dans mon esprit, pleurer quand on perd un match n'était pas la bonne réaction. Les larmes de mon fils m'avaient fait honte et, inconsciemment, je lui avais rendu la pareille en le ridiculisant. Dès que je l'eus compris, de nouveau la honte fondit sur moi, comme pour se venger. Maintenant c'était de ma propre conduite que j'avais honte. Et comme j'en avais démonté le mécanisme, il ne m'était plus possible de la rejeter sur quelqu'un d'autre. Que faire ? En parler. Mais à qui ? À mon fils ? Je risquais de porter l'insulte à son comble en me déchargeant sur lui du fardeau de ma culpabilité. À d'autres parents ? Ils ne comprendraient pas, puisqu'ils faisaient la même chose avec leurs propres enfants sans que cela ait l'air de les gêner plus que cela. À ma femme, alors ? Elle m'accuserait d'insensibilité, ce qui accentuerait mon malaise. Finalement, je décidai de m'excuser auprès de mon fils, puis confessai toute la scène à un ami thérapeute. Cela me libéra. Il n'en demeure pas moins que je mentirais si je disais que je m'ouvre régulièrement de mes sentiments aux autres – même à mes proches. Sur ce point, je ne suis pas différent des autres hommes.

De la difficulté d'exprimer la honte qu'on ressent

En psychothérapie, on attend bien sûr du patient qu'il parle de ses sentiments. On l'y encourage au besoin. Il n'empêche que beaucoup d'hommes se sentent mal à l'aise dans cet exercice. S'ils avaient le choix, ils parleraient plus volontiers, dans l'ordre : de sport, de voitures, de hi-fi, d'ordinateur, de politique, de la Bourse, de leur travail, des enfants, de leur petite amie, du physique féminin, de leurs copains et de leurs voisins. Certes, il leur arrive de parler d'eux-mêmes, mais surtout pour raconter comment ils ont réussi à faire face à telle ou telle situation, depuis l'excellente affaire qu'ils ont réalisée jusqu'à la porte du garage qu'ils ont réparée.

Un homme peut taire ses émotions. Et pourtant, en prêtant une oreille attentive à ce qu'il dit – ou ne dit pas –, vous trouverez des preuves indirectes de leur existence. Elles sont présentes lorsqu'il rentre chez lui et que, à sa femme désespérée et en larmes qui déclare : « Je n'en peux plus, mon patron a encore été injuste avec moi », il répond : « Mais cela fait à peine deux semaines que tu es dans cette boîte, chérie » – avant d'ajouter, d'un ton où l'agacement est à peine décelable : « Il faut plus de temps. » Avant même que sa femme, blessée, ne quitte la pièce, ne s'enferme dans un silence réprobateur, ou ne lui jette avec colère : « Merci pour ton soutien », il sait que c'est fichu. Tout ce qu'elle demandait, c'est qu'on l'écoute, qu'on la réconforte et qu'on la rassure. Pourquoi donc en est-il incapable ? Pourquoi faut-il toujours qu'il lui dise ce qui ne va pas dans ce qu'elle pense plutôt que simplement compatir à sa situation et à ses larmes ?

Dans *Les hommes viennent de Mars, les femmes viennent de Vénus*, John Gray explique que dès que les femmes parlent de leurs peines ou de leurs problèmes, les hommes le prennent pour eux et pensent qu'il leur faut trouver une solution. S'ils n'y parviennent pas, ajoute Gray, ils sont frustrés. C'est certainement le cas dans l'exemple précédent. Mais l'explication de John Gray me paraît incomplète. La frustration ne provient pas seulement de ce que les « Martiens » sont des « réparateurs » et qu'ils ne peuvent supporter qu'un problème demeure irrésolu. Cette tendance permanente à trouver une solution et à se précipiter dans l'action correspond plutôt chez eux à une réaction immédiate et inconsciente pour tenter d'étouffer un sentiment de honte. Il n'est donc pas exact de dire que les hommes sont incapables de manifester de l'empathie envers la souffrance féminine, ou de l'écouter. Ils peuvent y arriver. Il suffit pour cela qu'ils s'autorisent à éprouver la même chose que les femmes lorsqu'elles se sentent blessées, exposées et vulnérables. Or, que se disent-ils ? « Non merci ! » Et ils se le disent de manière si rapide et automatique qu'ils n'en ont pas conscience. Au fond d'eux-mêmes, cependant, ils savent qu'ils cherchent à éviter certains sentiments – des sentiments qui seraient pour eux à peu près aussi agréables que de se retrouver nus en public.

Comment se manifeste le dialogue intérieur de l'homme en proie à la honte

C'est d'abord du côté de ce dialogue intérieur qu'il faut chercher lorsque les paroles (ou les silences) d'un homme semblent n'avoir pas de sens. Quand il ne livre aucune information, qu'il ne finit pas ses phrases, ou qu'il tient des propos étranges et légèrement hors sujet, il y a fort à parier qu'il est en proie à la honte.

Prenez ce jeune financier qui dîne avec sa petite amie au restaurant. À un moment, il déclare tout à trac, comme si c'était naturel : « J'ai vendu des actions aujourd'hui. » Il exprime en fait un dialogue intérieur qui pourrait être le suivant : « Ce que j'aimerais lui dire, c'est : "J'ai honte parce que je les ai vendues à un prix très bas et que j'ai perdu beaucoup d'argent." Mais si je dis seulement : « J'ai vendu des actions », peut-être me demandera-t-elle pourquoi et je pourrai alors lui dire ce que je ressens. Mieux, peut-être ne me demandera-t-elle rien. En ce cas, je n'aurai rien à dire. »

Ce raisonnement ne donne souvent pas lieu à verbalisation et se déroule en une fraction de seconde consciente. Aussi la femme n'entend-elle en général que des propos un peu bizarres ou incongrus, et surtout factuels, courts, ennuyeux – sauf si elle est sur la même longueur d'onde que son compagnon, ou particulièrement sensible. « Pourquoi me dit-il cela ? », risque-t-elle de se demander. Ce faisant, elle passe à côté d'une occasion de partager un moment plus profond et plus intime.

De la même manière, si un homme annonce : « J'ai été évalué au bureau aujourd'hui » plutôt que : « J'ai eu une très bonne évaluation au bureau aujourd'hui », sa femme devrait comprendre que l'évaluation ne s'est pas bien passée, que son mari se sent angoissé, vulnérable ou inquiet, et qu'il en a tellement honte qu'il ne veut pas tout dire. Et, le plus souvent, lorsqu'il déclare : « J'ai un rendez-vous », il n'y a pas lieu de soupçonner qu'il cache une liaison, mais plutôt qu'il cherche à couvrir une activité génératrice de honte, qu'elle soit ou non réellement secrète.

Quelques stratégies utilisées par les hommes pour minimiser leur sentiment de honte

Peu après avoir entamé sa thérapie, l'un de mes patients sortit avec une femme qui, dans son esprit, était plus séduisante et brillante que lui. Il eut honte de lui dire qu'il voyait un thérapeute. Au début, cela ne posa aucun problème particulier. Quand elle le questionnait sur son emploi du temps, il répondait : « J'avais un rendez-vous », « J'ai déjeuné avec un ami », « Je suis allé faire un tour ». Mais à mesure que la relation se faisait plus sérieuse, leur vie sociale et leurs emplois du temps devinrent de plus en plus dépendants les uns des autres. Alors, il dut se montrer plus imaginatif. Les demi-vérités et les mensonges grossiers firent place à des scénarios de plus en plus élaborés.

Pendant les séances, cet homme et moi parlions de sa honte et du fait que son amie serait sans doute compréhensive et tolérante : d'une part, sa personnalité s'y prêtait ; d'autre part, les femmes sont en général ouvertes à l'idée qu'on puisse « chercher conseil » auprès d'un thérapeute. Et pourtant, semaine après semaine, tout en envisageant de lui dire la vérité, il ne cessa de remettre ce moment. Au bout d'un an et demi, incapable de continuer de mentir et bien qu'il pensât que la thérapie était essentielle au succès de sa relation, il interrompit brusquement le traitement. Ce fut l'une des « interruptions » les plus déconcertantes et frustrantes de ma carrière.

La honte pousse les hommes à adopter ce genre de comportements. Ils le font pour se protéger d'émotions qu'ils estiment plus douloureuses, que ce soit davantage de honte, la peur, le rejet ou le sentiment de ne pas être à sa place. Comme si la honte n'était pas aussi douloureuse que tout le reste ! Les hommes mettent très tôt au point cette étrange tactique et ils la maîtrisent bien. Ils l'élaborent à partir des rapports qu'ils établissent enfants avec les gens comme avec les objets et les concepts. Il n'est qu'à les voir avec des poupées. Vers quatre ou cinq ans, les garçons jouent souvent à la poupée avec leur sœur, mais un ou deux ans plus tard, s'ils continuent de jouer avec, il ne manqueront pas une occasion d'annoncer : « Je déteste les poupées. » Leurs rapports avec les vêtements sont aussi très révélateurs. Un beau jour, à l'école, le petit garçon de six ou sept ans s'aperçoit horrifié qu'il est le seul de sa classe à porter une vraie chemise au lieu d'un t-shirt. « Pourquoi m'as-tu mis une chemise ? » se plaindra-t-il à sa mère. Le rapport qu'ils ont aux larmes est encore plus significatif. Un gamin de sixième ou de cinquième ressentira une telle honte d'avoir pleuré qu'il demandera souvent aux autres de ne pas le dénoncer : « S'il te plaît, ne dis pas que j'ai pleuré », implorera-t-il par exemple son frère aîné après s'être battu avec lui.

Quand il ressent de la honte, l'homme cherche à la minimiser en ne communiquant pas (le silence), en faisant passer le sentiment inverse (le mensonge), ou en biaisant (la fuite). Ce n'est pas tant parce que la honte est trop douloureuse que parce qu'elle signale aussi la présence d'autres émotions troublantes qui affleurent à la surface. Elle exerce donc un effet dissuasif et rappelle qu'il ne faut surtout pas remuer tout cela. Pourtant, ces sentiments ne sont pas tous douloureux. Il semble ainsi admis qu'un homme tombe amoureux ou se mette en colère, car ce sont deux émotions qui, par leur nature, sont susceptibles de les entraîner à *faire* quelque chose : poursuivre quelqu'un et, avec un peu de chance, en réaliser la conquête ou en retirer un résultat concret. Les sentiments qui leur posent le plus de problèmes sont ceux qui les font se sentir passifs et vulnérables.

C'est pourquoi, pour entamer une relation intime avec un homme, il faut d'abord percer l'épais mur de honte derrière lequel il se cache. Ce n'est pas très difficilc quand l'homme en question a conscience de sa honte et qu'il fait des efforts pour s'en sortir. C'est d'ailleurs dans ces moments-là que les hommes sont le plus susceptibles de se confier. L'un de mes patients se sentait si mal d'avoir, adolescent, connu sa première expérience sexuelle avec l'une de ses cousines qu'il se sentit obligé, quinze ans plus tard, de se « confesser » à sa fiancée la veille de leur mariage. Un autre, tout en étant ravi de voir la très jolie jeune femme avec qui il avait rendez-vous pour la deuxième fois prendre l'initiative de l'embrasser, interrompit ses baisers pour déclarer : « Il faut que je te dise que j'ai eu autrefois la blennoragie. » Il avait eu besoin de se confesser pour se libérer de la honte qui, pressentait-il, allait surgir, même si sa maladie avait été traitée et guérie plusieurs années auparavant.

Les hommes auront aussi souvent recours à un humour sarcastique et à l'autodénigrement. Quand ils déclarent : « De toute façon, je ne suis pas le prince charmant », leur affirmation en recouvre généralement une autre – par exemple : « Si seulement je n'avais pas aussi honte de ce que je suis. » Une autre de leurs techniques sera de remettre à plus tard ce qu'ils ont à faire, voire de ne rien faire du tout. L'un de mes patients fut licencié sans que cela fût de sa faute. Il avait toujours travaillé dur et subvenu aux besoins de sa famille. Mais il avait tellement honte d'avoir à toucher les allocations chômage qu'il repoussa sans cesse son inscription, jusqu'à oublier complètement de le faire. Lorsqu'il réagit, il était trop tard, ce qui lui coûta, ainsi qu'à sa famille, beaucoup d'argent. Le psychiatre Michael Lewis explique très bien comment ce type de comportement aide à réduire ou à supprimer la honte. L'oubli nous permet de reporter notre attention de la situation productrice de honte sur quelque chose d'autre. Comme si, dit-il, en nous confessant ou en nous moquant de nous-mêmes, nous nous regardions d'un œil extérieur. « Ce n'est pas moi qui l'ai fait, c'est cette autre personne », avons-nous l'air de dire quand nous nous distançons d'une expérience honteuse.

Lorsqu'un homme a conscience de sa honte, il suffit donc de trouver le moyen d'en parler pour que la partie soit presque gagnée. Le problème, c'est que très souvent il n'en a pas du tout conscience. Alors que les femmes sont généralement capables d'exprimer leur embarras, leur honte ou leur faible estime de soi, les hommes ont tendance à nier ou à réprimer ces sentiments. Chez certains, l'émotion générée par la honte provoque une telle souffrance qu'ils ne la tolèrent même pas. Où est le problème ? me direz-vous. N'est-ce pas merveilleux, au contraire ? Et les femmes ne feraient-elles pas bien de s'en inspirer ? Peut-être. Mais l'ignorance a toujours un coût. Et dans ce cas précis, le coût caché est d'abord supporté par les autres – souvent des femmes –, puis transformé en quelque chose d'autre avant de revenir, comme par un effet boomerang, à celui qui le fait payer. Je m'explique. Pour les psychosociologues, les femmes ont tendance à attribuer leurs succès aux autres et leurs échecs à elles-mêmes ; les hommes, eux, font le contraire : ils s'attribuent tout le crédit de leurs succès et accusent les autres lorsqu'ils échouent. Ce que j'interprète de la façon suivante : afin de se défaire de la honte qu'ils ressentent, les hommes projettent leurs propres défauts sur les autres. Or, le plus souvent, ces autres sont des femmes.

Quand l'homme projette sa honte sur la femme : le rôle de la check-list

« Les hommes se prennent tous pour des Apollon, me dit une amie. Qu'ils soient chauves, gros, petits ou maigres, ils se croient irrésistibles. Du coup, ils sont toujours prêts à vous emmener au lit. » D'un point de vue féminin, cette théorie tient la route. Elle semblera également valable pour qui observe de l'extérieur la plupart des relations entre les hommes et les femmes. Mais si, dans le cadre d'une thérapie, on se place du côté des hommes et que l'on essaye de voir les choses de l'intérieur, la théorie s'inverse.

C'est vrai, dès la première rencontre, les hommes sortent en douce leur check-list pour évaluer les mérites et surtout les défauts de la « candidate ». La check-list mentale type passe en revue les qualités suivantes : jolie, intelligente, mince, classe, chaleureuse, assurée, sensuelle, drôle et excitante. Quant aux points négatifs ils tournent autour de : banale, idiote, lourde, naïve, froide, mal à l'aise, inhibée, effacée et ennuyeuse. En général, les femmes se voient attribuer un certain nombre de bonnes notes, mais dans mon cabinet, les hommes reviennent jusqu'à l'obsession sur les points négatifs : « Elle est jolie et elle est avocate, donc elle doit être brillante. Mais elle n'a rien dit de particulièrement intelligent. La politique ne l'intéresse pas, non plus que le droit constitutionnel, qui me passionnent. À bien y réfléchir, je ne crois pas que tout ce qui est culturel l'intéresse. En plus, elle aime les balades en montagne ! Et si en fait, elle était complètement tarte ? Qu'en pensez-vous ? »

On retrouve là, dans une certaine mesure, le même processus d'évaluation un peu tordu qu'au début d'une relation, lorsque l'homme et la femme cherchent nerveusement à savoir si la personne qu'ils ont en face d'eux est bien celle qui leur convient. Mais, sous le microscope thérapeutique, on discerne avec plus de netteté ce qui est à l'œuvre. J'avais ainsi pour patient un étudiant en médecine aussi charmant, séduisant et avide de plaire, qu'intelligent. Il était en outre doué pour la musique et la cuisine, et c'était un passionné de Nietzsche, Kafka et Mozart. Une belle carrière s'ouvrait à lui, il débordait d'énergie. Il aimait aussi les femmes, du moins c'est ce qu'il disait bien qu'il n'eût jamais réussi à avoir une relation à long terme. Avec toutes ses qualités, ce n'était pourtant pas les candidates qui manquaient. Mais il sortait en général avec une femme pendant deux à six semaines, puis se désintéressait d'elle et rompait.

Au bout d'un certain temps, nous nous rendîmes compte que son mode de relation suivait toujours le même schéma, prévisible jusqu'à l'absurde. Pendant la phase une (semaines 1-2), il amassait des données pour sa check-list. Puis venait la phase deux, celle de l'analyse (semaines 3-4), et enfin la phase trois (semaines 5-6), où il cherchait, non sans remords, le moyen de mettre fin à la relation sans heurter les sentiments de la femme avec qui il sortait.

Ce qui se passait pendant la phase quatre – *post mortem* – était le plus intéressant. Après chaque rupture, nous analysions tous les deux les informations qu'il avait pu recueillir. C'est ainsi que nous remarquâmes qu'il avait rompu une fois parce que son amie était trop « naïve ». « Elle était trop facilement influencée par ses amis et elle était en admiration devant son patron. » Il mit fin à une autre relation parce que la jeune femme était « presque trop gentille ». Elle aimait les animaux et la nature, et n'était pas assez sophistiquée. Une autre « aimait trop la musique folk et pas le rock, sans parler de musique classique ». Et une quatrième « adorait les cartes de vœux romantiques et l'ambiance des fêtes de fin d'année au point que s'en était ridicule ».

Cet homme avait conscience que toutes ces femmes avaient quelque chose en commun et que c'était précisément cela qui finissait par le gêner. Même si j'avais du mal à mettre le doigt dessus – s'agissait-il de gentillesse, de simplicité, d'innocence ou de naïveté ? –, il me semblait que la plupart des gens s'en seraient accommodés. Pourquoi fallait-il que cela le dérange tant ? En y réfléchissant, j'essayai d'analyser ma propre expérience avec lui.

Pendant nos séances, il critiquait souvent la bureaucratie de l'école de médecine, la corruption de la communauté médicale ainsi que le cynisme froid des institutions et des gens. Et bien qu'il s'affirmât capable d'affronter la maladie et la mort dans le cadre de l'exercice de sa profession, il mentionna à plusieurs reprises qu'il pleurait facilement devant des films idiots, même devant les plus commerciaux.

Plusieurs choses ressortaient de ce qu'il m'avait dit de son enfance. Petit, son père, qui était le plus souvent absent à cause de son travail, lui avait fait des promesses formidables, comme des balades à ski ou à cheval, qu'il n'avait jamais tenues. À chaque fois, le cœur de l'enfant s'enflammait et se réjouissait, pour être toujours déçu. Mais au lieu de se mettre en colère, il cherchait toujours à faire plaisir à son père – et par extension, à toute représentation de l'autorité –, espérant en dépit de tout qu'il finirait par tenir parole. En cinquième, lorsqu'il avait dû écrire une phrase commençant par « vous », il avait écrit : « Vous êtes un professeur formidable, Madame Dupont. » Plus tard, les garçons du quartier avaient exploité son désir de plaire et d'être gentil. Ils l'envoyaient faire leurs courses et l'avaient forcé à danser nu dans la neige. Adolescent, son frère, un joueur invétéré, l'avait convaincu à plusieurs reprises de lui prêter de l'argent qu'il ne lui avait jamais remboursé.

Autrement dit, sous ses airs blasés et mondains, c'était un idéaliste et un naïf qui aspirait à donner sa confiance. Il était foncièrement gentil et il aurait été facile de le blesser, de l'humilier et de le tromper. Quoi d'étonnant alors qu'il eût honte de ce trait de caractère, d'autant plus qu'il n'avait jamais rien retiré de ses expériences tant il était prêt à tout pour plaire ?

C'était donc pour fuir ou réprimer ce sentiment que cet homme s'efforçait d'éviter tout ce qui pouvait lui rappeler sa propre gentillesse, sa naïveté, etc. Ou, plus exactement, il recherchait d'abord des femmes qui lui ressemblaient – il n'était jamais attiré par les intellectuelles ou les mondaines – pour pouvoir ensuite rejeter chez elles les traits de caractère qu'il ne réussissait pas à rejeter chez lui.

Et c'est précisément à cela que sert la check-list. Les hommes projettent sur celles avec qui ils sortent les traits de caractère dont ils ont inconsciemment honte. Ceux qui refusent de s'avouer qu'ils ont peur de ne pas se sentir assez intelligents – quelle que soit leur intelligence réelle – attacheront une importance particulière à la bêtise. Les hommes qui, sans le reconnaître, souffrent d'être chauves ou pas assez sportifs se demanderont si leur amie « est assez belle ». Et ceux qui nient avoir honte d'être mal à l'aise en société, trouveront que la femme avec qui ils sortent « ne va pas assez vers les autres ».

Souvent, la check-list ne disparaît pas lorsque les hommes se marient ou s'engagent dans une relation sérieuse – en tout cas, pas complètement : elle se réduit à un ou deux critères principaux qui prennent alors une importance considérable et même démesurée. Ils s'énerveront par exemple de voir leur femme passer des heures à regarder *Urgences* ou *Ally MacBeal*, déploreront qu'elle ne soit pas douée en cuisine, qu'elle ne s'intéresse à rien d'autre qu'à ses enfants, ou qu'elle ne s'occupe pas assez bien de la maison, autant de sujets qui mènent souvent à des reproches constants ou même à des disputes violentes et répétées, et débouchent sur la colère et le désespoir.

Au cours des années, j'ai vu défiler dans mon cabinet nombre de couples venus consulter à cause de conflits de ce type. Un jour, lors de la première séance, une femme me dit qu'elle en avait assez d'être critiquée par son mari, qui lui reprochait notamment de se taire lorsqu'ils étaient en groupe. « Par exemple, lorsque nous sortons avec des amis, dit-elle. Je fais partie de ces gens qui préfèrent écouter. Mais cela ne veut pas dire que je ne parle pas. Je pose des questions, et je parle de moi quand je me sens bien. Et puis je ne vois pas en quoi ça l'embête. Ça m'est bien égal, à moi, s'il parle ou pas. Il passe son temps à me dire que je devrais parler plus, et ça m'énerve vraiment parce que, du coup, je me sens gênée. Mes amis ne pensent pas que je sois trop silencieuse. Et le pire, c'est que je finis par le croire et par penser que je ne suis pas *normale* et que je *devrais* parler plus. En outre, il veut toujours que je m'habille d'une certaine façon lorsque nous sortons. Je veux bien lui faire plaisir de temps en temps, mais il en fait toute une affaire à chaque fois. Du coup, je me sens mal. Cela accentue tous les complexes que je peux avoir par rapport à mon physique et mon pouvoir de séduction. Pourquoi ne peut-il pas me prendre telle que je suis ? »

Elle marqua une pause. Rouge de colère, son mari s'efforçait de sourire. « Elle déforme complètement la réalité », dit-il. Puis il s'expliqua :

– C'est vrai que je trouve qu'elle est trop silencieuse avec nos amis. Je crois que cela met les gens mal à l'aise.

– Ce n'est pas ce que pensent mes amis, l'interrompit-elle, furieuse.

– Mais tes amis ne le te diront évidemment jamais », répliqua-t-il avant de lui porter l'estocade finale : « De toute façon, je me fiche de ce que pensent tes amis. *Je* pense que c'est grossier de ta part de ne pas parler, et *je* pense aussi que tu ennuies tout le monde. J'ai vraiment l'impression de voir ta mère. »

N'importe qui aurait pu s'apercevoir, comme moi, que la femme était prête à exploser. Mais elle se retint et il poursuivit : « Quant à ta manière de t'habiller, là tu ferais mieux de prendre modèle sur ta mère. Elle s'habille si bien que tout le monde en parle. Qu'est-ce qu'il y a d'anormal à vouloir que tu sois séduisante ? » Il se tourna vers moi pour ajouter : « En plus, je ne comprends pas pourquoi elle est tellement sensible et sur la défensive. » Puis, s'adressant de nouveau à elle : « Pourquoi dis-tu que je te critique ? Je ne fais que te suggérer certaines choses. Ou si tu préfères, je te demande de faire certaines choses pour moi. Je ne vois pas où est le mal. »

Deux points nous intéressent dans cet échange. Premièrement, lorsque le mari fait intervenir la mère, on peut se dire que c'est sérieux : il fait exprès d'être odieux en appuyant là où cela fait mal et en humiliant sa femme. Mais dans quel but ? Pourquoi faut-il qu'il souligne qu'elle est timide et renfermée comme sa mère ? J'appris par la suite que la légende familiale voulait qu'enfant, cet homme parlât si peu qu'à quatre ans, ses parents l'emmenèrent consulter un pédopsychiatre. Le médecin dit que tout allait bien et que le gamin était juste très silencieux. Sa timidité l'accompagna dans l'adolescence jusqu'au lycée, où il prit conscience de son intelligence. Il s'affirma alors peu à peu et se mit à parler avec une aisance grandissante au point de devenir extraverti pour compenser. Mais il revoyait chez sa femme sa propre timidité d'adolescent – et il lui fallait la combattre. Quand un homme fait preuve de méchanceté pendant une dispute, c'est souvent pour tenter de nier un sentiment de honte ou la peur de ne pas être à la hauteur.

Deuxième point important : le fait que le mari ait exigé de sa femme qu'elle s'habille *pour lui*. On peut imaginer que derrière cette demande se cache le besoin de faire impression, mais plus pour lui que pour elle. Si l'on s'en tient à ce que j'ai dit jusqu'ici, on pourrait penser que le mari avait l'air négligé ou qu'il arborait une grosse tache de café sur sa cravate. Pourtant, il était plutôt bel homme et bien habillé. Alors pourquoi attachait-il tant d'importance à l'aspect physique de sa femme, comme si elle avait dû le représenter ?

Le processus de refus et de projection de la honte n'est évidemment pas aussi simple ni aussi symétrique que je l'ai laissé entendre. Ce que cet homme n'aimait pas en lui, ce n'était pas son physique, mais son CV. Il avait grandi dans un quartier bourgeois, mais à la différence de la plupart de ses amis de lycée, il ne fit ni grande école prestigieuse, ni études originales. De plus, même s'il avait très bien réussi professionnellement, il n'avait suivi aucune formation spécialisée, à l'inverse d'un grand nombre de ses amis. Je me rendis compte qu'il avait honte de tout cela au travers de son silence et des réponses évasives que j'obtins lorsque j'abordai par la suite son histoire personnelle et que je remarquai qu'il sautait les années d'université. Et il se mit tout d'un coup sur la défensive pour m'expliquer pourquoi il n'avait pas fait de spécialisation, comme pour répondre à une question que je ne lui avais pourtant pas posée.

Cet homme avait donc honte de ce qui, dans le cercle de ses amis qui attachaient une telle importance au statut social, aurait constitué un parcours universitaire peu glorieux. Et pour s'en prémunir, il transférait sa honte sur l'apparence physique de sa femme dont il attendait qu'elle lui confère un statut. Ce genre de dynamique est très répandue, même chez les couples qui sont moins attachés au statut. Elle est encore plus fréquente que la check-list qui établit des équivalences, et ce pour une simple et bonne raison : la honte chez les hommes est plus souvent liée au travail qu'à l'apparence physique.

Honte et vulnérabilité : l'attaque est-elle la meilleure défense ?

La clinique, tout comme la recherche, montre que les femmes ont tendance à avoir honte de leur apparence physique ou de l'échec de leurs relations, tandis que, chez les hommes, la honte est liée à la performance, qu'elle soit professionnelle ou sexuelle. Cette différence entre les sexes, ou, plus exactement, la manière dont chacun, au sein d'un couple, gère cette différence, est à l'origine de nombreuses disputes, même lorsque la relation est bonne. Les hommes ont sans cesse « l'occasion » de s'interroger sur leurs performances. Untel est dans une situation professionnelle sans avenir, tel autre est en butte aux critiques permanentes de son patron, un troisième gagne moins d'argent que ses amis, et un quatrième se met subitement à souffrir d'impuissance. Même la banale « mauvaise journée au boulot » est susceptible de déclencher un accès de honte parce que l'homme aura eu l'impression d'un échec – comme elle peut aussi provoquer chez lui une réaction de fuite pour éviter de ressentir cette honte.

Ces jours-là, tout peut lui servir de prétexte pour critiquer les performances des autres et évacuer ainsi sa propre honte : les jouets des enfants éparpillés dans la maison, la table mal dressée, ou la tenue de sa femme. S'il sort dîner avec son amie, l'homme qui a subi les remarques de son patron se débarrassera de sa propre honte en « suggérant » par exemple à sa compagne qu'elle se coiffe autrement, ou bien en lui « demandant » pourquoi elle ne porte pas « les boucles d'oreille que je t'ai achetées et qui sont tellement plus jolies que celles-ci ».

Dans ce genre de situation, les femmes ne sont malheureusement que trop disposées à recevoir et à intérioriser les projections masculines, car elles ont déjà tendance à complexer sur leur apparence physique et sur l'échec de leur relation, ce que leur partenaire exploite presque intuitivement. Pourtant, ce n'est que le début de la dispute. Bien que la femme se dise : « C'est vrai, je ne suis vraiment pas très séduisante » et en éprouve de la honte, elle ressent également de la colère à l'égard de l'homme qui provoque chez elle ces sentiments-là : soit elle répond, soit elle se drape dans un silence offensé.

L'homme ne peut alors que se rendre compte qu'il a mal agi. Mais puisqu'il n'a pas conscience que c'est la honte éprouvée à propos d'autre chose qui a provoqué ses remarques, il dit à sa compagne qu'il n'a pas voulu la critiquer. Incapable de le croire, et blessée par son refus de reconnaître les faits, celle-ci l'accuse d'être insensible et bouché. Se sentant attaqué, l'homme se venge en lui reprochant d'être trop sensible et agressive. À partir de là, la dispute dégénère en un feu nourri d'attaques et de contre-attaques, où des phrases telles que : « C'est toujours la même chose avec toi », « Tu es bien comme... », ou : « Jamais je n'aurais dû... » déplacent la querelle sur le terrain de conflits antérieurs qui n'ont aucun rapport. Pourtant, à l'origine de cette dispute, on trouve bien l'incapacité de l'homme à accepter la honte qu'il ressent et la tendance de la femme à se laisser « envahir » par elle.

Sauf à considérer la femme comme une pauvre victime, il convient toutefois de noter que de nombreuses disputes sont également liées au sentiment qu'ont les femmes de ne pas être à la hauteur, sentiment qu'elles projettent sur leur partenaire en lui faisant comprendre qu'il ne sait pas s'occuper d'elles comme il faut. Nous reviendrons sur ce point au chapitre III, lorsque nous aborderons *la fracture sexuelle*.

Pourquoi hommes et femmes éprouvent-ils de la honte pour des motifs différents ? Et pourquoi cette dissemblance est-elle renforcée dans la plupart des cultures par des attentes en matière de performance, de séduction physique et de relations sociales variables selon les sexes ? Sans entrer dans les détails, car nous dépasserions le cadre de ce livre, je voudrais mentionner l'intéressante thèse « sociobiologique » avancée par Michael Lewis. Selon lui, tout est lié à un impératif évolutionniste de reproduction. Si la honte pousse les hommes à de meilleures performances et les femmes à rester séduisantes, il y a plus de chances pour qu'ils aient des relations sexuelles et se reproduisent. Une grande partie des comportements masculins que j'ai pu observer trouvent leur explication dans de telles théories. Mais revenons à la vulnérabilité masculine. Pour faire simple, les hommes éprouvent de la honte lorsqu'ils se sentent vulnérables, faibles ou incompétents. Nous avons vu qu'ils tentent d'échapper à ce sentiment en s'efforçant de transférer leur honte sur quelqu'un d'autre. Cette stratégie ne se limite pas à la sphère privée, et les conséquences dans le monde professionnel sont souvent très graves, comme le montre l'exemple suivant.

Une petite entreprise fabriquante de boissons est en train de se faire absorber par ses concurrents et sa vulnérabilité s'accroît de jour en jour. Dans un dernier sursaut, ses dirigeants cherchent à nouer une alliance avec un autre petit concurrent. Mais après un accord de principe, l'autre entreprise revient sur ce qui a été convenu et demande plus d'argent. Le directeur de la première société la menace de poursuites, sachant que l'autre ne pourra guère en supporter les frais. Le concurrent répond par une lettre où il déclare qu'un procès le mènerait à la banqueroute et fait une contre-proposition, qui est à prendre ou à laisser et n'est pas favorable à la première société.

Deux options s'offrent donc au directeur de la première entreprise : accepter les nouvelles conditions, qui sont loin d'être idéales, mais donneront à sa propre société une chance de se maintenir à flots, ou saisir la justice, ce qui risque d'acculer l'autre à la faillite. En étudiant cette alternative, il doit estimer la véracité des affirmations de l'autre partie. Si son concurrent est aussi proche de la banqueroute qu'il l'affirme, il devrait accepter la proposition. Mais s'il ne fait que prétendre être faible pour pouvoir obtenir certains avantages, il devrait poursuivre la première entreprise.

Quelle option choisira le directeur ? Lorsqu'il avait vraiment besoin d'une alliance et qu'il était dans une position de faiblesse, il avait adopté une attitude procédurière et agressive. Dès lors que l'autre se dit vulnérable, n'est-il pas logique de penser qu'il fait semblant et qu'il est en réalité agressif ? Quelle personne saine de corps et d'esprit proclamerait sa vulnérabilité face à la concurrence ? Le directeur envoie donc une lettre de poursuite et ses avocats se mettent au travail.

Il se trouve que cette histoire, où chacun a cherché à jouer au plus fort, repose sur une situation réelle où je suis intervenu comme consultant pour tenter de montrer qu'il pouvait exister des comportements où la prise de risque était moins grande. Malheureusement, j'ai échoué et, deux ans plus tard, les deux sociétés sont toujours engluées dans une procédure judiciaire coûteuse avec, planant au-dessus d'elles, une menace de banqueroute. Cette entreprise de séduction, où le poursuivant fit tout ce qui était en son pouvoir pour dissimuler sa vulnérabilité, ne mena donc à rien. Et les deux parties restèrent seules.

Prendre l'offensive pour éviter de donner l'impression que l'on est vulnérable (et/ou de laisser percevoir sa vulnérabilité réelle) est au cœur d'un processus qui mène à bien des conflits. On retrouve par exemple cette dynamique dans les cas de divorce à torts où les avocats, dans ce qu'ils pensent souvent être l'intérêt de leur client, recommandent certaines manœuvres unilatérales, auxquelles l'autre partie n'a d'autre issue que de répliquer sur le même mode, ce qui risque de déboucher sur la guerre. Ce processus n'est pas directement lié à la honte. Cependant, il met en lumière le côté défensif que revêt cette émotion chez les hommes. Si la honte est un sentiment douloureux en soi, elle est aussi un bouclier, une défense contre la vulnérabilité. Elle sert donc de signal et nous rappelle que nous devons nous garder de ne rien éprouver (la vulnérabilité). Bien qu'elle se fasse souvent passer pour une attaque, elle constitue en fait la première ligne de défense masculine.

L'homme conventionnel

Étrange paradoxe : les hommes sont beaucoup moins tolérants que les femmes à l'égard de tout ce qui est hors norme, alors que la plupart des comportements « déviants » dans nos sociétés sont le fait du sexe fort. Ils sont beaucoup plus enclins à dévaluer, voire à condamner la diversité, l'imagination créatrice, l'homosexualité, les sans domicile fixe, la critique de l'entreprise, la rébellion et tout ce qui peut paraître excentrique et non conventionnel. Les psychologues de sexe masculin s'intéressent davantage au diagnostic et à la pathologie que leurs homologues féminins, qui recherchent d'abord l'empathie et se penchent sur les sentiments. Sur le plan politique, alors que les femmes tendent à soutenir les causes les plus libérales qui appellent à la tolérance, les hommes sont attirés par les idéologies conservatrices qui s'appuient sur le respect de la loi et de l'ordre.

La réponse à ce paradoxe, comme souvent, tient dans la question. Les hommes se soucient plus des conventions parce qu'ils ont un plus grand potentiel pour la déviance. Autrement dit, ils ont des raisons de s'inquiéter. Mais de manière assez typique, ils réagissent en projetant leurs inquiétudes sur les autres. Ils s'efforcent de maintenir l'ordre chez eux en définissant de manière rigide ce qu'ils attendent des autres et de la société en général. Pourtant, en privé, et souvent de manière inconsciente, ils s'appliquent à eux-mêmes ce système de pensée rigide. Se sentant des dispositions à enfreindre les règles, ils se critiquent sévèrement d'avoir certaines pensées ou certains sentiments qu'ils jugent anormaux.

Nous avons vu que les hommes éprouvent de la honte devant de mauvaises performances. Mais la pratique montre que ce sentiment s'exprime aussi lorsqu'ils s'éloignent du chemin étroit et conventionnel qu'ils pensent devoir emprunter – que leur déviance soit réelle ou imaginaire. Comme la plupart d'entre nous « pêchent » au moins en esprit, si ce n'est dans les faits, cette source de honte est particulièrement importante dans les situations qui nécessitent de s'ouvrir aux autres. C'est donc un sentiment qu'il faut prendre en compte dans le cadre de la relation thérapeutique. Mais c'est un facteur qui intervient aussi largement dans d'autres relations intimes.

Que l'on soit thérapeute, petite amie ou épouse, nous sommes tous confrontés à la même réalité : celui qui souhaite que l'autre lui ouvre son monde intérieur doit créer un environnement où les différences sont tolérées. Et il me semble qu'un tel environnement ne peut être une création artificielle ou le produit de quelque outil thérapeutique acquis. Il devrait plutôt être le résultat d'une attitude naturelle. Mais comment devenir naturellement tolérant quand il nous est si facile de critiquer et de juger les autres ?

Dès lors que l'on tient pour acquis le fait que nous sommes tous, au moins par la pensée, par nos sentiments, dans nos rêves ou dans nos fantasmes, des déviants potentiels, il est facile de voir qu'en condamnant le comportement des autres au prétexte qu'il serait « bizarre », « dérangé » ou « tordu », nous ne faisons que nous défendre contre la peur et la honte que nous avons de notre propre déviation. En considérant les autres comme anormaux, nous nous rassurons sur notre propre normalité. Et plus nous rejetons notre propre pathologie, plus nous éprouvons le besoin de voir chez les autres un comportement pathologique. C'est la raison pour laquelle il est indispensable d'apprendre d'abord à s'accepter et s'aimer soi-même pour pouvoir accepter et aimer les autres. Et c'est aussi ce qui explique que si vous avez trop honte des cadavres qui se trouvent dans vos placards, vous ne pouvez vous attendre à ce que votre partenaire mette sa honte entre parenthèses.

Cette réciprocité a une implication importante que je répète souvent à mes patients sceptiques. Les hommes ont tendance à penser que s'ils révèlent aux autres leurs pensées ou leurs sentiments honteux, on les humiliera et on les rejettera. En vérité, c'est presque le contraire qui se produit : plutôt que vous humilier, la plupart des gens feront preuve de sollicitude. Et ils se sentiront suffisamment en sécurité pour se confier à leur tour et livrer leurs incertitudes et leurs péchés secrets. Cela constitue, à mon avis, le secret bien gardé d'une relation réussie. Et s'il s'en trouve quelques-uns pour saisir l'occasion de s'affirmer en appuyant sur vos blessures, alors il est souhaitable d'en tirer les conséquences qui s'imposent et de prendre vos distances par rapport à eux.

Certains hommes politiques savent mettre à profit ce secret pour établir leur popularité : il n'est qu'à voir leur capacité à l'autodérision et à faire de nécessité vertu. Dans la sphère privée cependant, l'acceptation de soi-même et des autres ne peut relever du stratagème politique ou tactique : la démarche doit venir du cœur. Il ne s'agit pas pour autant de prétendre que la vie serait comme une sorte de groupe de soutien géant et on ne peut donc pas fonder l'acceptation et la tolérance sur une conception naïve d'un amour inconditionnel. Il faut plutôt s'appuyer sur quelques concepts et certitudes psychologiques, par exemple : fondamentalement, les êtres humains sont plus semblables que différents ; au lieu de chercher partout la personne idéale, commencez par en être une ; la principale différence entre l'individu « normal » et le « névrosé » réside en ce que le dernier a le courage de regarder en face ce qui le rend malheureux ; celui qui est trop critique des autres est hypocrite car il n'est pas assez critique de lui-même ; etc. Certains concepts ne s'apprennent pas dans les livres. Nous devons les établir nous-mêmes, quitte à avoir l'impression de réinventer la roue. C'est en nous frottant résolument à ces principes fondamentaux, et non en les achetant tout faits, que nous apprendrons à faire face à la honte.

En gardant cela à l'esprit, je vais maintenant vous montrer comment, en travaillant avec des hommes pour tenter de dépasser leur honte, on finit par trouver assez banal ce qui semblait au départ bizarre ou déviant. Mes années de pratique et de recherche m'ont permis de mettre au point trois techniques : 1) poser des questions idiotes, 2) rire, 3) réfléchir.

L'homme qui aimait les gros seins

C'était un architecte d'environ trente-cinq ans, séduisant, brillant et sensible. Il se dégageait de lui une douceur physique et émotionnelle que les femmes adoraient. Mais il avait été jusque-là incapable d'entretenir une relation à long terme, ce qui le désespérait et le conduisit dans mon cabinet.

À l'écouter, au début, il avait tout de la personnalité phobique des engagements. Il commençait une relation avec une femme pour, au bout de quelques mois, avoir le sentiment de « suffoquer » ou d'être « étouffé ». Il prenait alors ses distances, ce qui amenait en général son amie à être encore plus en demande et attachée à lui. Cela ne manquait pas de sonner le glas de la relation sans que, par honte ou par peur de se retrouver seul, il ne réussisse à rompre avant plusieurs mois.

Environ un an après le début de la thérapie, alors que j'avais été témoin de deux de ces cycles relationnels, nous abordâmes la question des fantasmes sexuels. Le patient, qui était en général sûr de lui et s'exprimait avec facilité, perdit brusquement ses moyens : il devint nerveux et se mit à chercher ses mots. Puis il se tut un moment avant de dire qu'il avait effectivement des pensées sexuelles, mais qu'il lui était difficile d'en parler.

« En quoi est-ce difficile de parler de sexe ? » lui demandai-je. Comme si je venais de lui poser une question parfaitement idiote, il rétorqua : « Enfin, vous savez bien que c'est gênant ! » Cela ne m'empêcha pas de lui poser une autre question idiote : « En quoi est-ce gênant ? » Sans attendre sa réponse, je gloussai et me moquai de moi-même : « Je sais que ces questions sont stupides, mais j'ai une bonne raison de vous les poser. » Je lui dis que la sexualité est de l'ordre du privé et que c'est pour cela qu'il est difficile d'en parler. « Mais, poursuivis-je, il y a des personnes que cela ne met pas du tout mal à l'aise et les gens sont gênés par des aspects différents de leur sexualité. Alors, pour vous poser la question autrement : qu'est-ce qui vous gêne particulièrement ? »

« Eh bien, me dit-il, mon problème, c'est que je crois que j'aime vraiment les gros seins. » J'aurais pu lui dire : « Et alors, où est le problème ? » et continuer d'argumenter sur les différences sexuelles normales, les goûts et les couleurs, etc. Mais plutôt que de nier la honte qu'il éprouvait, je voulais y revenir pour que nous arrivions ensemble à comprendre sa signification. Je lui demandai donc, non sans indiscrétion :

« Pourquoi dites-vous : "Je *crois* que j'aime vraiment..." ?

– En fait, j'aime ça, mais j'en ai honte. En plus, je ne veux pas vraiment l'avouer – *me* l'avouer.

– Et pourquoi pensez-vous que c'est un problème ?

– Parce qu'il n'y a que cela qui m'excite », lâcha-t-il presque en colère, avant d'ajouter : « Et ça, ce n'est pas un problème peut-être, monsieur le Psychologue ? »

Je souris et nous continuâmes de discuter du « problème ». La raison de l'échec de ses relations apparut alors clairement : il s'attachait aux seins, pas aux femmes avec qui il sortait. L'aura des gros seins rejaillissait sur la femme dont la vraie personnalité se révélait, une fois la première attirance passée, incompatible avec la sienne.

Cet homme espérait toujours tomber amoureux d'une femme qui n'eût pas forcément une forte poitrine, tout en redoutant alors de ne pas réussir à fonctionner sur le plan sexuel. Ayant désormais moins honte de ce penchant, il commença à se dire qu'il pourrait peut-être, lorsqu'il serait attiré par une femme pour d'autres raisons que ses seins, discuter de ses préférences avec elle et que, « si ça se trouve, elle accepterait de porter des seins artificiels ou quelque chose du genre ».

Je n'avais rien à redire à cela, sauf que, encore une fois, la dissolution de la honte ne m'apparaissait pas être le but final, mais un moyen de parvenir à ce but. Je lui posai donc des questions plus précises sur ses fantasmes sexuels qui débouchèrent bientôt sur un autre cycle de timidité, difficulté d'expression, et gêne. Je cessai à nouveau de l'interroger pour me lancer cette fois dans une discussion quelque peu oiseuse sur la différence entre réalité et fantasmes. Quand je lui demandai s'il porterait un jugement négatif sur les fantasmes qu'il éprouvait si c'était son meilleur ami qui les lui racontait, il répondit avec force : « Pas du tout. » Il finit par se sentir suffisamment à l'aise pour me dire ce que recouvrait son fantasme : « J'aime les gros seins parce que je peux me les approprier en partie. Dans mes fantasmes, c'est moi qui ai les seins. Ce qui m'excite le plus, c'est d'imaginer que je suis une femme et que je suis en train de baiser avec une autre femme. Je pense que c'est pour cela qu'au lit, je n'arrive à jouir que lorsque la femme est au-dessus. »

Ainsi, par le simple fait de reconnaître et discuter de sa honte, nous étions arrivé à débloquer la communication. En un sens, la honte est en soi la porte qui mène à une plus grande ouverture émotionnelle, à partir du moment bien sûr où vous n'avez pas peur d'interroger l'autre à ce sujet. Et point n'est besoin d'être un thérapeute pour poser des questions idiotes. Il suffit d'un peu de courage. Ou, comme *L'Idiot* de Dostoïevski, dont la lenteur de réflexion et la naïveté lui ouvrirent les grilles de la haute société russe, il vous faut désapprendre ce que vous pensez savoir des gens. Si vous n'avez aucune idée *a priori* de ce dont les hommes peuvent avoir honte, vous êtes plus à même de poser des « questions idiotes » et de mettre le doigt sur ce qui provoque ce sentiment.

La deuxième méthode, rire, se situe entre les frontières étroites de rire *de* et rire *avec* l'autre. Alors que nous revenions sur les détails de ses fantasmes sexuels, mon patient dit : « Pour vous montrer à quel point je suis tordu, l'autre jour je me suis habillé en femme et je me suis pris en photo pour m'en servir comme stimulant sexuel. » Il ajouta, sans pouvoir s'empêcher de sourire : « Je voulais avoir le visage d'une femme pour la photo, mais le seul masque que j'aie réussi à trouver est celui de Barbara Bush, alors je l'ai mis. » Je n'ai pas pu me retenir de sourire à mon tour et, quelques instants plus tard, nous éclations de rire. Je me moquais *de* l'absurdité du fantasme et je notais ainsi sa nature « bizarre », problématique. Mais le fantasme *en lui-même* me faisait rire aussi, et je montrais ainsi que j'appréciais son côté créatif et ludique. Il s'agissait donc à la fois d'une critique du fantasme et d'une invitation à aller plus loin.

La troisième technique, réfléchir, vous conduit à prendre conscience avec l'autre que dans le fond, son fantasme n'est pas aussi bizarre qu'il n'y paraît. Cet homme qui aimait les gros seins par exemple, était fils unique et n'avait jamais connu son père. Sa mère, une femme forte, indépendante et idéaliste, avait dominé son enfance. C'était une ancienne hippie, qui avait réussi professionnellement mais avait des idées très arrêtées sur l'éducation sexuelle comme se promener nu à la maison, se livrer naturellement à des attouchements sexuels, et acheter des revues porno à son jeune adolescent de fils.

Au cœur des fantasmes de cet homme, se trouvait d'abord un désir de s'identifier et de ressembler à sa mère (à savoir une femme) et ensuite le besoin d'en être aimé (par une femme aux seins lourds placée au-dessus de lui). Ce lien émotionnel profond et unique était sexualisé parce que sa mère avait pris en charge son développement sexuel. En cherchant plus loin, on ne peut manquer de voir que les liens qu'entretiennent tous les hommes avec leur mère sont fondés sur le désir qu'ils ont eu, enfants, de devenir en un sens comme elle, et en tous cas, de s'en faire aimer. C'est en raisonnant de la sorte que l'on finit par venir à bout de la honte masculine. Mais, pour être efficace, cette technique doit être plus qu'un outil thérapeutique destiné à « aider le patient à se sentir mieux ». Il faut dès le départ être persuadé que, fondamentalement, les gens sont plus semblables que différents.

Il n'en demeure pas moins que le fantasme de cet homme était à première vue plutôt particulier – quoique plus fréquent qu'on ne le pense – ce qui, jusqu'à un certain point, suffit à expliquer sa honte. Les hommes qui ont des pensées, des manies ou des fantasmes spéciaux ont tendance à se sentir « monstrueux ». Mais ne sommes-nous pas tous capables d'élaborer des scénarios bizarres pour peu que nous nous laissions aller ? Alors essayons de faire appel à notre curiosité naturelle au lieu de nous offusquer devant l'imagination humaine. Et ne remettons pas tout dans les mains du thérapeute : quiconque souhaite comprendre à quoi pensent les hommes doit d'abord s'interroger sur son propre fonctionnement.

Comme je l'ai dit, ces techniques sont un prolongement presque naturel de l'amour. Mais l'amour est-il en soi assez fort pour pénétrer jusqu'à la honte, et même la guérir ? La réponse est à la fois courte et longue : oui, les sentiments d'affection et d'amour du thérapeute, des parents, des enfants, des ami(e)s ou des amant(e)s ont tous un pouvoir curatif. Mais pour que la guérison soit définitive, il faut que ces sentiments soient intériorisés, digérés et réorganisés en une nouvelle structure d'amour de soi.

Le pouvoir du silence

Dans la vie de tous les jours, l'homme avec qui vous sortez ou vivez n'a pas forcément de tels fantasmes. Il est possible aussi qu'il en ait, mais ne vous en parle pas – car il en a honte. Qu'importe, les méthodes que j'ai appliquées avec l'homme qui faisait une fixation sur les gros seins peuvent être reproduites à tout moment et partout.

En général, il suffit de poser des questions. C'est simple, facile et efficace. C'est aussi l'une des meilleures techniques de vente et de négociation qui soit, parce que vous apprenez à connaître les intérêts et les besoins de votre client ou de votre partenaire. Il est un petit peu plus difficile de poser des questions idiotes, parce que vous vous exposez au ridicule. Mais dans le cas de la honte, il n'est pas inutile de se rendre quelque peu vulnérable. J'y reviendrai un peu plus loin.

Il n'est pourtant pas aisé de questionner quelqu'un sur la honte qu'il peut éprouver, car on braque alors carrément les projecteurs sur l'expérience génératrice de honte, avec le risque d'amener la personne à s'enfoncer plus avant dans ce qu'elle ressent. « Je ne veux pas en parler, vu ? Combien de fois dois-je te le répéter ? », c'est en gros ce que vous risquez de vous voir répondre lorsque vous interrogez votre partenaire honteux. La solution consiste à ne pas se soucier de la réponse. Il faut poser des questions avec naïveté, en étant animée par une curiosité d'enfant, et non pas parce que vous vous sentez investie d'une mission de « vérité » visant à aider ou à libérer l'homme de ses secrets. La première règle est donc de ne pas l'interroger quand vous avez vraiment besoin ou envie de savoir, sauf si vous sentez intuitivement qu'il est prêt à se confesser. Abordez plutôt le sujet sous un angle général de façon à rester ouverte, en gardant un certain détachement et en manifestant un intérêt intellectuel (en lui demandant par exemple : « Sur quoi les hommes fantasment-ils ? »). Et posez vos questions en montrant que vous êtes tolérante et prête à tout entendre. Et, à condition de ne pas avoir l'air de le harceler, interrogez-le pour le pousser à surmonter sa gêne.

La seconde « technique », le rire, est encore plus subtile. D'abord parce qu'il faut avoir le sens de l'humour : et si vous en étiez dépourvue ? Je suis persuadé quant à moi que la plupart des gens en sont dotés, mais qu'ils ont peur de rire lorsque la situation est tendue. Ils craignent d'abord de tenir des propos déplacés ou irresponsables, ce qui importe peu dans le contexte de la honte. Ils ont peur ensuite de l'aspect moquerie de l'humour, de l'hostilité ou de l'agression qui sont liées à la plaisanterie. Mais si vous gardez à l'esprit que vous êtes vous-même un compagnon de « péché », vous aurez l'impression de rire de l'autre autant que de vous-même. Il n'est pas nécessaire de se trouver dans la même situation que l'autre pour partager avec lui le sentiment du ridicule.

Il est bon de rire avec ou à côté d'une personne qui ressent de la honte : cela permet de reconnaître qu'il y a effectivement quelque chose de gênant (« Je n'arrive pas à croire que tu as fais cela ») tout en gardant une certaine distance émotionnelle et en l'acceptant (« Rions-en tous les deux »). Il devient alors possible de prendre du recul par rapport à l'expérience honteuse et cela sauve la personne du découragement et de l'apitoiement sur soi.

Quant à la réflexion, qui constitue la troisième « technique », elle permet aussi d'envisager les choses sous un angle différent. Par la réflexion ou l'analyse, nous nous demandons si ce que nous voyons correspond bien à la réalité. Nous ne prenons pas la réalité au pied de la lettre et nous remettons en question notre manière de l'envisager, et par conséquent tout notre système de connaissance. La réflexion est une activité essentiellement subversive ; c'est pourquoi les systèmes totalitaires la découragent. Elle conduit aussi à la compréhension – celle d'un point de vue qui n'est pas le vôtre – et c'est la raison pour laquelle les sociétés en guerre cherchent à empêcher l'introspection intellectuelle : celui qui comprend son ennemi aura sans doute beaucoup moins envie de le tuer.

Votre partenaire vous dit que son meilleur ami trompe sa petite amie. Vous lui répondez : « Quel nul ! Mais comment peux-tu fréquenter un type pareil ? » Votre réaction est certainement justifiée ; il n'empêche que vous venez de faire passer le message que vous n'êtes prête à accepter aucun faux pas, même par association. Là encore, cela n'est pas en soi un problème... sauf si vous attendez de votre ami qu'il vous raconte ses propres faux-pas émotionnels – ses sentiments. Dans ce cas, il vaut mieux réagir de manière plus « intellectuelle », en disant par exemple : « Il est vraiment nul, mais je suis sûre que cette histoire n'est pas aussi simple que cela. »

Les trois techniques dont je viens de parler (poser des questions « idiotes », rire, réfléchir) se révèlent particulièrement efficaces lorsque la honte est consciente, mais beaucoup moins si elle est inconsciente ou refusée. Dans ce cas, il faut d'abord faire remonter la honte à la surface pour, dans un deuxième temps, pouvoir la soulager. Si faire prendre conscience de l'inconscient relève de la mission du thérapeute, chacun peut néanmoins y contribuer au jour le jour. Prenons l'exemple d'une dispute conjugale au cours de laquelle le mari projette sur sa femme, en lui reprochant de n'être pas assez sportive, la honte qu'il éprouve inconsciemment d'avoir échoué professionnellement. S'il réussit à blesser sa femme, à lui faire de la peine, ou à la mettre en colère, cela signifie qu'elle accepte cette projection. La honte reste alors inconsciente. Au contraire, si sa femme ne se sent pas atteinte par ses critiques – elle s'en moque, ou hausse les épaules, ou répond : « Adresse-moi la parole quand tu auras quelque chose de gentil à me dire » –, le mari se retrouve seul avec sa honte. Il est alors forcé de s'interroger sur l'irritation qu'il ressent devant les défauts de sa femme. La seule manière qu'il a d'y faire face est de s'avouer : « Eh bien, moi non plus, je ne suis pas parfait. Je gagne moins d'argent que je ne devrais. » À ce moment, la honte qu'il éprouvait est ramenée à la surface. La solution à son problème consiste donc, soit à trouver le moyen de gagner plus d'argent – au lieu d'insister pour que sa femme gagne du muscle –, soit à s'accepter tel qu'il est, et sa femme par la même occasion.

En résumé, il s'agit de renvoyer la balle à l'homme que vous avez en face de vous et de le laisser mariner dans son jus. Cette technique peut également, quoique de manière plus subtile, être employée au début d'une relation amoureuse. Si au bout de quelques rendez-vous qui se sont vraiment bien passés votre ami vous déclare, à votre grande surprise : « Je ne sais pas si finalement nous sommes sur la même longueur d'onde », vous avez tout à gagner à lui répondre : « Nous ne devons effectivement pas être sur la même longueur d'onde, parce que j'étais justement en train de penser le contraire. » Décodons. Il vous dit : « Tu n'es pas assez bien pour moi » et vous répondez par : « Tu n'aurais pas un problème ? », en restant fidèle à ce que vous percevez. Cela devrait l'amener à conduire son raisonnement jusqu'à son terme logique et à se demander qui des deux n'est pas assez bien pour l'autre.

Sans doute avez-vous l'impression qu'il faut déployer de gros efforts pour venir à bout de la honte masculine. Voici donc une autre technique. Elle ne vous demandera aucun effort, quoiqu'elle soit plus délicate à apprendre que les autres. Cette technique, c'est le silence. Parfois, quand un homme a le courage d'exprimer ce qui lui fait honte, il vaut mieux ne rien dire. Par exemple, si vous accueillez par le silence les propos de votre ami qui vous raconte qu'il se sent incapable de s'imposer face à son patron – je parle ici d'un silence qui l'ignore et non pas d'un silence lourd –, vous lui envoyez le message suivant : « Ta honte ne m'impressionne pas. Et si on passait à autre chose ? » En ne réagissant pas, vous informez votre partenaire que ce n'est pas grave, attitude qui peut l'amener à en dire plus. Attention cependant : si vous êtes d'un naturel plutôt critique ou si l'homme que vous avez en face de vous est du genre parano, cette technique n'est probablement pas celle qui convient, car votre silence sera perçu comme une marque de désapprobation. En outre, si vous ressentez vous-même de la honte, il sera interprété, à juste titre, comme la crainte d'un embarras réciproque.

La technique du silence est assez efficace dans le cas de la honte inconsciente. Un de mes patients me racontait un jour le rêve qu'il avait fait, au cours duquel il regardait des images pornographiques sur son ordinateur de bureau : « Tout d'un coup, la porte s'est ouverte et quelqu'un est entré. J'ai essayé de "changer de chaîne", mais le bouton était cassé. Alors, je me suis énervé. J'ai attrapé le moniteur et l'ai jeté par terre. » Quand je lui demandai d'associer, il parla de ses relations avec ses collègues de travail, de ce qu'il ne pouvait pas fermer la porte de son bureau et de la frustration que lui procuraient les ordinateurs. Il finit par interpréter son rêve comme l'expression d'un besoin d'intimité et celle du sentiment qu'il avait de se sentir incompétent dans son métier.

Nous nous apprêtions à passer à autre chose quand il me dit : « Je ne crois pas que cela ait grand-chose à voir avec ce rêve, mais je voudrais quand même le mentionner. La nuit précédente, j'avais loué un film porno. » S'il s'était agi d'un autre patient, j'aurais répondu, interloqué et incrédule : « Vous ne pensez pas que cela ait grand-chose à voir avec le rêve ? ! » Mais avec lui, je me tus. Il réaffirma ce qu'il venait de dire en ajoutant : « Voyez-vous, je n'ai pas honte de regarder des films pornographiques. » Puis nous enchaînâmes sur un autre sujet. Si j'étais resté silencieux, c'était pour une simple raison : quand un homme intelligent s'obstine à ne pas se rendre à l'évidence, il est probablement plus dans le déni que dans le mensonge. La honte que ce patient éprouvait à regarder des images porno était inconsciente.

Dans ce cas précis, mon silence présentait deux avantages. D'abord, montrer à cet homme que sa confession inconsciente et fortuite (il ne m'avait jamais dit auparavant qu'il regardait des films porno) n'avait pas réussi à impressionner la personne qu'il avait en face de lui et qu'il voyait peut-être comme un arbitre – à la fois critique et persécuteur – de la bonne santé mentale. Ensuite, le laisser continuer de mener le jeu : il était maintenant obligé de s'interroger, seul, sur l'étrange éclipse qu'avait connu son cerveau par rapport à ce rêve. Parfois, le meilleur moyen de « conduire » l'inconscient au conscient est de le laisser surgir spontanément du brouillard illogique du déni. Il était tout à fait possible également que je me sois trompé sur toute la ligne et que cet homme ait pris plaisir aux divertissements « adultes » sans éprouver quelque honte que ce soit. D'où une autre bonne raison à mon silence.

Jusqu'ici, j'ai fait l'apologie de la tolérance et de l'ouverture comme traitement de la honte. Je voudrais maintenant mettre un bémol : être ouvert d'esprit ne veut pas dire arrêter de penser. Comme la culpabilité, la honte peut être utile : il est parfois *normal* d'avoir honte de soi. Si le thérapeute, ou n'importe quel autre confident, réagit en disant : « Tout est acceptable », ou : « Je suis pervers, vous êtes pervers, nous n'avons aucun problème », l'autre se voit retirer la possibilité de prendre conscience de l'hostilité que sa déviance peut provoquer et d'en assumer la responsabilité. Ce n'est donc pas par hasard si les différentes techniques que j'ai décrites font appel à la neutralité plus qu'au soutien actif. Poser des questions, par exemple, est une invite à se confier, mais ne signifie pas que l'on approuve *a priori* la réponse qui va être faite.

Mais encore une fois, on n'a pas toujours honte au moment où le bon sens populaire le voudrait. Très embarrassé, l'un de mes patients se mit un jour à me parler de son fantasme sexuel « préféré ». Après avoir lutté contre un violent sentiment de honte, il finit par me révéler que ce fantasme avait pour origine une expérience sexuelle qu'il avait eue à l'université. Un soir, il avait invité une jeune fille dans sa chambre.

Au bout d'un moment, elle l'avait « supplié » de coucher avec lui. Plus il hésitait, plus elle le suppliait – ce qui l'avait beaucoup excité. Il m'eût été facile d'établir un rapport avec le fantasme et de montrer à ce patient qu'il n'avait aucune raison d'avoir honte. Mais en l'écoutant élaborer (le silence est encore une fois bien utile), les raisons de sa gêne finirent par apparaître. Cet homme avait honte parce que, au fond de lui, il savait que son fantasme était lié à un désir de rejeter et de dominer les femmes. À l'époque, il ignorait qu'au travers de ce fantasme il essayait, en faisant appel au sexe, d'inverser l'équilibre du pouvoir établi lors de ses première relations avec sa mère. Dès qu'il prit conscience de sa colère à l'égard de sa mère, qui l'avait rejeté et dominé, sa honte s'estompa.

Ce cas montre bien qu'au royaume de l'inconscient, l'ordinaire et le banal peuvent être plus pervers et par conséquent plus propres à causer de la honte que le « bizarre ». C'est la raison pour laquelle, comme le dit le psychiatre Harry Stack Sullivan, « le réconfort est inutile ». L'ouverture d'esprit et la tolérance peuvent aider les hommes à surmonter la honte en tant qu'obstacle à la communication. Cela ne les empêchera pas d'éprouver ce sentiment à un moment ou à un autre de leur existence, sans qu'il soit très réaliste de penser qu'on peut le leur épargner. Si donc nous voulons aider davantage les hommes, il nous faut descendre plus profondément dans leur psychisme.

CHAPITRE II

Le vide émotionnel (« Je ne sais pas ce que je ressens »)

« Les choses seraient-elles en train de changer ? », me dis-je en voyant entrer un homme dans le bureau. Je venais d'en voir deux autres juste avant. D'habitude, je ne partage pas le monde entre les hommes d'un côté et les femmes de l'autre. Mais, inconsciemment, j'avais dû m'attendre à ce que des femmes, et non des hommes, pénètrent dans ce bureau somptueux mais sans âme, situé en haut d'une tour, qui me servait de cabinet pour un jour.

Quelques jours plus tôt, j'avais reçu un coup de fil de l'un des associés d'une société d'investissement. Il me demandait si je pouvais venir passer un moment dans leurs locaux au cas où l'un des membres du personnel aurait éprouvé le besoin de parler à quelqu'un : ils venaient en effet d'apprendre que l'un de leurs employés, qui était depuis longtemps dans la société et que tout le monde appréciait, avait trouvé la mort dans un accident de voiture.

À mon arrivée, l'associé m'avait conduit dans son bureau. « Installez-vous ici. J'ai dit à tout le monde que vous étiez là et je leur ai aussi dit qu'il y avait des biscuits et du café. J'ai pensé que cela pourrait les inciter à venir. » Je n'avais rien répondu mais, en mon fort intérieur, j'étais sceptique. Ça pouvait peut-être marcher avec des enfants, mais avec des adultes !

Pourtant, il s'avéra que ce banquier d'affaires était meilleur psychologue que moi, ou, tout simplement, qu'il connaissait bien ses collègues. À ma grande surprise, la première personne à jeter un œil dans le bureau – alors que j'y étais déjà depuis une heure et que je commençais à envisager de partir – fut un homme. Il était grand et élégant, portait des lunettes et venait pour... les biscuits. Quand je lui proposai de s'asseoir pour parler un moment, il déclina en disant : « Non, non, je suis vraiment venu pour les biscuits. Mais peut-être que je vais prendre aussi une goutte de café. Parler ? De quoi ? De toute façon, nous finissons tous par partir aussi, alors... » Puis il s'assit et nous passâmes le quart d'heure suivant à parler de la vie et de la mort. Il avait perdu son père à vingt-trois ans et sa mère deux ans plus tôt.

Le deuxième homme à pénétrer dans le bureau avait perdu un frère jeune. Il ne prétendit pas être venu pour les biscuits, mais ne pensait pas non plus qu'il y ait grand-chose à dire. Il resta pourtant une demi-heure. Au moment de partir, il me regarda de haut en bas et dit :

« C'est la première fois... Je veux dire, je n'avais encore jamais vu de psy.

– Ça a dû être une expérience traumatisante, non ?

– Faut croire que vous n'êtes pas si impressionnant que ça, rigola-t-il avant de sortir. »

Le troisième homme venait aussi pour les biscuits. Il me déclara de but en blanc qu'il était « de ceux qui intériorisent les choses et y font face tout seuls ». Avec lui, la conversation dériva vers le combat contre la stérilité que sa femme et lui menaient depuis cinq ans. Il me raconta les faits avec une certaine philosophie ; mais, en dépit de l'incongruité des biscuits, le sujet de notre entretien était étrangement proche de celui qui m'avait conduit dans ce bureau : la perte de la vie.

Il me semble qu'un nombre croissant d'hommes sont prêts à se raconter et je pense que c'est là, véritablement, un phénomène nouveau. Ce qui l'est moins, c'est la manière de faire. En théorie, les employés de cette société étaient sensés venir me voir pour parler des sentiments qu'ils éprouvaient devant la mort de leur collègue. Ayant l'habitude de pratiquer ce genre d'exercice, je m'attendais, comme cela se passe en général avec les femmes qui vivent un deuil, à une avalanche d'émotions. Mais non, rien. Les trois seules personnes à s'être déplacées ne m'avaient parlé que de faits liés aux pertes qu'eux-mêmes avaient subies, de leur propre condition mortelle, ou du sens de la vie – bref, pas de leurs sentiments, mais de leurs pensées. Et pourtant, c'était extrêmement émouvant. L'approche masculine, plus cérébrale, m'avait ému comme si j'avais moi-même perdu un proche. En comparaison, les émotions exprimées par des femmes dans des circonstances similaires avaient provoqué chez moi un afflux de pensées et d'idées – comme pour structurer et contenir leurs sentiments.

Le terrible mort

Que les hommes affrontent la perte d'une manière cérébrale n'a rien de nouveau. Ni de vraiment choquant. L'un des personnages les plus touchants de Tolstoï, le prince André de *Guerre et Paix*, réagit à la mort de sa femme en couches par une sorte de dépression intériorisée. Tolstoï ne décrit pas un processus de deuil conscient, où l'on ressent perte, tristesse et colère, mais plutôt un changement dans la personnalité du prince qui, d'héroïque et idéaliste, devient égoïste et cynique. Il se met à défendre avec méthode et logique l'idée que l'éducation et la médecine sont dangereuses pour les pauvres. D'ailleurs, explique-t-il, la médecine est mauvaise d'une manière générale – elle ne soigne rien et ne fait que tuer ou, au mieux, prolonger les souffrances de chacun.

Quand André expose ses idées à son ami Pierre, il n'est fait aucune allusion à la relation évidente qui existe entre ce qu'il dit et la perte qu'il vient de subir. Et curieusement, plus il défend son point de vue, plus il s'anime et s'implique. « Son œil s'animait à mesure que ses conclusions se faisaient désespérées », nous dit-on. Pourtant, le lecteur ressent la douleur poignante de la perte qui sous-tend ses propos, tout comme Pierre qui répond en disant : « Ah, que ceci est terrible, terrible !... Je ne comprends pas comment vous pouvez vivre avec de telles idées. »

C'est justement parce que les émotions simples et directes sont absentes que nous les éprouvons à la place de l'homme qui intellectualise et ne ressent rien. Bien sûr, ce n'est pas que le prince André ne souffre pas de la perte qu'il a subie – ce serait même plutôt le contraire. Son anéantissement est tel qu'il lui faut mettre au point un système de défense puissant et total contre ses émotions. Il préfère modifier ses convictions les plus intimes sur la vie plutôt que de laisser la douleur l'envahir. À cet égard, on peut dire que les femmes sont plus solides psychologiquement que les hommes, dans la mesure où elles sont capables de tolérer des émotions plus douloureuses. Les hommes, qui redoutent la souffrance psychologique, transforment leur peine en pensées ou en actions. Ou parfois en dérision.

C'est ce que fait Roberto Benigni dans *La vie est belle* en réussissant à approcher un sujet qu'il est impossible de traiter sur le mode émotionnel – l'Holocauste – avec la psychologie et l'art du tragicomique. Le protagoniste aux allures de Charlot, un serveur drôle et naïf, prétend, pour protéger son jeune fils des horreurs des camps de concentration, que le camp, et même toute la guerre, est une sorte d'immense jeu de gendarmes et voleurs pour enfants. À l'un des moments les plus dramatiques du film, l'enfant s'effondre et veut sortir du jeu pour rentrer à la maison. Le père fait appel à la « psychologie inversée » et acquiesce. Il se dirige vers la sortie des baraquements en dénigrant le jeu et en se moquant du prix qu'ils auraient pu avoir s'ils avaient « gagné » (c'est-à-dire survécu). Il risque gros : non seulement il peut se faire descendre par les gardes, mais que se passera-t-il si cela ne prend pas et que l'enfant continue de vouloir partir ? Le stratagème réussit bien sûr, à notre grand soulagement, et ils restent (en vie).

Benigni est peut-être un réalisateur génial, mais il est avant tout un homme, et seul un homme pouvait mettre au point un tel scénario. De plus, il me paraît difficile d'imaginer qu'une femme réussisse à jouer de manière si « dissociée » (Benigni joue aussi le rôle du père). Notons d'ailleurs qu'il finit par sauver son fils, mais que lui-même ne s'en sortira pas. La mère quant à elle – qui obéit à ses émotions, choisissant de monter avec eux dans le train de la mort – survit.

Si l'on met de côté l'Holocauste, ce film est à bien des égards l'histoire des relations entre père et fils : les sentiments ne sont pas exprimés, quand ils ne sont pas niés, et sont transformés en actes, fantasmes et idées. Mais les spectateurs, tout comme les lecteurs de Tolstoï qui se trouvent confrontés aux sombres intellectualisations du prince André, ne peuvent pas s'empêcher de ressentir de manière poignante toutes les émotions que ces hommes s'efforcent d'étouffer. Peut-être que l'opéra ou les mélos hollywoodiens – qui jouent à un tel point sur l'émotion qu'ils ne provoquent chez la plupart des hommes que cynisme et mise à distance – forment l'opposé de cet art dramatique, son côté « féminin ».

Il est évident que nous ne compatissons pas toujours envers les hommes « insensibles ». Certains mettent un tel zèle à chasser toute émotion de leur répertoire psychologique qu'ils finissent par en être ennuyeux et agaçants. Ceux qui ont eu très jeunes un sentiment de perte sont particulièrement susceptibles d'être touchés par ce syndrome : leurs émotions meurent avec la mort (réelle ou figurée) de leurs parents. Pour eux, l'insensibilité offre le double « avantage » de leur éviter de ressentir la perte tout en restant fidèles ou proches du parent disparu.

On pourrait dire que ces hommes ont traversé une sorte d'Holocauste psychologique. Sur le plan émotionnel, ils ont éprouvé ce qu'il y avait de pire. Il ne leur reste donc pas grand-chose à perdre et, du point de vue de leur « philosophie émotionnelle », moins c'est plus. Ils doutent et se moquent de tout. Il n'y a rien de sacré à leurs yeux. Dans le cadre d'une psychothérapie comme dans celui du mariage, ils peuvent être énervants, car leurs sentiments demeurent inaccessibles. Mais ils peuvent aussi être très émouvants, car ils sont d'une telle intelligence qu'ils savent très bien qu'ils souffrent de leur incapacité à éprouver des émotions.

Ce que je viens de décrire ne constitue pas la seule réaction à la disparition d'un parent pendant l'enfance – un grand nombre de variables viennent former les réactions humaines. Je ne crois pas non plus que la mort d'un parent soit la seule forme de perte ou de traumatisme qui puisse survenir dans l'enfance pour mettre en route un tel système de défense, comme le prouve le cas que je vais raconter maintenant.

L'homme qui niait avoir été maltraité

Je me souviens notamment de Paul à cause de la manière dont il a commencé sa thérapie. Il me semblait s'intéresser à la psychothérapie pour une raison anormalement saine – mais, étant psychologue, je suis mal placé pour en juger. Lors de la première séance, ce banquier d'affaires qui se disait passionné de philosophie m'expliqua qu'il venait me voir parce que la psychanalyse l'intriguait. « Vous voyez, me dit-il, ma passion, dans la mesure où j'en ai une, c'est la philosophie. À l'université, j'ai été marxiste, surtout à cause de la théorie du déterminisme culturel. Aujourd'hui que je suis au milieu de ma vie, il est temps que je m'intéresse à la psychanalyse. Mais je suis pour le moins sceptique et d'ailleurs pour les mêmes raisons qui m'ont fait embrasser le marxisme quand j'étais jeune : je ne crois pas au libre arbitre. »

Quand je lui demandai s'il y avait eu quelque chose de gênant ou de douloureux dans sa vie qui aurait pu l'amener à rechercher une aide, il sourit et répondit par la négative. Mais il ajouta avec un plaisir non dissimulé : « Évidemment, *vous* allez me dire que, *inconsciemment*, quelque chose me gêne. Mais je ne vois pas pourquoi j'accepterais l'existence de l'inconscient. Vous avez sans doute beaucoup à m'apprendre sur le sujet, et nous pourrons sûrement nous lancer dans un débat intellectuel animé. »

Comme je lui disais qu'il pourrait se contenter de lire des livres sur la psychanalyse, Paul me répondit très justement : « Je sais bien que la thérapie psychanalytique n'est pas qu'un simple processus intellectuel et que les émotions sont censées entrer aussi en ligne de compte. On ne peut donc pas se faire vraiment une idée de la théorie si l'on ne suit pas une thérapie. »

Cette entrée en matière me déstabilisa. Je commençai par trouver cela formidable : enfin un patient qui s'intéressait à la fois à la théorie et à la pratique de la psychothérapie. Nous avions sûrement beaucoup à partager ! Puis – bien que je sois psychothérapeute, je n'ai pas totalement perdu la tête – je me rendis compte qu'il y avait quelque chose qui clochait dans cette histoire. Qui, en effet, irait investir l'argent, le temps et l'émotion que requiert une psychothérapie par simple curiosité intellectuelle s'il était en pleine possession de ses moyens ?

Paul manifestait un goût de l'absurde que je trouvais aussi très drôle – il disait les choses sur un ton amusé qui révélait le regard ironique qu'il portait sur lui-même. Mais je me sentais en même temps frustré et irrité parce qu'il paraissait se moquer de l'ensemble de la situation, et de moi par la même occasion. N'est-ce pas étonnant de voir combien d'émotions différentes un homme « sans émotions » peut provoquer chez son interlocuteur ?

Cette séance est assez représentative de toute la thérapie de Paul. Pour s'efforcer de rester sans émotions, il eut recours à toute une série de techniques très élaborées qui allaient de me demander pourquoi je lui demandais « pourquoi » jusqu'à vouloir savoir pourquoi je ne cirais pas mes chaussures ; de me déclarer qu'il s'ennuyait à mourir pendant les séances jusqu'à me dire qu'il était si détendu qu'il était sur le point de s'endormir ; de me suggérer de servir du café et des pâtisseries dans la salle d'attente jusqu'à me demander s'il ne serait pas possible de lui poser des électrodes sur la tête qui permettraient de connaître ses pensées et lui éviteraient de parler. Tout était à l'avenant.

Quand je lui laissai entendre que tout cela n'était qu'un stratagème destiné à m'amuser, à détourner mon attention ou à me faire patienter – pour lui permettre de fuir ses émotions –, il m'affirma, non sans raison, qu'il ne faisait que remplir son devoir de patient en me disant ce qui lui traversait l'esprit. Et quand je lui dis que c'était un moyen très habile de détruire la thérapie tout en ayant l'air d'y prendre part, il sourit d'un air triomphant : « C'est encore l'une de ces tautologies épistémologiques qui ont sclérosé la théorie psychanalytique dès l'origine, Dr. Gratch. Je suis persuadé que vous en savez plus que moi, et pourtant... »

Je ne savais pas si je devais en rire ou en pleurer. Mais Paul avait un tel don pour m'appâter avec ses puzzles intellectuels que je n'étais pas toujours capable de lui résister, tout en sachant que je n'arriverais à rien. Aussi m'autorisais-je de temps en temps à me lancer dans des batailles philosophiques avec lui. Cependant, au bout d'un moment, je m'aperçus à quel point mes émotions s'en trouvaient perverties et que je ne rendais pas non plus service à Paul sur le plan thérapeutique.

Je finis par me rendre compte qu'il n'y avait rien de philosophique, d'amusant ou même de complexe chez lui : il était simplement incapable d'aimer. Certes, il était marié et avait deux enfants qui comptaient pour lui. Mais en son fort intérieur, il considérait d'abord sa femme comme un objet sexuel et ses enfants comme un devoir. Il n'avait jamais été amoureux, s'était marié jeune par désir physique, et ni sa femme ni ses enfants ne lui manquaient lorsqu'il devait s'absenter pour de fréquents et longs voyages d'affaires. C'était, malgré son intelligence, ses succès et son humour, un homme sans émotions.

Nous avons à peu près tous vécu la souffrance d'aimer sans être payé en retour : l'attente, le rejet et la jalousie, pour ne citer que quelques-unes des émotions que cela provoque. Et nous sommes tous convaincus qu'il est plus douloureux d'être celui qui est rejeté que celui qui rejette. Jusqu'à un certain point, néanmoins, l'inverse est également vrai. Parce qu'en rejetant quelqu'un qui nous aime, nous sommes en un sens forcés de nous interroger sur notre capacité à aimer. Il est triste, voire parfois tragique, de perdre un être aimé. Mais en perdant notre capacité à aimer, nous sommes condamnés à vivre dans un désert émotionnel et à renoncer à tout espoir de pouvoir un jour être aimé. De ce point de vue, les femmes qui « aiment trop » sont touchantes, alors que les hommes qui n'aiment pas assez sont tragiques.

Paul se considérait comme quelqu'un de gentil, bien qu'un peu froid, mais je sentais affleurer en lui un silencieux désespoir et me demandais à quoi il était dû. Pourquoi fallait-il qu'avec lui, tout espoir d'amour se transforme en cette neutralité émotionnelle qui accompagne le vide ? Il n'avait subi ni mort ni perte apparente dans son enfance. Il avait cependant perdu toute confiance, non seulement dans les gens, mais aussi dans tout ce qui régit la réalité.

Avant de pouvoir aborder le traumatisme que Paul avait vécu dans son enfance, nous avons dû franchir le Rubicon de la honte. Et dans ce cas précis, l'obstacle était double. Paul avait honte de sa honte, parce qu'il savait, et d'ailleurs insistait là-dessus, qu'il n'y avait rien dont il dût avoir honte – sauf que quiconque subit l'expérience qui fut la sienne est tourmenté par la honte. Je veux parler d'abus sexuel subis pendant l'enfance.

De cinq à onze ans, Paul avait été régulièrement violenté par le petit ami, devenu par la suite le mari, de sa sœur aînée. Lorsqu'il finit par aborder le sujet, même après avoir reconnu « un irrationnel sentiment de honte », il refusa d'en parler comme d'un abus. Et quand je commis l'erreur d'employer ce mot, il me reprit et me sermonna. Ce n'était pas seulement parce que Paul aimait à se considérer comme un libre penseur, c'était aussi parce que les souvenirs qu'il avait du « soi-disant abus », comme nous finîmes par convenir de l'appeler, n'étaient pas insupportables. Il se rappelait en effet « ne pas avoir détesté l'attention dont je faisais l'objet, et même d'en avoir sans doute retiré un sentiment de pouvoir ou de valeur – un peu comme si j'avais détenu quelque chose que l'autre aurait désespérément voulu et que je pouvais à ma guise lui donner ou lui retirer ». Paul ne s'intéressait pas aux aspects légaux ou moraux du « soi-disant abus », mais à ses côtés psychologiques : « Si je n'ai pas détesté cela, si même j'ai pu en tirer du plaisir, comment pourrions-nous parler d'abus ? », demandait-il.

Aussi absurde qu'elle puisse paraître, cette question est souvent au cœur de ce qui rend l'abus sexuel si intolérable et si perturbant pour les enfants. Alors que, parfois, comme dans le cas du viol ou d'autres pratiques violentes, l'enfant est confronté à l'horreur la plus totale, dans le plupart des cas le tableau émotionnel est plus complexe. L'enfant peut être très attaché à l'adulte qui abuse de lui et peut même retirer du plaisir – sinon sexuel, du moins émotionnel – de certains aspects de la relation. Quand cela se produit, il ne manque pas de se dire : « Ce n'est pas si mal », ou : « Au moins, j'en retire quelque chose », ou encore : « Peut-être que j'ai tout inventé. »

En réagissant ainsi, l'enfant cherche intuitivement à protéger l'adulte afin que l'amour et la cohérence puissent continuer d'exister dans son monde. Mais il aura beau faire, il ne pourra s'aveugler longtemps et échapper au fait que rien ne va ; qu'on abuse de lui et qu'on le manipule ; qu'on fait en sorte qu'il ait honte et se sente coupable ; que cette relation secrète l'éloigne de sa famille et de ses amis ; qu'il s'interroge sur sa sexualité et sa masculinité ; et qu'il a peur ou se sent malade. Et même lorsque, comme souvent, ces sentiments sont refoulés ou éjectés hors de la conscience (« dissociés »), l'enfant n'est plus capable de faire confiance à l'amour ou aux règles qui régissent la réalité. Il se glace dans le scepticisme et rejette tout attachement émotionnel.

Bien d'autres choses encore peuvent être dites et l'ont été, à propos des conséquences psychologiques de l'abus sexuel. Mais pour ce qui est du vide émotionnel, le cas de Paul montre comment l'absence d'émotion constitue en réalité une défense – ce qui l'avait aidé à transformer une nécessité en vertu – et quel est le pouvoir paradoxal des émotions sur l'intellect. Paul avait essayé de s'assurer la collaboration de son cerveau pour fuir ses émotions, mais il avait échoué et les émotions qu'il avait tenté de réprimer avaient pris de l'ampleur pour s'efforcer de contrôler son intellect. Prenons pour exemple le début de notre relation thérapeutique : il vient me voir en me disant qu'il s'intéresse à la psychanalyse – ce qui devrait m'amener à l'apprécier et lui donner de la valeur. Il me provoque pour un duel intellectuel qu'il place sur mon domaine de compétence – je devrais vouloir essayer de le dominer. Mais il m'informe en même temps qu'il sait bien que la psychothérapie n'est pas qu'un simple processus intellectuel – ce qui devrait me rappeler que de toute façon j'ai tort de l'affronter sur le plan intellectuel.

Ainsi, ce qui peut sembler être un raisonnement intellectuel indépendant, est en réalité dirigé par la dynamique émotionnelle suivante : séduction, domination et inversion du pouvoir. Non pas que Paul, l'enfant, ait séduit celui qui abusait de lui ; mais il m'a bel et bien « séduit », plaçant notre relation sur une trajectoire qui créait une expérience émotionnelle semblable à celle qu'il avait vécue enfant. Et comme il fallait s'y attendre, Paul traversa, à mesure que nous progressions dans notre relation, un paysage émotionnel qui ressemblait fort à celui de son expérience passée. Malheureusement, avant d'avoir réussi à atteindre le « volcan souterrain de la rage », qui joue un rôle fondamental, il se vit proposer le poste de sa vie à l'étranger. « Peut-être irais-je m'entretenir de ce que vous m'avez dit sur le "soi-disant abus" avec l'un de vos collègues là-bas », me dit-il en me faisant ses adieux.

La métaphore du chirurgien

Toutes choses étant égales par ailleurs, si vous aviez à choisir votre chirurgien, opteriez-vous pour une personne compréhensive, douce et attentive aux autres, ou pour un technicien froid comme une machine ? En ce qui me concerne, même si je me sentais *a priori* plus attiré par le premier, je ferais probablement appel au second. Tout simplement parce qu'il me semblerait préférable d'être opéré par une personne capable de traiter scientifiquement mon corps comme un objet inanimé que par une autre qui chercherait à être « en phase avec ses émotions ».

Je ne crois pas que certaines professions soient par essence plus masculines ou plus féminines. Pourtant, du moins en ce qui touche au vide émotionnel, la définition de la personnalité du chirurgien type constitue un traité de « gestion des émotions chez l'homme ». Il est, comme n'importe quel autre médecin métaphorique, guidé par le désir de sauver, soigner et guérir. Cependant, dans cet art où l'on fait appel à des talents de « réparateur », il vaut mieux ne mettre en jeu qu'un minimum d'émotions fortes. Mais comment faire pour ne rien éprouver quand on découpe des torses, que l'on pénètre des cerveaux, ou que l'on tient des vies au creux de sa main ? La solution est de n'avoir aucun sentiment, et c'est précisément celle à laquelle a recours le chirurgien pour résoudre ce dilemme.

Cette dissociation émotionnelle ressemble beaucoup à la stratégie mise en place par Paul. Pour réussir à « réparer », le chirurgien absorbe et transmet froidement des faits, des informations, des statistiques, des techniques et des procédures. Ce n'est donc que par déduction que nous pouvons penser qu'il éprouve des émotions : on les devine sous ses manières courtoises ou l'humour noir qu'il pratique avec ses collègues.

Cette attitude mécanique adoptée à l'égard des sentiments ou des informations, évidente chez la plupart des hommes, est aussi la principale cause d'affrontements entre les sexes. Dans *Les hommes viennent de Mars, les femmes viennent de Vénus*, John Gray montre que dès que l'on aborde le domaine des émotions, les hommes et les femmes ont recours à deux langages différents : les mots qu'utilisent les secondes servent à exprimer des sentiments alors que chez les premiers, ils transmettent des informations. Cette différenciation, qui peut varier, semble être au cœur de bien des problèmes de communication au sein des couples. John Gray fait la liste des récriminations féminines les plus communes qui sont mal interprétées par les hommes. Quand par exemple une femme déclare : « Personne ne m'écoute plus », il y a de fortes chances que l'homme lui réponde : « Mais je suis justement en train de t'écouter. » Comme l'explique Gray, les hommes interprètent trop littéralement ce que leur disent les femmes, comme si les mots étaient sensés faire passer une information et des faits plutôt que des sentiments. Cette faculté les protège des bouleversements émotionnels associés aux crises et aux traumatismes, mais elle leur ôte aussi une partie de leur capacité à se réjouir. Comme si leur absence d'émotions aplatissait leur psychologie pour la réduire à deux dimensions.

Le psychanalyste Christopher Bollas nomme « personnalités normatiques » (en opposition à névrotiques) les individus qui ont une tendance anormale à être normaux. Ces gens, dit Bollas, vivent pour se conformer aux objectifs et aux standards matériels établis par la société – par exemple, ils accumulent les « objets » tels que le savoir, l'argent, les amis, les femmes, les enfants, les voitures – sans réellement éprouver les sentiments subjectifs, les pensées ou les conflits qui confèrent une signification personnelle à ces résultats ou à ces relations.

Bollas ne parle pas particulièrement des hommes, et il est évident que les femmes peuvent elles aussi être touchées par cette « maladie normatique ». Chez les hommes cependant, l'aplatissement des émotions constitue le principal symptôme de la maladie. L'exemple type est celui où la femme demande : « M'aimes-tu ? » et l'homme répond : « Mais ne suis-je pas ici avec toi ? » L'un de mes patients m'a raconté, sans réussir à trouver cela très drôle, qu'il était un jour en voiture avec son meilleur ami qui se plaignait de ce que sa femme était toujours en demande de sentiments, lorsque sa propre petite amie l'a appelé sur son téléphone portable pour lui dire bonjour et lui demander s'il l'aimait. « Elle bloque toute ma capacité de réponse », m'expliqua-t-il.

Chez certains, ce type de difficulté relève simplement de la honte – les hommes ne disent pas ces choses-là, surtout sur commande. Mais chez les autres, il s'agit de manifestations de stoïcisme, de neutralité et d'ennui. Pour beaucoup, cet étouffement du subjectif constitue une forme subtile de dépression, fondée sur la conviction profonde, même si elle est non dite, que la vie est une corvée. C'est le même état d'esprit qui conduit à s'endormir devant la télévision ou au volant. Cela peut durer des années et débouche souvent sur ce qu'on appelle la crise de milieu de vie. Dans ce contexte, l'amour que se met à éprouver un homme mûr pour une jeune femme peut être vu comme une tentative de redonner vie au soi resté si longtemps somnolent et en retrait.

Toutefois, en l'absence de dépression, le vide émotionnel peut constituer pour les hommes qui en souffrent et pour leur entourage un vrai problème. Les lois fondamentales de la physique, comme celles de la conservation de la matière, s'appliquent ici : les émotions ne disparaissent pas comme par enchantement, et elles ne sont pas non plus moins intenses, ni moins nombreuses. Elles se manifestent plutôt sous une autre forme – parfois involontaire, souvent inattendue.

Les hommes sont connus pour avoir des réactions émotives à retardement et déplacées. Après la naissance de son premier enfant, l'un de mes patients se mit à imaginer qu'il frappait des femmes enceintes au ventre. Il exprimait ainsi l'exaspération qu'il avait ressentie face à l'attitude de sa femme qui s'était retirée sur elle-même et sur ses préoccupations pendant sa grossesse : pour s'occuper d'elle – ce qu'il avait fidèlement fait pendant neuf mois –, il avait retardé sa colère et l'avait déplacée sur des substituts.

Réussir à calmer sa peur et apprendre à assumer plutôt qu'à fuir devant une situation dangereuse, c'est ce qui constitue l'étoffe des héros. Mais c'est aussi souvent ce qui conduit les soldats à mourir, les alpinistes à se tuer en montagne et, de manière moins dramatique, les hommes d'affaires à faire faillite. Que vous conduisiez un avion, montiez à cheval ou jouiez en Bourse, il est sain de posséder un certain degré d'anxiété : elle vous permet d'évaluer le risque que vous prenez. Si vous roulez à 180 à l'heure sans la moindre peur (de mourir ou de vous faire prendre), qu'est-ce qui vous empêchera d'aller encore plus vite ?

Le vide émotionnel pose un problème aux hommes dans leur relation personnelle, non seulement parce que ceux qui les côtoient éprouvent de la frustration devant leur manque de sentiments, mais aussi parce que celui qui est insensible à ses propres émotions n'est guère à même d'anticiper ou de compatir avec les autres. Il est probable que l'homme qui s'interdit tout sentiment lorsqu'il souffre d'une grippe ne se rendra pas compte que sa femme ou ses enfants sont malades et qu'ils ont besoin d'être soignés. Celui qui ne s'autorise pas à éprouver de la peur ou de la tristesse est celui qui, au lieu d'être à l'écoute du chagrin de son enfant, lui crie de s'arrêter de pleurer. Le mari qui n'éprouve aucune émotion et essaye de retrouver sa jeunesse en tombant amoureux d'une autre femme que la sienne, ne ressent plus rien, même à l'égard de sa nouvelle conquête : il est incapable d'anticiper et de compatir face à la peine et au sentiment de destruction qu'il finira sans doute par éprouver. Et celui à qui ni sa femme, ni ses enfants ne manquent lorsqu'il est loin, ne ressentira jamais dans ses tripes l'impact que peut avoir son absence sur eux.

C'est probablement ce manque de compassion – envers soi ou envers les autres – qui explique en partie que les hommes soient incapables de dire : « Je suis désolé. » Et c'est peut-être aussi la raison pour laquelle, quand ils finissent par prononcer ces mots, ils le font sans conviction, comme un vieux singe qui aurait appris une nouvelle grimace. « À quoi ça me sert que tu sois désolé ?, lui rétorquera sa femme ou sa compagne. Ce que je veux, c'est que tu comprennes. »

Celui qui manque d'empathie, ou qui, d'une manière générale, refoule toute émotion douloureuse, aura tendance à rationaliser et à intellectualiser ses comportements. Ainsi, beaucoup d'hommes qui trouvent une justification rationnelle au fait d'avoir une relation extraconjugale et se persuadent qu'ils ne trahissent pas vraiment leur femme. Ne ressentant pas le chagrin qu'ils peuvent causer à celle-ci, il leur est d'autant plus facile d'utiliser les arguments les plus variés et les plus imaginatifs comme : « C'était purement sexuel, ce n'était pas de l'amour », « Nous nous sommes juste embrassés », « Nous ne nous sommes pas embrassés », « Nous n'avons pas fait l'amour », « Ma femme n'aime pas faire l'amour », ou encore : « J'étais saoul. » Certains célibataires se targuent d'être honnêtes sous prétexte qu'ils déclarent d'emblée à la femme qu'ils draguent ne rien chercher d'autre qu'une relation sans lendemain. Sans doute s'affranchissent-ils là de certaines obligations de la morale traditionnelle. Mais cette rationalisation leur permet aussi de se sentir moins coupables de traiter leur conquête comme un objet sexuel.

Maintenu à un niveau raisonnable, le vide émotionnel masculin est positif : à l'origine, c'est d'ailleurs sa raison d'être. L'illustration la plus touchante m'en a été fournie par l'un de mes patients dont le plus jeune enfant – une fillette de quatre ans à laquelle il était incroyablement dévoué – souffrait de troubles du développement. Cet homme avait été adopté à l'âge de six mois et même au cours de la douloureuse recherche de ses parents biologiques, il ne laissa guère transparaître d'émotions. Il apprit au cours de sa quête – digne de figurer dans un roman ou dans un film tant elle fut dramatique – que sa mère était membre d'une famille royale européenne ; que son père était un prince asiatique, marié à une autre femme dont il avait déjà eu trois enfants au moment de leur aventure ; que son père avait peut-être violé sa mère ; que celle-ci fut forcée par sa famille d'abandonner le bébé à la naissance, ce qui la conduisit à la dépression et à la psychose ; que ses deux parents étaient morts jeunes ; et que sa famille proche était célèbre. Tout du long, cet homme peu loquace conserva une curiosité presque joyeuse dans ses investigations, qui portaient autant sur ses origines que sur ses émotions. Mais pendant longtemps il fut incapable d'éprouver des sentiments autrement que par procuration, à travers moi, sa femme et surtout d'autres adultes adoptés, membres d'un groupe de soutien dont il faisait partie.

Alors qu'il était au milieu de ces recherches, on découvrit que sa fille souffrait de troubles du développement évolutifs et risquait de connaître une grave détérioration de ses capacités. Un diagnostic de ce type est de nature à provoquer des réactions de désespoir et d'angoisse chez les parents, ce qui est évidemment bien compréhensible, mais risque d'être préjudiciable à l'enfant. Mon patient n'avait toutefois rien à craindre de ce côté-là. Il était d'une nature si calme et si peu sensible que la mauvaise nouvelle n'interféra en aucune façon dans l'amour et le dévouement qu'il portait à sa fille. D'une certaine manière, il se fichait pas mal de ce que sa fille sache lire, qu'elle ait des amis ou qu'elle soit indépendante (disons que c'était important bien sûr, mais que cela ne le touchait guère). Il était là pour profiter d'elle, être présent et faire tout ce qu'il fallait pour elle sans pour autant se rendre malheureux. Il était le père idéal pour cette petite fille.

Cet exemple montre bien que nos faiblesses sont

aussi nos atouts – et réciproquement : il est important de ne pas l'oublier lorsque l'on s'évalue soi-même ou que l'on évalue les autres. Lors d'un bilan professionnel, celui qui obtiendra des bons résultats en « suivi des opérations » sera peut-être jugé incapable d'« établir des priorités ». Pourtant, il s'agit de deux aspects d'une même personnalité : le sujet tend à se concentrer sur les détails plutôt que sur une vision d'ensemble. Il lui est possible de voir la forêt ou les arbres, mais pas les deux à la fois, ce qui est normal. De la même manière, dans une relation amoureuse, nous privilégierons par exemple l'aspect physique de notre partenaire et trouverons que l'intellect n'est pas à la hauteur, ou vice versa – avant de décider que nous voulons bien de l'un, mais pas de l'autre. Mais avons-nous vraiment le choix, face à quelqu'un qui a probablement choisi de développer l'un au détriment de l'autre ?

D'un point de vue psychologique, les défenses que nous élaborons, même si c'est en réaction à des coups reçus, sont à la fois nos meilleures amies et nos pires ennemies. Paul en est l'exemple parfait et son insensibilité fut très bénéfique à sa carrière : ce banquier, spécialiste des investissements internationaux, avait acquis la réputation d'être capable d'interpréter des marchés financiers très capricieux – capacité due en grande partie à son aptitude à garder la tête froide et les idées claires dans le stress et, d'une manière générale, à rester au-dessus de la mêlée.

Le cordon de l'ambivalence

Le vide émotionnel est probablement une composante de l'équipement émotionnel masculin de base – autrement dit, de prédispositions génétiques et évolutionnistes. En outre, comme l'explique la philosophe Myriam Miedzian, on a toujours formé les garçons à être des soldats, c'est-à-dire à tuer, et non à compatir. Néanmoins, d'un point de vue psychologique, si les hommes résistent à leurs émotions, c'est davantage à cause de leur capacité à aimer qu'à tuer. La plus grande peur des hommes, nous dit Karen Horney, c'est de se perdre dans une relation avec une femme. C'est pourquoi, plus leur partenaire a besoin d'eux et plus ils ont besoin de s'éloigner d'elle.

Dans le même ordre idée, certains hommes sont incapables d'éprouver de l'émotion face aux femmes qui le leur demandent. Poursuivis, ils se glacent, se durcissent et deviennent blessants. Tel est le prince André, dont Tolstoï dit qu'il traitait sa sœur avec « la plus extrême logique, comme s'il avait cherché à punir quelqu'un d'autre pour les émotions secrètes et illogiques qui l'agitaient ». C'est en effet pour lutter contre *leur propre* sentiment de dépendance aux femmes que les hommes s'efforcent de ne rien éprouver et de garder l'autre sexe à distance. L'un de mes patients redoutait tant de perdre son indépendance dans une relation que toute femme s'intéressant à lui était transformée dans sa tête en une pauvre caricature en demande. « Je suis sidéré par toute la gymnastique mentale à laquelle vous vous livrez pour éviter de vous perdre dans une femme », finis-je par lui dire. Il me répondit : « Vous ne comprenez pas. J'essaye au contraire de trouver mon chemin en une femme. » Sa réponse est intéressante, car elle fait ressortir l'important paradoxe qui gît au cœur du vide émotionnel masculin : la peur de se perdre en une femme est en réalité un souhait.

En réfutant ma remarque, cet homme voulait effectivement dire qu'il avait conscience d'être trop difficile et qu'il cherchait comment aimer l'une de ces femmes. Mais au fond de lui, il voyait l'amour comme un état où chacun oublierait avec passion son individualité fondamentale et ses désirs égoïstes : rien d'étonnant, donc, si ce qu'il souhaitait lui faisait tellement peur.

Comme on peut s'en douter, les origines de ce conflit sont à rechercher dans les premières relations des petits garçons avec leur mère. J'y reviendrai plus loin, mais je voudrais vous livrer le lapsus fait par ce même patient évoquant le moment où il avait quitté la maison familiale pour aller à l'université : « Il était temps de couper le cordon ambivalent... je veux dire ombilical ! »

Un jour, pendant la première année de mon troisième cycle, je discutais avec ma mère des théories de la séparation et de l'individuation qui expliquent comment l'enfant se détache sur le plan psychique de sa mère. « Pour la mère, l'enfant est le fruit de ses entrailles et restera toujours partie d'elle-même », me dit-elle. À l'époque, je m'empressai de voir dans cette affirmation la difficulté d'une mère à laisser partir son fils. Mais aujourd'hui qu'à mon tour j'ai des enfant, je vois bien ce qu'elle voulait dire, alors même que je ne suis que leur père. C'est justement à cause de ce sentiment maternel que l'enfant doit créer sa propre réalité émotionnelle, indépendante de celle de sa mère. Cela vaut pour les garçons comme pour les filles, mais la tâche est en un sens plus facile pour un garçon qui est, de par son sexe, déjà physiquement différent de sa mère. Toutefois, cette différence représente en même temps une perte, une sorte d'« envie de vagin » et donne naissance au désir de retourner à un état de fusion indifférencié. C'est là où l'on voit se former le vide émotionnel, dont la fonction est de rejeter ce souhait dangereux hors de la conscience afin d'éviter son accomplissement et de permettre le processus de séparation.

On peut ainsi dire que les hommes ont peur de l'amour qu'ils recèlent à l'intérieur d'eux-mêmes. Mais pour compliquer encore le tableau, ils ont également peur de leur haine, qui est un autre des éléments importants sous-tendant le développement du vide émotionnel. Plusieurs psychanalystes britanniques de renom ont fait remonter la mise en place de cette défense « schizoïde », la séparation entre émotions et intellect, à un moment dans la petite enfance où le bébé, pour lutter contre la colère ou la haine qu'il ressent à l'égard d'une mère qui l'aime mais le frustre – dualité inhérente à toute éducation –, sépare l'image intériorisée qu'il a de sa mère entre le « bon sein » et le « mauvais sein ». Des théories compliquées ont été élaborées sur ce qui se passait après, dont on peut retenir que l'enfant qui grandit a peur de mordre la main qui le nourrit.

Cela vaut pour les hommes comme pour les femmes. Le vide émotionnel permet toutefois aux hommes de prendre de la distance à l'égard de la colère ou de la haine qu'ils peuvent éprouver. La contrepartie de cette distanciation, c'est un retrait, une inertie et un isolement généraux qui vont de pair avec le sentiment d'être froid, voire méchant, si plein de haine que l'on est incapable d'aimer. La majorité des hommes qui éprouvent des difficultés à s'engager dans une liaison ont peur de l'intimité à cause de leur propre colère et de leur capacité destructrice. Ils craignent – souvent à juste titre – que leur rage, provoquée par le fait que, quelle que soit la partenaire qu'ils choisiront, elle sera incapable de les combler sentimentalement, ne détruise leur amour et ne provoque, en outre, une vengeance.

Le retrait n'est pas toujours aussi dramatique ni total et se manifeste de plusieurs manières. On peut en trouver la trace par exemple dans une attitude plus observatrice que participative à l'égard des autres et du moi. En ce sens, il y a en chaque homme un observateur et sans doute un écrivain – mais plus journaliste que romancier. L'un de mes patients, un journaliste justement, apporta à l'une de nos séances des « éléments de documentation sur une crise » dont il avait été témoin la nuit précédente, où sa petite amie était rentrée tard et complètement saoule. Elle s'était mise sans raison à jeter la vaisselle sur le sol. Après avoir essayé en vain de la calmer, il se retira, s'assit à son bureau et nota tout ce qu'elle disait et faisait afin de me l'apporter pour que nous l'analysions lors de notre séance du lendemain. Comme nous en discutions, il devint évident que ce patient avait adopté une attitude observatrice, et non participative, parce que cela lui permettait de contrôler sa propre rage face à la crise de son amie ivre.

Cet homme se tenait même en retrait de ses propres crises. Il m'appela une fois pour demander une séance supplémentaire et, plutôt que de me dire : « J'ai besoin de vous voir », ou : « Je traverse une passe difficile », il me dit : « J'ai besoin d'une séance supplémentaire cette semaine pour que vous puissiez prendre un "instantané" d'un moment psychologiquement important. » Cette réaction peut sembler singulière, mais elle est typiquement masculine. Quand ils disent à une femme : « Calme-toi », « Tu as une réaction disproportionnée », « Je vais y réfléchir », ou : « Pourquoi te mets-tu dans cet état ? », ils cherchent en fait à se libérer des émotions que suscite leur participation à un drame contemporain et à se transformer en historiens sans passions.

On peut se moquer de la tendance qu'ont les hommes à vivre dans le monde des idées et à se servir de ces idées pour intellectualiser leurs sentiments, car elle témoigne d'un refus borné à reconnaître la réalité des émotions. Mais on peut aussi la célébrer pour sa contribution à la vie de l'esprit. Tel autre de mes patients était en quête d'une relation amoureuse, mais avait une telle crainte de s'engager qu'il n'osait même pas, comme il le disait lui-même en plaisantant, dire bonjour à une femme dans le hall d'entrée de peur d'être ensuite obligé de l'épouser. Pendant des années, il se tint éloigné des femmes qui étaient prêtes à commencer une relation, puis réussit à se « piéger » en se répétant, ainsi qu'à sa partenaire compréhensive,

« qu'il suffisait de ne pas considérer ce que nous faisons ensemble comme une relation amoureuse ». Cela devint une blague récurrente entre eux et leur « non-relation » amoureuse les conduisit bien vite à se fiancer, puis à se marier.

Les hommes réussissent parfois, non seulement à imposer leurs idées à leurs émotions, mais encore la réalité idéalisée à la réalité vécue. Même si cette attitude peut conduire à la psychose, ce n'est pas parce qu'on refuse, à l'occasion, de voir la réalité que l'on est fou. L'un de mes patients me déclara dès la première séance qu'il venait me voir sous la pression de sa fiancée. La pression était telle qu'il lui mentait depuis six mois en lui faisant croire qu'il consultait quelqu'un. Pour faire plus crédible, il avait inventé un « rendez-vous du lundi soir avec un conseiller », ce qui lui offrait, entre autres, l'avantage de passer une soirée loin d'elle. Quand je lui demandai la raison de ce comportement, il éluda en disant : « J'ai pensé que ce serait bien d'avoir quelqu'un à qui parler... », comme s'il était déjà en thérapie. Cet homme, sans vraiment savoir pourquoi il avait inventé ce mensonge, avait réussi à se convaincre que ce n'était pas un mensonge. N'étant pas psychotique, il se rattrapa immédiatement et se corrigea. Mais on voit bien pourquoi il s'était pour un instant éloigné de la réalité – d'ailleurs, il finit par entamer une thérapie, comme il en avait sans doute toujours eu l'intention.

L'intimité virtuelle

Le vide émotionnel est partout présent sur l'Internet qui, en combinant les caractéristiques de la communication téléphonique « live » avec celles, unilatérales et réflexives, de l'échange de lettres, est un espace où les esprits se rencontrent sans participation du corps. Cet endroit où l'on ne vous demande de vous exposer ni physiquement ni psychologiquement, où l'on n'exige de vous ni fidélité, ni engagement, offre des possibilités sans fin, dont l'une d'elle est la réalité. C'est un vaste terrain de jeu émotionnel où chacun peut s'amuser sans risquer d'avoir à en subir les conséquences.

Ainsi, lorsque vous vous baladez dans les « chat rooms » à la recherche de groupes de discussion ou de correspondants, vous pouvez conserver tout l'anonymat que vous voulez ; calibrer les degrés de votre observation et de votre participation ; jouer au voyeur invisible, abrité dans son espace privé, ou choisir d'être l'exact opposé, l'exhibitionniste qui prend tous les risques en laissant des étrangers pénétrer dans son sanctuaire intérieur. Pour emprunter une métaphore au psychanalyste Henry Guntrip, cet espace interpersonnel ressemble à celui qui sépare deux porcs-épics qui cherchent à se réchauffer. Trop près l'un de l'autre, ils se blessent, mais trop éloignés, ils ont froid. Ils passent donc leur temps en va-et-vient, pour trouver ce lieu intermédiaire où l'on n'éprouve ni douleur ni froid.

De toute évidence, aucun homme souffrant de vide émotionnel ne saurait résister à la tentation de surfer sur le Net. Et j'aurais tendance à penser que cette nature schizoïde de l'espace Internet explique en partie pourquoi on y trouve plus d'hommes que de femmes. J'ai d'ailleurs remarqué que mes patients hommes semblent se servir de l'Internet comme d'autres feraient appel à une thérapie de groupe ou à une prostituée : c'est un laboratoire naturel, une arène où les émotions n'interviennent pas, ce qui rend justement possible l'adoption de nouveaux comportements risqués sur le plan émotionnel.

Ainsi, l'homme qui s'interroge sur ses tendances sexuelles, mais n'ose pas se lancer réellement dans une expérience homosexuelle, pourra d'abord faire appel au virtuel. Ou s'il est frustré parce qu'il n'a pas assez de relations sexuelles avec sa femme, mais qu'il a peur d'attraper une maladie sexuellement transmissible, il recherchera une maîtresse sur l'Internet – ce qui lui permettra en outre d'évacuer aisément sa honte. D'autres trouveront plus facile de s'ouvrir et de « parler » en ligne de leurs secrets ou de leurs fantasmes.

Et puis, il y a ceux qui se mettent à vivre en ligne ou presque. Je vis un jour arriver en thérapie un homme d'une trentaine d'années qui venait de se séparer de sa femme après sept ans de mariage. Grand, maigre et nerveux, avec un visage enfantin mais crispé, des cheveux frisés indisciplinés et d'épaisses lunettes cerclées de noir, habillé n'importe comment et sans souci de plaire, il était informaticien, comme on pouvait s'en douter. Cérébral, très gentil, d'un humour caustique, il était aussi doué pour les maths et la musique. Adolescent, il s'était révélé un petit génie de l'informatique mais, plutôt que de devenir un pirate de l'Internet, il avait choisi de se mettre de l'autre côté : il forçait l'entrée des systèmes informatiques des grandes sociétés et les appelait le lendemain pour leur dire comment améliorer leur protection. Il était tellement bon qu'il avait à peine commencé ses études supérieures que déjà les grandes entreprises travaillant dans les nouvelles technologies se l'arrachaient. Mais à cette époque, et pendant de nombreuses années, la recherche l'intéressait plus que la réalité du monde économique.

Au cours de ses premières séances, cet homme choisit de me parler de sa carrière. Mais étant donné sa récente rupture et le soin qu'il mettait à éviter le sujet, je l'encourageai à se concentrer sur autre chose et il finit par me raconter l'histoire de son mariage. J'appris que sa femme et lui n'avaient jamais eu une vie sexuelle très épanouie. Leurs rapports étaient inhibés et tournaient court. Lui était mal à l'aise avec son corps comme il l'était avec le monde physique en général. Et bien qu'il eût souhaité avoir une vie sexuelle plus active, il était si gentil qu'il ne voulait pas forcer sa femme. Quant à elle, elle était totalement coincée sur le plan sexuel. Elle venait d'une famille catholique d'origine italienne, très vieux jeu et collet monté. Elle s'était mariée à dix-neuf sans avoir eu aucune expérience sexuelle et sans avoir même jamais parlé de sexe à qui que ce soit.

Elle tomba amoureuse de Daniel dès leur première rencontre. Ou c'était plutôt l'idée qu'elle se faisait de lui et de son intelligence qu'elle aima. Elle vit en lui celui qui allait l'emmener loin du petit monde peu évolué qui était le sien et lui montrerait un univers de technologie, d'art et de science. Ce fut peut-être pour elle le moyen de se libérer du milieu familial dans lequel elle étouffait. Quant à Daniel, il s'intéressait à elle de manière plus passive. Mais sa jeunesse directe et naïve lui plaisait et l'admiration qu'elle lui portait le flattait. Les premières années de leur relation, ils furent donc très amoureux l'un de l'autre, mais vécurent sans doute plus comme frère et sœur que comme amants.

Le jour où elle lui annonça qu'elle demandait la séparation, ce fut pour Daniel un véritable choc. Le seule raison qu'elle lui donna fut qu'elle s'était mariée trop jeune et qu'elle avait besoin de trouver qui elle était. Daniel était trop intelligent pour prendre ce qu'elle lui disait pour argent comptant, mais il avait peur de lui poser vraiment la question en face. Il ne voulait pas s'entendre dire qu'il n'était pas séduisant, qu'il était trop maigre ou trop maladroit, ou qu'il n'était pas assez entreprenant sexuellement. Il avait peur de découvrir qu'elle avait peut-être une liaison et ne voulait pas s'humilier à lui poser la question. Comme on pouvait s'y attendre, il accepta la situation, remballa son ordinateur et déménagea. Il se plongea ensuite dans ses recherches pour tenter d'oublier ses ennuis. Mais il finit par oublier aussi de manger et par montrer d'autres signes de dépression. Quand sa mère lui fit remarquer qu'il n'avait jamais été aussi maigre, il se résolut à chercher de l'aide.

Nous discutions de tout cela en séances et, environ un an après sa séparation, Daniel se montra de plus en plus curieux de comprendre pourquoi sa femme l'avait quitté. Mais il n'avait toujours pas l'intention de le lui demander. Il ne voulait pas se ridiculiser en l'appelant et il craignait toujours les conséquences d'une discussion en face à face. L'Internet ne lui posait pas le même genre de problèmes. Pendant leur mariage, il avait initié sa femme aux arcanes du Net : elle participait activement à quelques « chat rooms » ou à des groupes de discussion ; il décida de s'en servir.

Il connaissait le fonctionnement et les procédure de sécurité du serveur qu'utilisait sa femme et il réussit à s'ouvrir un compte sous un nom d'emprunt et à pénétrer dans les différentes « chat rooms » où il pensait la trouver. Ce faisant, il prit grand soin de « se construire un personnage » comme il le disait. Il m'expliqua fièrement qu'il faisait attention à employer une syntaxe et un vocabulaire complètement différents des siens en général et à faire certaines fautes d'orthographe qu'il n'aurait jamais commises d'habitude. Pour couronner le tout, il changea de sexe et se présenta sous le nom de Pamela Hoggan, professeur de littérature comparée, passionnée par l'art de la Renaissance, le groupe de Bloomsbury et Gertrude Stein. Ce dernier indice était destiné à attirer sa femme. Il ne connaissait pas grand-chose à Gertrude Stein, mais il savait qu'elle avait lu son œuvre quelques années plus tôt.

Cela fonctionna. Sa femme répondit à l'un de ses messages et ils entamèrent une « conversation » sur Gertrude Stein, la littérature et la vie. Par moments, « Pamela » se retirait pour permettre à Daniel de se documenter sur les sujets qu'il abordait. Puis elle revenait et commençait à bavarder avec d'autres personnes de la « chat ». Ce manège dura quelques jours, puis, pour rendre la situation plus crédible autant que pour jouer avec le système, Daniel fit une apparition sous son vrai nom, en même temps que « Pamela ». Il échangea quelques lignes polies avec sa femme avant de redevenir « Pamela » et de reprendre sa conversation avec sa femme, qui ne soupçonnait rien.

Daniel fit quelques réapparitions avant de disparaître définitivement et de laisser les deux « femmes » bavarder entre elles. « Pamela » trouva finalement une ouverture pour interroger son interlocutrice sur ses « autres centres d'intérêt ». La femme lui expliqua qu'elle s'était récemment séparée de son mari et « Pamela », le cœur battant d'excitation, sauta sur l'occasion pour lui demander pourquoi. La femme proposa qu'elles aillent dans une « pièce à part », ce qu'elle firent. Là, dans l'intimité de la réalité virtuelle, Daniel apprit que, pendant la dernière année de leur mariage, sa femme était tombée amoureuse et avait eu une relation avec... une femme ! Elle lui expliqua qu'elle n'était pas très sûre de son identité sexuelle, mais qu'elle avait le sentiment qu'il lui fallait approfondir. « Pamela » se montra très compréhensive : « Et qu'est-il advenu de la relation avec l'autre femme ? », demanda-t-elle. « Cela n'a pas marché, nous étions trop différentes », répondit la femme.

Daniel me dit plus tard qu'il avait éprouvé à ce moment-là une bouffée de passion et de désir sexuel pour sa femme. Il appela donc « Pamela » à la rescousse : « Pourquoi ne pas approfondir avec moi ? Je ne suis moi-même pas très sûre de mes orientations et j'aimerais aller plus loin, surtout avec quelqu'un comme toi. Nous pourrions commencer par apprendre à nous connaître mieux ici. » À la surprise de Daniel, sa femme accepta. Ils commencèrent une relation virtuelle qui, au fil des jours, passa de caresses et attouchements à des descriptions sexuelles passionnées, complétées d'orgasmes mutuels qui n'avaient rien de virtuels. Mais au bout d'une semaine, « Pamela » disparut de l'Internet sans laissez de trace ni fournir d'explication.

En s'abritant derrière l'Internet, Daniel avait réussi à obtenir *l'information* qu'il voulait (c'est-à-dire la raison pour laquelle sa femme l'avait quitté), tout en s'évitant une partie de la peine qu'il aurait ressenti s'il avait été face à elle. En ce sens, il s'était protégé des conséquences émotionnelles de l'amour qu'il portait à sa femme : rejet, trahison et jalousie. Mais il s'était également protégé des conséquences de la haine : en séduisant virtuellement sa femme, il l'avait trompée et pénétrée, obtenu d'elle ce qu'il voulait avant de la laisser en plan comme elle-même l'avait fait. Et, alors que tout au long de leur intimité virtuelle, il avait eu conscience d'éprouver à son égard des sentiments allant de la passion au détachement amusé, il lui avait sans conteste rendu la monnaie de sa pièce avec une violente hostilité – sans le savoir et sans craindre sa vengeance.

Comment faire pleurer une pierre

Il n'y a pas vraiment de recette, car il est impossible de forcer quelqu'un à ressentir ce qu'il s'interdit de ressentir, et un homme moins que quiconque. Néanmoins, certaines attitudes sont plus incitatrices que d'autres. Le premier principe est de battre le fer pendant qu'il est chaud. Des analystes vous diront qu'avec certaines personnes très émotives, le thérapeute devrait battre le fer quand il est *froid*, ce qui est logique si vous voulez vous faire entendre. Mais dès lors qu'il s'agit d'aider quelqu'un à éprouver des émotions, il est moins important de lui permettre de vous entendre que de vous aider vous-même à l'entendre lui. Avec les hommes, il s'agira pour vous d'abord de tendre l'oreille avec la plus grande attention, surtout les rares fois où ils ressentent effectivement quelque chose.

Ce qui veut dire qu'il vous faudra commencer souvent par écouter, encourager et accepter la manifestation d'émotions superficielles, même si vous êtes en quête de sentiments plus profonds. Daniel avait fait preuve de la même hostilité inconsciente lors de notre première prise de contact que dans la relation intime qu'il avait eu avec sa femme sur l'Internet. « J'ai pris mes renseignements, vous savez, me dit-il avant de me parler de mes recherches, de mes publications, de l'endroit où j'habitais et du meilleur chemin pour aller de chez moi à mon cabinet. L'Internet est vraiment un outil incroyable. » J'étais entièrement d'accord avec lui. Mais je ne lui dis pas – à l'époque – que j'avais le sentiment qu'il violait mon intimité. Pas plus que je ne me lançai dans une interprétation de son hostilité et de sa volonté de contrôle. La raison en est simple : de son point de vue conscient, se renseigner sur moi faisait partie d'un jeu, une forme de gentillesse – il ne s'agissait même pas de l'acte d'un consommateur avisé. Il était donc trop tôt pour l'interroger sur ses sentiments.

On pouvait dire la même chose de la colère et de la haine qu'exprimait le « viol » virtuel de sa femme. Tout en sachant qu'il avait tort de lui faire croire à l'existence d'une liaison en ligne, il ne ressentait envers elle ni colère, ni haine conscientes. En l'analysant, je me concentrai donc sur les sentiments les plus évidents comme la honte, l'humiliation et le rejet. Et j'encourageai autant que possible leur expression, en étant à l'écoute, en posant des questions pour suivre leur évolution et en les validant. Et je laissai pour le moment dormir sa rage profonde.

Dans ce cas précis, il était assez facile d'être à l'écoute des sentiments superficiels et de manifester de l'empathie, mais il n'en va pas toujours ainsi. Et pourtant, si vous voulez qu'un homme éprouve des émotions, il vous faut vous contenter de ce qu'il arrive à exprimer et accueillir toutes sortes de sentiments, qu'ils soient positifs ou négatifs. D'abord, parce que les sentiments négatifs sont souvent suivis de sentiments positifs. Mais surtout parce que la capacité à éprouver des émotions est indivisible, et qu'il nous faut prendre le mal avec le bien. Aussi, pour avoir un homme sensible, il vous faut accepter tout ce qui se manifeste et surmonter les sentiments négatifs. La femme dont l'homme se met en colère aura tendance à vouloir que disparaissent ces sautes d'humeur. Pourtant, si vous souhaitez aider votre partenaire à exprimer ses émotions, il vaut mieux adopter une attitude détachée, presque amusée qui voudra dire : « Vas-y, exprime ta colère, je n'en mourrai pas. » Sauf, évidemment, lorsque la colère devient menaçante.

Beaucoup de femmes ont autant de mal à répondre aux sentiments positifs qui émanent des hommes qu'à accepter leurs sentiments négatifs. Elles sauront souvent sans difficulté exprimer leur amour et demander à leur partenaire d'être plus expressif. « Tu ne dis jamais que tu m'aimes », « Tu ne m'achètes jamais de fleurs » et « Je n'ai plus l'air de t'intéresser » sont quelques-uns des reproches féminins. Mais lorsque les hommes *expriment* vraiment leur amour, les femmes sautent en général sur l'occasion pour en rajouter et étouffer leur conjoint, stoppant net tout le processus. D'autres voient dans ces manifestations un signe de faiblesse et une raison de fuir.

D'un point de vue clinique, « battre le fer pendant qu'il est chaud » peut s'interpréter de la façon suivante : toute crise est en même temps une occasion que le praticien peut utiliser pour encourager les changements. « Rien ne se passe comme il faut, nous dit la crise, et mon but est de m'assurer que tu vas faire les changements nécessaires. » Chez un homme, la crise manifeste souvent une faille dans le système de défense que constitue le vide émotionnel – pour une raison ou une autre, il n'est plus capable de réprimer ses émotions les plus puissantes. Dans ce contexte, le thérapeute n'a donc pas pour mission de rafistoler le bonhomme pour qu'il puisse retourner à son état originel d'inconscience, mais bien de l'aider à tolérer une plus large gamme d'émotions. Et cela vaut pour l'entourage aussi. Car la vie est pleine de crises qui, lorsqu'elles surviennent chez un partenaire peuvent susciter peur ou jugement ; mais elles sont aussi l'occasion pour chacun d'exprimer sa solidité et sa capacité à faire face au chaos émotionnel du présent.

Que faire cependant lorsque le fer n'est jamais chaud, lorsqu'un homme a si peu d'émotions que toute intimité est impossible et qu'il n'y a même pas une crise pour faire bouger un peu les choses ? Et que faire lorsque nous voulons creuser sous les sentiments superficiels ? Voici quelques techniques mises au point avec mes patients. Elles s'appuient toutes sur le même principe : si vous ne pouvez vaincre votre ennemi, rejoignez ses rangs.

Faire appel à la logique

Un homme vint consulter à la demande de sa femme qui lui reprochait certains comportements irresponsables. Il reconnut qu'il était impatient, mais m'objecta qu'il était né comme cela et qu'il n'y avait donc rien à faire de ce côté-là. L'idée d'une thérapie l'impatientait également. J'adoptai une attitude froide et logique pour lui dire : « Il est fort possible que l'impatience soit innée, on n'en sait rien. À l'heure actuelle, les recherches ne sont pas concluantes. Mais j'ai une question à vous poser : si vous étiez psychologue expérimental du type de ceux qui observent les souris coincées dans un labyrinthe, comment feriez-vous pour les rendre impatientes ? »

Cette activité logique plut à ce patient. Il réfléchit un moment et proposa de « mettre de la nourriture sous le nez de la souris, mais en la plaçant derrière une séparation en verre, pour la narguer et la priver ». Je fus d'accord que cela pouvait susciter une réaction d'impatience, mais lui proposai une autre approche : gâter la souris en lui donnant à manger dès qu'elle appuierait sur un bouton. Il admit que cela pouvait avoir le même résultat. Je raisonnai alors de manière plus large pour dire que la privation comme la surabondance sont génératrices d'impatience. À ce moment-là, le patient, qui avait grandi seul avec sa mère, s'exclama : « C'est exactement ce qu'a fait ma mère ! Elle a utilisé les deux techniques. Elle a commencé par me gâter énormément quand j'étais tout petit, puis elle s'est remise à travailler et il a fallu que je m'occupe de tenir la maison : faire le ménage, la cuisine, absolument tout, tous les jours, et ce fut la fin de mon enfance. » Je ne pus m'empêcher de rajouter : « J'imagine qu'à partir de ce moment-là, vous avez dû avoir la même impression que la souris derrière son mur de verre ? »

Se servir de l'action

La société apprend aux hommes qu'ils sont là pour « ramener à manger ». Aussi ont-ils tendance à exprimer leurs émotions en agissant sur le monde extérieur plutôt qu'intérieur. C'est ainsi que l'un de mes patients entreprit de se débarrasser de moi après avoir lui-même été licencié de son travail. Les raisons conscientes invoquées étaient d'ordre pratique et financier. Mais lorsqu'il revint me voir trois mois plus tard, toujours sans emploi, nous tombâmes d'accord sur le fait qu'à l'époque, il était tellement en colère d'avoir été licencié qu'il lui avait fallu *faire* quelque chose. Il avait donc donné un coup de pied « au chien », passant ainsi d'un rôle de victime à celui de bourreau grâce à un acte de représailles décalé.

La psychothérapie n'est pas par nature orientée vers l'action. D'ailleurs, le thérapeute n'a que peu de moyens d'action légitimes : laisser la séance se prolonger au-delà du temps imparti, s'habiller différemment ou parler trop, la liste s'arrête à peu près là. Mais pour toucher les hommes, il faut simuler l'action, ou au moins faire appel au langage verbal ou corporel de l'action. Je me trouvais un jour face à un homme d'une quarantaine d'années, marié à une femme du même âge. Il n'arrivait pas à savoir s'il voulait ou non avoir un enfant. « Je suis vraiment partagé, et nous devons analyser mon ambivalence pour que je puisse prendre une décision », me dit-il. « Écoutez, répondis-je sur un ton de dédain impatient, c'est moi le psychologue. Certes, je serais heureux d'analyser ce point pendant les sept prochaines années, ce qui est à peu près le temps que cela prendrait. Mais vous n'avez plus le temps d'analyser, il vous faut prendre une décision, quelle qu'elle soit. » Cela l'aida à se rendre compte de sa paniquc.

Une autre fois, j'eus affaire à un diplomate suédois, lui aussi incapable de prendre une décision. Il s'agissait d'un changement professionnel : il était en poste de manière permanente au consulat suédois à New York et il avait au départ été très excité à l'idée de travailler pour les affaires étrangères. Mais au bout de plusieurs années, il s'était mis à détester les voyages, les pressions politiques, les heures supplémentaires et pour finir, le boulot lui-même. Malheureusement pour lui, il ne savait rien faire d'autre, il parlait anglais avec un très fort accent et sa famille s'était totalement américanisée. Il ne pouvait ni faire autre chose à New York, ni rentrer en Suède.

Plus la frustration montait, plus il se sentait pris au piège, plus il se concentrait sur ces circonstances, certes contraignantes, mais totalement extérieures, comme s'il avait pu les modifier, alors que la seule chose qu'il pût changer c'était sa vie intérieure, ce qu'il éprouvait face à cette situation. Le problème était qu'on ne lui demandait pas d'agir : il ne savait donc pas comment changer, et peut-être n'en éprouvait-il aucune envie non plus. Il préférait être le prisonnier de la réalité externe plutôt que de se libérer de son monde intérieur. Je lui parlai un jour de Nelson Mandela, l'ancien prisonnier politique devenu président. Il s'agissait de l'amener à s'interroger sur le degré de liberté intérieure qu'avait dû atteindre cet homme pour émerger sans amertume ni haine de vingt-huit années de réclusion et devenir un leader plutôt qu'une victime ou un bourreau. Je voulais lui démontrer que la liberté intérieure est une condition nécessaire à la liberté extérieure. Néanmoins, cet exemple n'intéressa ce patient que dans la mesure où il débouchait sur des changements radicaux dans le domaine des actions. Je réussis quand même à lui faire admettre que pendant son emprisonnement, Nelson Mandela n'avait jamais pu s'attendre à ce que ses vingt-huit ans de non-action extérieure culmineraient en de tels changements.

Le jeu du détective

À cause du vide émotionnel, les hommes n'ont plus conscience des sentiments qu'ils éprouvent. Ils ont également perdu la mémoire de leurs émotions. Pour raconter une histoire émouvante qui leur est arrivée – qu'elle se soit produite pendant l'enfance ou seulement une semaine plus tôt –, ils prendront souvent un ton désinvolte au moment crucial, comme s'il s'agissait d'une poussière du passé. Pour les aider à sortir de là, ou pour établir avec eux un contact plus profond, il faut se transformer en détective de l'esprit et partir en quête de l'émotion disparue. Sous ce déguisement, vous pouvez procéder avec soin à des déductions logiques, ou mieux encore, jouer l'imbécile, à la manière de l'inspecteur Colombo. D'ailleurs, pour éviter de manipuler celui que vous avez en face de vous, mieux vaut *être* effectivement idiot, et tomber par hasard sur la solution. Ce n'est pas évident à réaliser, mais j'y ai parfois réussi.

L'un de mes patients demeurait pour moi un complet mystère émotionnel. Gentil et expansif en général, il était incapable de me dire quoi que ce soit de personnel sur lui-même. Ce qui posait un problème dans l'avancement de la thérapie puisqu'une bonne partie de nos séances étaient ponctuées de longs silences et de vagues souvenirs. Un jour, il me raconta qu'il était venu en taxi et que le trajet avait été très désagréable. Le chauffeur s'était lancé dans une diatribe contre « les alcoolos, les putes » et tous ceux qu'il refusait de laisser monter dans son taxi. Mon patient se demandait pourquoi il était resté dans la voiture et pourquoi il n'avait pas réagi alors que ce qu'il entendait le mettait mal à l'aise. En proie à un certain ennui, je réfléchissais à ce je pouvais retirer de ce qu'il me disait là et je m'efforçais d'établir un lien avec ce qu'il m'avait déjà dit. Je finis par lancer : « Je ne sais pas pourquoi, mais cela me fait penser à la liaison que vous avez eue avec votre patronne l'année dernière. » J'étais incapable d'expliquer le rapport avec cette histoire. Ce n'est que plus tard, lorsque le patient réagit en se mettant à son tour à associer, que je compris. À l'âge de cinq ou six ans, il était tombé sur son père au lit avec la fille de leurs voisins, une adolescente. Il avait gardé ça pour lui, comme un secret, au point de l'oublier par moment. Quand ce secret s'imposa à sa conscience, il se mit à pleurer. Au fur et à mesure que nous discutions, le lien avec le trajet en taxi, tout comme avec d'autres situations telle que son incapacité à interroger son meilleur ami sur son alcoolisme, devint plus évident. Mon patient avait en permanence l'impression de se faire le complice du comportement déplacé des autres.

Il va de soi que les émotions secrètes des hommes ne sont pas uniquement liées au passé ni à des tiers.

Elles vous concernent souvent – et ont un rapport avec le présent. Dans ces cas-là, mieux vaut adopter une approche plus intellectuelle, à la Sherlock Holmes, et vous mettre en quête d'expressions symboliques et décalées de sentiments à votre égard.

La femme de l'un de mes patients, elle-même en thérapie depuis longtemps, dit un jour à son mari que j'avais l'air de lui manquer lorsque j'étais en vacances, comme s'il m'en avait voulu de ne pas être là pour lui. Il me rapporta cela en souriant et ajouta qu'il ne ressentait rien de tel. Son attitude n'avait rien de défensif et je souris à mon tour, plus ou moins discrètement en me moquant de mon travail. Avec l'expérience, je me garde de plus en plus de me livrer à des interprétations devant mes patients : non pas parce qu'elles sont fausses, mais bien au contraire parce qu'elles font presque toujours mouche d'une manière ou d'une autre, ce qui finit par agacer et ne sert à rien. Ce qui compte par-dessus tout, ce n'est souvent pas tant le fait que le patient se sente abandonné par son thérapeute que la façon dont il s'arrange du sentiment d'abandon.

Ce patient, comme la plupart des hommes, cachait ses émotions derrière une montagne de symbolisme intellectuel.

« Pour changer de sujet, poursuivit-il alors que je cherchais justement à voir en quoi il me parlait en réalité de la même chose, l'autre jour, je me suis retrouvé dans un train, assis à côté d'un psychologue et, pendant trois heures, j'ai pu lui poser toutes les questions qu'il ne serait pas convenable que je vous pose.

– Et que lui avez-vous demandé ?

– Eh bien, toutes sortes de choses, évidemment. Par exemple, est-ce que les fantasmes sexuels de ses patients influaient sur ses propres fantasmes. Ou est-ce qu'il arrivait à voir ses enfants avec les horaires qu'il avait. »

Je souris à nouveau et dit à cet homme qu'il me semblait qu'on n'avait pas vraiment changé de sujet et que sa femme avait raison dans le fond. « Élémentaire, mon cher Watson », aurait rétorqué Sherlock Holmes. En mon absence, mon patient s'était attaché à un substitut « décalé » dont il pouvait être proche (mes fantasmes sont-ils importants pour vous ?) tout en le dévalorisant d'une manière agressive (vous êtes un père absent). Je lui fis part de cette interprétation. Cela l'intrigua sur le plan intellectuel. Il ne m'avait toujours pas parlé de ses émotions, mais j'étais sûr qu'elles finiraient d'elles-mêmes par se manifester. Peut-être lors de mes prochaines vacances ?

L'importance des détails : chercher le diable

J'observais un jour l'attitude presque trop positive de l'un de mes patients trois semaines à peine après l'échec douloureux de son mariage qui avait duré dix ans. Tout l'excitait : ses affaires, la nouvelle voiture qu'il voulait acheter, la perspective de faire de nouvelles rencontres amoureuses. Et surtout, il venait de réserver un séjour d'une semaine pour aller faire du ski pendant les vacances de Noël. Je savais que sa femme et lui adoraient le ski, mais ils allaient en général dans une autre station que celle qu'il m'indiquait ; aussi lui demandai-je pourquoi il avait choisi cette destination. Sans manifester d'émotion particulière, il me répondit qu'avant leur mariage ils avaient passé des vacances de ski formidable dans cette station et qu'ils s'étaient juré d'y revenir un jour.

Comme je lui demandai où il allait habiter, il me regarda, un peu perplexe, avant de me répondre :

« Mais à l'hôtel, évidemment.

– Et quelle sorte d'hôtel ?, continuai-je sans trop savoir pourquoi.

– Eh bien, j'ai réservé une grande suite au cas où

je ferais la connaissance d'une femme que je voudrais emmener avec moi, dit-il en souriant.

– Et quel genre de femme voudriez-vous inviter ?, poursuivis-je en pensant que Noël était dans quelques jours et que cela ne lui laissait donc pas beaucoup de temps pour rencontrer quelqu'un.

– C'est étrange, me répondit-il d'un air détaché, l'autre jour j'ai parlé de ce projet de vacances à Linda (sa femme) au téléphone. Je me disais qu'elle voudrait peut-être m'accompagner. Elle a toujours rêvé de retourner là-bas, vous savez. »

Après avoir dit cela, il laissa son esprit vagabonder, s'imaginant dans un bain chaud avec Linda après une longue journée de ski : « Elle s'ouvrirait pour moi, comme elle l'a toujours fait, même dans les derniers jours de notre mariage et comme personne ne l'a jamais fait pour moi. Et je lui ferais l'amour longtemps et profondément, jusqu'à m'être vidé entièrement en elle, frissonnant d'amour animal... » Malgré la crudité du propos, il n'y avait, sur le moment, rien de choquant : en me parlant de son fantasme, le désir brut de mon patient s'était transformé en un sentiment de manque profond, et son attitude joyeuse et désinvolte avait laissé place à des sanglots déchirants. Ainsi, de manière assez classique, toute l'émotion que cet homme ressentait à propos de son passé était concentrée dans un petit détail d'un projet futur : le choix d'une chambre d'hôtel pour des vacances. Et, comme on pouvait s'y attendre, le diable était dans le... sexe.

Accepter de rencontrer l'adversaire sur son propre terrain

Je n'aime pas les métaphores sportives, mais elles sont inévitables quand on a affaire aux hommes. Pour inciter un homme à demander de l'aide alors qu'il ne pense pas en avoir besoin, il faut aller sur son terrain. Cette technique peut paraître aller de soi, mais elle résume en fait toutes les autres. L'un de mes patients me laissa un jour un message pour demander une séance supplémentaire parce que, disait-il, « ma femme pense que je ne suis pas dans mon état normal et que j'ai besoin de vous parler ». Pendant la séance, il me répéta que c'était la seule raison pour laquelle il avait demandé à me voir.

« Si c'est vrai, lui dis-je, alors vous n'êtes *vraiment* pas dans votre état normal. Mais comme, d'un point de vue professionnel, il me semble que vous êtes plutôt sain d'esprit, il doit bien y avoir une autre raison. Vous n'auriez pas une petite idée ?

– Je crois que si », reconnut-il.

Et nous nous sommes mis au travail. J'avais réussi à amener cet homme à reconnaître ce qu'il ressentait parce que j'avais commencé par le rejoindre sur le terrain de son raisonnement – ne serait-ce que pour aller le chercher et l'emmener ailleurs. Mais celui qui joue avec le vide émotionnel court aussi le risque de s'y perdre.

Avertissement à ceux qui décident de s'allier à l'ennemi

Que vous soyez le thérapeute, la petite amie, la femme ou un collègue de travail, il vous faut garder intacte votre capacité à proposer un modèle émotionnel et ne jamais vous engager trop loin sur le terrain du vide. Faute de quoi, vous finirez vos jours, avec votre homme, au pays du désespoir et de l'isolement.

Un mois avant son mariage, un de mes patients reçut un coup de téléphone de l'un de ses meilleurs amis qui lui annonça qu'il avait une liaison avec sa fiancée. L'ami se répandit en excuses, disant que leur amitié était plus importante pour lui que n'importe quelle femme. Mon patient, qui était très amoureux de sa fiancée, était désespéré, redoutant par-dessus tout d'avoir perdue celle-ci à jamais. Il accepta les excuses de son ami et lui réaffirma son amitié. Cette nuit-là, il fit un rêve dans lequel il montait tout en haut d'un grand immeuble de bureaux, mais s'arrêtait à chaque étage pour un entretien ou une discussion avec des hommes différents. Plus il montait, plus il avait affaire à des hommes importants, qui tous l'ignoraient ou le repoussaient. Au dernier étage, il fut accueilli par une femme belle et sexy qui le conduisit jusqu'à une vaste pièce où se trouvait un lit confortable et accueillant. Elle s'allongea sur le lit et ouvrit les bras et les jambes en l'invitant à venir la rejoindre.

Il était clair que le « poids » émotionnel du rêve que me raconta le patient le lendemain se trouvait à la fin, dans le soulagement et le plaisir qu'il avait éprouvés en « gagnant » la femme. Cela correspondait aussi à l'inquiétude qu'il ressentait consciemment à l'idée de perdre sa fiancée. Mais parce que cet homme aimait le côté intellectuel de l'interprétation des rêves, et à cause de ma propre absence d'émotions à ce moment-là, je jouai au malin en m'intéressant aux significations les moins évidentes du rêve. Je l'invitai à réfléchir à celles qui avaient un rapport avec le fait qu'il était ignoré ou repoussé par d'autres hommes, c'est-à-dire par son ami, qui l'avait trahi, et par extrapolation, par son père, un homme de pouvoir qui maintenait ses émotions à distance.

Cette analyse était certes techniquement correcte, mais le patient me rétorqua qu'il n'éprouvait rien envers son ami, et qu'il ne voyait pas le rapport avec son père. Ce qu'il ne dit pas et dont je me rendis compte plus tard, était évident : il n'avait à ce moment-là pas du tout envie d'entendre mon analyse, quelle qu'ait été sa pertinence. Il était alors en proie, au plus profond de lui, à un sentiment de trahison et d'abandon lié à sa fiancée, un point c'est tout.

À vouloir à tout prix intellectualiser comme avait tendance à le faire mon patient, j'avais raté le coche de l'émotion et atterri au milieu d'un désert psychologique. Et, comme par hasard, j'étais devenu semblable à l'un des hommes du rêve. Je m'en voulais, mais au moins réussis-je à comprendre pourquoi. Je montrai à ce patient comme sa propre approche intellectuelle de la vie avait appelé chez moi une réaction dépourvue d'émotion. Sous son influence, j'avais non seulement recréé le rêve dans mon bureau, mais aussi fait revivre son père en moi, ce qui apportait encore de l'eau à mon moulin.

Où situer la limite inférieure du vide émotionnel ? J'espère avoir réussi à montrer que ni l'absence d'émotions ni la honte ne sont les véritables ennemies. Elles peuvent même constituer des défenses efficaces à condition de ne pas trop les renforcer. Comme nous ne sommes pas vraiment en guerre, il ne s'agit pas de détruire ces défenses lorsque nous les attaquons dans le cadre d'une thérapie ou dans la vie de tous les jours, mais plutôt de les amener doucement à se relâcher. Quand nous y réussissons, les murs deviennent perméables et les hommes alors se mettent à parler : ils deviennent poètes.

CHAPITRE III

Le sentiment d'insécurité (« Je suis fatigué de devoir être le meilleur »)

Une influence dangereuse

« Le premier ordre qu'un homme reçoit, c'est : ne soit pas une femme. » Pour le psychiatre Robert Stoller, cette phrase serait au centre de l'identité sexuelle masculine dans notre société où les hommes prennent soin de maintenir les femmes à distance : ils ne se lient pas d'amitié avec elles, redoutent qu'elles les prennent au piège ou les trompent, critiquent leur émotivité et font des plaisanteries salaces sur leur physique. De plus, ils sont terrifiés à l'idée de laisser paraître les aspects féminins de leur personnalité. Ils voient la tendresse, une faible pilosité, des formes rondes, une voix haut perchée, l'attention portée aux autres, l'affection et l'expression spontanée des émotions comme des ennemis de la virilité, et redoutent par-dessus tout d'être désirés sexuellement par un autre homme. Je ne peux que conclure, en accord avec Stoller : les hommes semblent persuadés que les femmes et la féminité même exercent sur eux une influence dangereuse.

Pour comprendre ce phénomène, Robert Stoller et l'anthropologue Gilbert Herdt ont étudié une tribu isolée de Nouvelle-Guinée dont la structure sociale tout entière est fondée sur l'idée explicite et consciente que les femmes sont nocives. Les hommes de cette tribu semblent croire que les flux menstruels et vaginaux des femmes sont contagieux et que, lors de l'acte sexuel, celles-ci vident les hommes de leur substance masculine, essence de la vitalité et de la virilité. Afin de protéger les hommes, une stricte séparation entre les sexes est imposée. Même à l'intérieur des huttes familiales, où les hommes mariés vivent avec leurs épouses et leurs jeunes enfants, espaces et chemins sont séparés. Et le moindre contact avec une femme, en particulier l'acte sexuel, est observé et organisé.

Pour pouvoir se défendre contre les ennemis qui l'entourent, cette tribu perdue dans la montagne doit entretenir et encourager l'agressivité des mâles, que la vulnérabilité et les comportements « féminins » sont de nature à affaiblir. Mais c'est aussi la raison pour laquelle la féminité joue culturellement un grand rôle dans le développement de l'agressivité masculine.

Pendant les sept à dix premières années de leur vie, les petits garçons ne sont jamais avec leurs pères et n'ont même presque aucun contact avec un homme. À la naissance, on considère qu'ils sont une extension du corps de leur mère, à tel point qu'on ne leur donne pas de nom avant l'âge de neuf mois. Et pendant les années de formation suivantes, ils continuent de jouir de la proximité intense et exclusive de leur mère.

La fin est brutale : les garçons doivent quitter la hutte familiale pour se rendre dans la hutte commune des hommes, centre nerveux de l'esprit guerrier du village, qui abrite tous les garçons jusqu'à leurs dix-huit ans. À partir de ce moment-là, l'enfant n'a plus le droit de parler, de toucher, ni même de regarder sa mère. L'apprentissage de la masculinité commence : le garçon est contraint de pratiquer des fellations aux adolescents plus âgés, dont il « reçoit la semence ». Comme la tribu est persuadée que les hommes ne génèrent pas spontanément de sperme, mais qu'ils doivent le recevoir de l'extérieur, la sexualité orale a une fonction comparable à l'allaitement. On l'encourage et on la pratique ouvertement et le plus souvent possible, dans la promiscuité.

Après la puberté, le garçon rejoint les rangs des plus âgés. Il commence à « donner son sperme » et n'a plus le droit d'en recevoir. À dix-huit ans, l'âge des mariages arrangés, toute activité homosexuelle prend fin. Cet enchaînement est strictement mis en œuvre et respecté par tous les garçons.

Stoller concentre son analyse du développement des hommes dans cette tribu sur ce qu'il appelle « l'angoisse de symbiose » dont souffriraient les garçons. En d'autres termes, puisque petit, l'enfant ne fait qu'un avec sa mère, on redoute que plus tard il ne devienne une fille plutôt qu'un garçon. On le retire donc complètement à sa mère et l'on introduit une influence mâle sévère, agressive et cruelle. En dépit du traumatisme causé par la perte de sa mère, l'enfant désire avant tout devenir un homme. Et quoi qu'il en soit, il n'a d'autre choix que de s'identifier à son père, représenté par les garçons plus âgés. Il finit par devenir comme eux, c'est-à-dire comme son père – agressif, hostile, cruel et hétérosexuel.

On voit mieux ainsi que si la peur de la féminité n'existait pas, il n'y aurait aucun besoin de masculinité. Le principe psychologique à l'œuvre ici est simple, mais efficace : qui tente de vaincre sa peur, risque de passer de l'autre côté. Démosthène ne devint-il pas le plus grand orateur de la Grèce antique en cherchant à surmonter ses difficultés d'élocutions ? Celui qui veut tout contrôler redoute en fait de perdre le contrôle et le maniaque de l'ordre a peur de son propre désordre. C'est une dynamique semblable qui explique que les acteurs soient souvent des timides.

Pour en revenir au développement masculin, même si les garçons dans nos sociétés ne subissent pas les contraintes des jeunes de la tribu dont parle Stoller, la route qui les mène vers l'âge adulte est aussi celle d'une évolution. Les garçons sont d'abord en symbiose avec leur mère, dont ils se détachent vers six ou sept ans – comme de toute fille en général – pour finir le plus souvent par s'identifier à leur père. À l'âge adulte, ils continuent de maintenir les femmes à une certaine distance.

C'est une période très difficile pour l'enfant de sept ans. D'un côté, sa mère lui donne un amour inégalable, sa chaleur et son soutien. Et lui l'aime aussi, tendrement, voire passionnément. D'un autre côté, son père, ses copains dans la cour de récréation, ses frères, la télé, les livres, les sports de compétition l'inondent de messages tels que : « Les hommes sont des durs », « Domine tes émotions », « Ne joue pas avec les filles. » Enfin, le garçon veut aussi de lui-même obtenir ce qu'il perçoit comme étant la force et le pouvoir propres à la virilité, qu'il admire.

Pour rendre les choses encore plus compliquées, s'il peut doucement repousser sa mère, il est en revanche impossible au garçon de se débarrasser de la féminité qu'elle lui a conféré. D'ailleurs, il ne le souhaite pas vraiment : il souffre suffisamment d'avoir à abandonner sa mère, pourquoi devrait-il détruire ce qu'elle lui a déjà donné ? Mais les demandes pressantes externes et internes de la masculinité continuent de se faire entendre.

Pour résoudre ce dilemme, la plupart des garçons finissent par reléguer l'influence primitive de leur mère dans les sphères privées, silencieuses et inexprimées de l'inconscient. Elle gît donc, camouflée en une structure permanente de leur caractère, et fait partie de « l'enfant intérieur ». Ce processus, que les psychologues appellent « intériorisation », est capital, car c'est en vain que les garçons fuient leur féminité : ils peuvent maintenir à distance les filles « de l'extérieur », mais pas la fille qu'ils ont en eux. Ils ont laissé entrer un cheval de Troie et devront faire avec pour le reste de leurs jours.

L'épicentre du développement masculin est donc constitué par la façon dont les hommes se débrouillent avec leur féminité refoulée. Exprimer ou supprimer (mes sentiments, ma féminité), telle est la question. L'insécurité masculine que j'évoque fait référence à ce conflit et à ses diverses manifestations, dont la plus évidente est le besoin qu'ont les hommes de se sentir et de se montrer virils en toutes circonstances. Vu sous cet angle, le vide émotionnel ne représente rien d'autre qu'un antidote protégeant les hommes de leurs propres désirs féminins.

Dans la vie quotidienne, comme lors de thérapies de couples, les réactions des hommes devant les pleurs de leur femme, de leur petite amie ou de leurs enfants témoignent de l'existence de ce conflit. Qu'ils cherchent à trouver une solution au problème, ignorent les larmes ou consolent la personne en lui prenant la main, il y a toujours une trace de malaise et d'angoisse qui trahit en général le souhait que ces larmes disparaissent. Cela peut parfois simplement signifier que l'homme veut protéger l'autre de la peine, mais c'est souvent lui-même que l'homme cherche à protéger. Une femme qui pleure lui renvoie un reflet de son passé, une image de la vulnérabilité qui est tapie au fond de lui. Il panique et donne le change en ayant l'air de se contrôler.

L'autre face du conflit, le désir d'être vulnérable, se trouve juste au-dessous de la surface. Les hommes disent souvent combien ils envient les femmes de pouvoir pleurer, et de fait, dans le cadre d'une psychothérapie, l'un de leurs principaux problèmes est leur incapacité à exprimer leurs émotions aussi spontanément que les femmes.

L'exemple qui va suivre est une triste illustration de ce conflit. Au préalable, je voudrais rappeler deux points. La psychologie freudienne considère que les hommes constituent le sexe primaire, voire supérieur : ils sont puissants, mieux équipés, et ils gouvernent le monde. Par conséquent, les femmes chercheront toujours à devenir des hommes (c'est « l'envie du pénis »). Robert Stoller pense quant à lui que les femmes sont le genre primaire : la masculinité ne se développerait pas si elle n'avait pas à se distancier, pour s'en défendre, de la féminité et si elle ne bénéficiait pas d'une influence masculine extérieure. Stoller et d'autres ont montré que cette hypothèse rejoint la biologie au moment de l'attribution du sexe du fœtus : sans apport d'hormones masculines, ce dernier ne pourrait jamais avoir d'organes masculins et resterait une fille.

À la recherche de la féminité

Élie avait commencé une psychothérapie à cause d'une étrange phobie qui s'était mise à gêner sa carrière. De son propre aveu, celle-ci était la seule chose qui comptât dans sa vie et il avait d'ailleurs très bien réussi. Il avait commencé comme guichetier de banque, puis était passé cadre, avant de devenir, quelques années plus tard, un important responsable marketing. À l'époque où il débarqua dans mon cabinet, il pulvérisait les records de vente, ce qui, allié à des manières joviales et assurées, lui avait gagné une reconnaissance nationale dans son secteur.

La phobie dont il me fit part dès la première séance consistait en une peur des bouteilles de bière. Il en venait à renoncer à sortir avec des clients pour éviter d'avoir à appréhender ce qui se passerait si quelqu'un, à côté de lui, commandait une bière. Comme il m'avait dit avoir eu tendance à trop boire à une époque, nous avons d'abord cherché à savoir si son angoisse n'était pas tout simplement liée à la crainte de replonger. Mais après quelques séances, il parut clair que le problème venait davantage de la bouteille elle-même que de la bière : pour Élie, une bouteille était plus qu'une bouteille.

Cet homme était une caricature de la virilité. Il passait tout son temps à travailler parce qu'il aimait le côté chasse du travail. Il adorait amasser de l'argent qu'il dépensait presque exclusivement en jouets masculins – motos, bateaux et deux petits avions. Il était agressif, direct et violent. Mais il pouvait être charmant et était capable de proférer les paroles les plus hostiles d'une manière touchante : « Vous savez, Gratch, ma femme est vraiment la meilleure », disait-il, ce qui ne mangeait pas de pain, sauf qu'il donnait l'impression de la traiter comme un produit. « Elle me dit que je suis un robot, que je n'éprouve rien pour elle, et elle n'a peut-être pas tort ! Quand je me demande pourquoi je l'aime, je me dis qu'elle tient bien la maison, qu'elle s'occupe bien de moi, et que c'est une très bonne mère. Un jour, nous nous sommes violemment disputés et elle a fondu en larmes. Je me suis mis à rire, comme si cela m'avait fait plaisir – je vous le dis, je suis une machine. Mais je suis très heureux avec elle et nous envisageons d'avoir un autre enfant l'année prochaine. La seule chose qui me tracasse, c'est cette histoire de bouteille de bière. » Et de me raconter comment sa phobie avait évolué. En résumé, bien qu'il ait toujours été attiré par les femmes et n'ait jamais eu de relations homosexuelles, Élie avait, depuis l'âge de vingt ans, des fantasmes de pénétration par des hommes. Et il lui était arrivé de se servir de bouteilles de bière pour une stimulation anale lorsqu'il se masturbait. Mais il affirmait qu'il aurait très bien pu continuer de vivre avec ses fantasmes sans se sentir obligé de faire un travail thérapeutique.

Le vrai problème avait commencé quelques années plus tôt, lors d'une fête de Noël organisée au bureau. Au moment où il approchait une bouteille de bière de sa bouche, Élie avait eu l'impression que l'homme à qui il parlait avait compris ce que lui, Élie, faisait avec les bouteilles de bière. « Ce qui est étrange, Gratch, c'est qu'il avait effectivement deviné. Comme s'il avait lu dans mes pensées. Parce qu'il a vraiment commencé à se moquer de ce que je faisais avec ces bouteilles. Je le jure, Gratch, c'était dingue. Et depuis, je ne peux plus m'approcher d'une seule bouteille de bière, de peur que quelqu'un ne découvre ce que je fais et ne pense que je suis homo. »

Nous avons exploré les orientations sexuelles d'Élie, mais son hétérosexualité lui convenait. Il était terrifié, non pas par l'éventualité d'être gay, mais bien plutôt par l'idée que des gens pouvaient s'imaginer qu'il le soit. Ce qui, dans son esprit, risquait d'être perçu comme être faible et non viril. De la même manière, ce qui le tracassait dans sa phobie n'était pas lié à ses fantasmes, ni à ce que sa femme ou ses amis proches pouvaient en penser, mais plutôt au fait qu'elle l'empêchait d'être proche de ses clients. Il présentait sa phobie d'abord comme un problème professionnel.

Au bout de quelques mois de psychothérapie, la phobie disparut. Comme tout « symptôme » psychologique, elle recouvrait plusieurs facteurs inconscients. Pourtant, le processus thérapeutique qui conduisit à sa disparition mit clairement en lumière le concept d'insécurité masculine.

En passant en revue l'histoire personnelle d'Élie, il devint évident que ses fantasmes étaient liées aux rapports qu'il avait eus avec son père. Comme nous l'avons vu plus haut, les garçons doivent abandonner leur mère afin de pouvoir s'identifier à leur père. Mais que se passe-t-il s'il n'y a pas de père auquel s'identifier ? Celui d'Elie était un homme strict, violent et froid qui exigeait des autres qu'ils obéissent, soient forts et ne montrent pas leurs émotions. Sa mère – et jusqu'à un certain point ses deux sœurs aînées – était quant à elle hypersensible et hystérique. Et, est-il besoin de le préciser, elle était complètement sous la coupe de son père.

L'enfant Élie fut donc confronté à un terrible dilemme. La seule façon de préserver sa vie émotionnelle était de prendre modèle sur les femmes de sa famille. Mais cela, bien sûr, menaçait le type d'identification masculine requise par son père. Pour résoudre ce conflit, le petit garçon entreprit donc de devenir en apparence comme son père tout en préservant des idées féminines à l'intérieur de lui-même. Pour différentes raisons – l'une d'entre elles étant liée au fait que son père prenait toujours sa température par voie rectale et lui « enfonçait violemment le thermomètre dans les fesses » –, ses idées prirent la forme de fantasmes sexuels.

Mais, comme je l'expliquai à mon patient, ces conflits étaient surtout d'ordre non sexuel. Je le lui répétai plusieurs fois sans qu'il parvienne à comprendre... jusqu'à ce que quelque chose d'extraordinaire se produisît en thérapie. Élie était venu me voir pour une séance matinale avant de se rendre à une réunion où il devait faire une présentation à quelques-uns des directeurs de sa société. À la fin de la séance, il découvrit avec horreur que son ordinateur portable, qui contenait toute sa présentation, avait disparu. Il l'avait laissé dans la salle d'attente et je fus aussi choqué que lui de découvrir que quelqu'un l'y avait dérobé.

Élie se mit alors à paniquer. Non pas tant à cause de l'ordinateur, ni à cause de la présentation qu'il devait faire, puisqu'il m'avait dit qu'il était capable de reconstituer assez rapidement les documents nécessaires : il paniquait parce que sa présentation faisait appel à des données auxquelles il ne pouvait avoir accès qu'en les demandant à son patron, à qui il faudrait donc avouer qu'il avait perdu son ordinateur. Il se dit d'abord qu'il pourrait prétendre l'avoir oublié dans le train en venant en ville, mais cela aurait semblé irresponsable. L'autre solution, d'après lui, était de dire qu'on avait volé l'ordinateur dans le bureau de son thérapeute, et c'était ce qui l'affolait : il lui faudrait avouer à son patron qu'il voyait un thérapeute. Comme je lui demandais pourquoi il ne disait pas juste qu'il avait été volé dans « le bureau de mon médecin », il me répondit que son patron devinerait qu'il s'agissait d'un thérapeute. Cela me fit penser immédiatement à la manière dont sa phobie des bouteilles de bière avait commencé : l'homme en face de lui savait ce qu'il faisait des bouteilles.

En remontant le fil de cette association, nous vîmes clairement un lien non sexuel avec la phobie des bouteilles de bière. Élie craignait qu'en apprenant qu'il suivait une psychothérapie, son patron ne voit en lui quelqu'un de faible et peu viril. En thérapie, nous avions discuté de tous ces fantasmes et émotions d'ordre féminin. Mais que dire de la certitude qu'il avait que son patron serait capable de lire dans ses pensées, tout comme l'homme lors de la fête de Noël, et qu'il y verrait toute la féminité et la faiblesse qui s'y cachait ? Ce que j'avais soupçonné depuis le début nous devint alors évident : inconsciemment, Élie *voulait* que les autres connaissent son penchant féminin. Et il voulait plus particulièrement que les hommes l'apprennent. Surtout, les hommes exerçant un certain pouvoir. Au fond de lui, il avait toujours souhaité que son père voit sa féminité – la vulnérabilité de ses sentiments –, qu'il l'accepte et qu'il l'aime à cause de cela. En ce sens, la dynamique à l'œuvre derrière la phobie d'Élie était une illustration de l'une des grandes théories de Freud, à savoir que derrière toute peur se cache un souhait.

Après cette découverte, nous conclûmes que l'homme qui avait réussi à lire dans les pensées d'Élie avait probablement réussi à le faire parce que ce dernier avait dû avoir un geste révélateur, ou qu'il avait tenu la bouteille d'une manière particulièrement significative. Et ce jour-là, Élie se voyait tout à fait dire à son patron qu'il était « chez un médecin » sur un ton qui lui aurait fait comprendre qu'il ne s'agissait pas d'un médecin ordinaire.

Tout cela fut dit en quelques minutes, dans l'urgence. Un autre patient m'attendait ; Elie devait partir travailler. Juste avant de s'en aller, après avoir compris qu'il éprouvait le besoin de révéler ses secrets à un autre homme, il se rendit compte qu'il n'était pas obligé de le faire avec son patron. Il réussit à lui dire qu'il avait perdu son ordinateur chez son médecin sans projeter ses sentiments et ses pensées dans ses mots. Il fit une excellente présentation à la suite de laquelle son patron lui donna lui-même un nouvel ordinateur dernier cri.

Cet événement cristallisa pour Élie comme pour moi le processus thérapeutique qui résolut (« guérit ») la phobie. Après avoir pris conscience que ses fantasmes représentaient en fait le désir de « pleurer sur l'épaule d'un homme », Élie n'eut plus besoin de le vivre sur le plan sexuel. La bouteille redevint une bouteille, il n'avait plus de secret à cacher et n'avait plus à éviter de manière phobique les lieux publics où il risquait de les révéler.

Comme à chaque fois, cette « guérison » ne fut pas aussi simple qu'il y paraît. Dans le cas d'Élie, il y eut beaucoup de hauts et de bas, de révélations et d'incompréhensions, de diversions et de résistances. Et la « guérison » n'en fut pas vraiment une, car si elle résolut la phobie, le monde complexe d'émotions qui l'entourait demeura. Mais les conflits éprouvés par Élie et la manière dont ils se révélèrent pendant la thérapie nous permettent de comprendre l'angoisse masculine et mettent en lumière l'une des luttes commune à tous les hommes.

En dépit des changements survenus dans notre société quant aux attentes liées au rôle de chacun des sexes, les hommes ont toujours besoin de se mettre à l'épreuve et d'agir à l'intérieur d'un champ étroit. De manière parfois inconsciente et pas seulement sous la pression sociale, ils cherchent à être forts, raisonnables et calmes. Ils se sentent avant tout obligés de pourvoir aux besoins d'autrui. Comme nous l'avons vu, ces aspirations « masculines » proviennent en partie du besoin de nier leur vulnérabilité « féminine ». Elles représentent donc une source importante d'estime de soi, mais créent en même temps un lourd fardeau de responsabilité et placent l'ego masculin sous la menace permanente de l'échec. Je dis « permanente », car les hommes sont des êtres humains et finissent inévitablement par échouer (quelque part), parce que ce qui monte doit redescendre et que plus vous montez haut, plus vous risquez de redescendre bas. Aussi, sous ce fardeau gît un désir de passivité, de vulnérabilité, d'émotion et d'irrationalité – autant de qualités que la tradition associe, à tort ou à raison, à la féminité.

On peut maintenant imaginer que cette féminité représente les souvenirs inconscients que les hommes ont, non pas de leur mère, mais d'eux-mêmes, garçon et fille à la fois, baignant dans l'influence féminine de leur mère. Les recherches confirment d'ailleurs cette hypothèse, qui montrent que les jeunes garçons sont tout aussi émotifs que les filles, voire plus. N'importe quel professeur de sixième vous dira que les garçons passent leur temps à retenir leurs larmes. Les filles, de leur côté, paraissent calmes et posées.

Le désir que les hommes ont d'abandonner leurs responsabilités représente donc inconsciemment le souhait de revenir à une époque où ils étaient avec leur mère et où les larmes, de joie comme de chagrin, étaient encore autorisées. La plupart d'entre eux, cependant, sont à l'image d'Élie : ils vivent ce souhait comme une peur – une peur qu'ils recouvrent en général d'une épaisse couche d'indifférence masculine.

L'angoisse de performance

Le P-DG d'une très importante société de communication américaine annonce la fusion de son entreprise avec un autre géant du secteur en décrivant la nouvelle entité comme « le Viagra des télécommunications ». Il habille ainsi de nouveaux mots la vieille idée selon laquelle l'Amérique des grandes entreprises serait gouvernée par la puissance et la virilité. Alors que l'indigène de Stoller devait être physiquement agressif, l'Occidental a mis au point une forme sublimée de combat. Certes, il lui arrive de faire la guerre, mais c'est le plus souvent au bureau qu'il se bat. Et bien qu'il puisse avoir l'impression que l'enjeu est aussi important – la préservation de la masculinité –, notre homme ne combat pas vraiment. Il joue. Il manœuvre, bavarde, exige, s'oppose, travaille tard, reste en tête du peloton, réunit des données, poignarde ses rivaux dans le dos, afin de réussir à maîtriser les pas de la danse du succès. La vie et la mort de l'homme, en particulier dans les grandes entreprises, est suspendue au fil de ses évaluations de compétences. (On peut bien sûr en dire autant aujourd'hui de n'importe quelle femme.) Le maître mot est la performance, qui recouvre à la fois la notion assez simple d'accomplissement, qu'il est difficile de remettre en cause, et l'idée, plus complexe et controversée, de mettre en acte, ou d'être sur scène.

L'homme d'affaires ambitieux, sûr de lui et rentre-dedans, que des analystes ont autrefois qualifié de « personnalité phallique et narcissique », représente une autre version de cette personnalité. Il a fait sa réapparition dans les années 1980 à la Bourse. Ou peut-être n'avait-il jamais disparu. Les psychologues l'ont appelé « personnalité de type A » et ont rassemblé des informations sur le risque qu'il avait de développer des maladies longues, du type de celles qu'attrapent les soldats sur les champs de bataille ; les féministes ont vu dans cette attitude une façon d'« agiter son pénis ».

Mais quels que soient les visages qu'il prend, cet homme se caractérise avant tout par un besoin de se livrer à d'acrobatiques démonstrations de masculinité, de préférence devant un public. Comme nous le verrons au chapitre suivant, cette attitude est due en grande partie à un besoin narcissique de reconnaissance. Mais elle résulte aussi d'une lutte pour rejeter sa féminité. « Regarde-moi, je suis un homme », dit le guerrier des grandes entreprises (ou d'ailleurs). Ce lien fondamental entre la performance et la masculinité explique en partie pourquoi l'impuissance, et son remède le plus courant, le Viagra, sont une métaphore puissante, bien que galvaudée, de l'angoisse masculine.

Les conflits qui surgissent au travail à cause de cette angoisse sont nombreux, et coûteux. L'une des entreprises pour lesquelles je travaille en tant que consultant, une société d'investissement à Wall Street, avait besoin de remplacer le système informatique utilisé par ses traders. Mais bien que le nouveau système fût capital pour les opérations de trading de la société et qu'il n'eût aucun concurrent sérieux sur le marché, il fallu presque dix ans avant de commencer l'installation. Je finis par apprendre qu'en l'absence de directives claires du directeur de l'entreprise, les hommes chargés de l'installation du nouveau système s'étaient accrochés avec les traders – des hommes pour la plupart. Lors d'une réunion particulièrement tendue sur le projet, l'un des seniors traders hurla qu'il n'utiliserait pas le nouveau système parce qu'il lui faudrait allumer et éteindre son ordinateur tous les jours et qu'il n'avait soi-disant pas le temps (alors qu'il était sensé le faire pour des raisons de sécurité).

C'est assez ahurissant, même pour Wall Street, où l'ego mâle, en analogie totale avec le sexe de l'homme, monte et descend au rythme des performances, ou plutôt de la perception que l'on en a, c'est-à-dire avec l'angoisse de la performance. Même si de nombreuses femmes réussissent très bien à Wall Street, la volatilité à court terme des marchés boursiers est particulièrement adaptée aux hommes dont la masculinité repose sur l'équilibre précaire entre la joie d'être au sommet et la peur de plonger dans les abîmes, ou entre la peur de rester en bas et l'excitation de monter jusqu'en haut. Mais puisque nous parlons d'équilibre précaire, venons-en à l'anatomie masculine.

L'impuissance comme métaphore

La performance et l'angoisse de la performance font intrinsèquement partie de l'insécurité masculine, ce qui explique que l'impuissance soit si répandue. De tous les patients qui sont venus consulter pour ce problème, le cas de Christophe me revient particulièrement à l'esprit. Avocat du monde du spectacle, il était à quarante-cinq ans au sommet de sa carrière quand il décida de tout bouleverser pour devenir producteur de films. Il y réussit parfaitement. Quelques années plus tard, il vint me voir. Il avait un « problème sexuel ». Dès la première séance, je fus frappé par le charme et la chaleur qui se dégageaient de lui. Il cherchait à faire plaisir aux autres et réussissait dans tout ce qu'il entreprenait parce qu'il savait mettre en valeur son entourage familial et professionnel. Il soutenait sa femme aussi bien dans sa carrière d'actrice que dans son rôle de mère. Il avait été particulièrement présent au moment où ils s'étaient rendu compte qu'elle était stérile et qu'ils avaient décidé d'adopter leurs trois enfants. Plus tard, il avait aidé son fils qui, devenu grand, s'était mis en quête de retrouver ses parents biologiques. Il avait même pratiquement organisé les retrouvailles. Mais, même si le secret de son succès tenait à son talent à encourager les autres à jouer leur rôle, il était avant tout préoccupé par ses propres performances.

Il n'y a donc rien de surprenant à ce que l'impuissance de Christophe ait été déclenchée par ce qu'il considérait être un revers professionnel lié à des problèmes de budget et de délais de l'un de ses films. Il se sentit en situation d'échec et eut le sentiment de ne pas être à la hauteur. Ces idées l'obsédèrent et il se mit à douter de lui jusque dans sa vie intime. Au début, il ne connut des difficultés sexuelles que par intermittences. Mais comme il se faisait de plus en plus de souci à propos de ses performances au lit, il se retrouva un jour incapable de « réussir » la moindre érection. C'est alors qu'il vint me voir.

Comme tout le monde, je fus tout de suite sous le charme et je voulus lui montrer ce que je savais faire. J'y réussis d'ailleurs assez bien au début. Mais sous sa gentillesse, Christophe cachait une exigence terrible. Après avoir « échoué » à guérir son impuissance en quelques séances, je commençai à ressentir la pression qu'il mettait sur moi. Avant même de comprendre ce qui se passait, je fis comme le pénis de Christophe et m'effondrai, victime du stress. Saisi par le doute et le sentiment de ne pas être à la hauteur, je me demandai si je pouvais être d'aucune utilité à cet homme.

J'exerce une profession où il est facile de se sentir dépassé. Les problèmes sont excessivement compliqués. Les patients sont dans la peine et recherchent à tout prix de l'aide, mais leur résistance est aussi forte que leur demande. La douleur « veut » être présente, car elle a une signification. Sans compter que les gens ont peur du changement et s'agrippent à ce qui leur est familier. Le processus thérapeutique est long et le résultat incertain. Et le génie n'est d'aucune utilité : le thérapeute ne détient pas les réponses et apprend à connaître son patient à son rythme ; et comme son matériau « c'est la vie », il en découvre chaque jour davantage.

Cependant, je savais, lorsque cette fois-ci je commençai à douter de moi, que mon patient était à l'origine de ce sentiment. En exerçant une pression pour que je réussisse, il me faisait ressentir ce qui lui-même ressentait. Et c'était une pression semblable qui faisait « échouer » son pénis. L'impuissance et son traitement reposent sur un important paradoxe : plus vous vous inquiétez à ce sujet, plus la situation empire. Pourquoi ? Pourquoi réussit-on moins bien lorsque l'on sent une pression s'exercer (ou que l'on se sent évalué, corrigé, jugé, réprimandé) ? Pourquoi devient-on « nerveux » au lieu de se contenter de jouer le rôle que l'on attend de nous et que l'on s'attend soi-même à jouer ?

Je me rendis un jour à l'aéroport avec un homme et son chauffeur, pour accueillir un client important. Nous étions partis tard parce que l'homme, cadre dirigeant dans une grande entreprise, avait été retenu au bureau. C'était l'heure de pointe ; nous fûmes pris dans les embouteillages. L'homme demanda à son chauffeur de couper en prenant de petites routes. Le chauffeur obéit, mais comme il ne connaissait pas très bien le coin, nous nous perdîmes. Le cadre se mit en colère contre son chauffeur, ce qui n'arrangea pas les choses : plus il hurlait et plus le chauffeur se trompait. Nous atteignîmes l'aéroport avec un tel retard, que l'hôte avait pris un taxi. Le cadre était aussi furieux que malheureux.

De toute évidence, le chauffeur avait réagi comme le pénis de Christophe, parce que son patron s'était comporté comme ce dernier. Si nous examinons la nature de cette dynamique, nous constatons que le cadre était déjà en retard au départ. Inconsciemment, il avait une attitude ambivalente quant au fait d'aller à l'aéroport accueillir cet hôte « important ». Sa résistance et son opposition se reportèrent sur le chauffeur qui accepta ces sentiments et les prit en compte inconsciemment.

C'est ce que faisait le pénis de Christophe. Il ne jouait pas son rôle parce qu'inconsciemment son maître ne voulait pas qu'il le joue. Sans le dire, ni même aller jusqu'à le penser, Christophe n'en pouvait plus d'être le meilleur. Il n'en pouvait plus d'avoir à faire plaisir à sa femme, aux studios, aux équipes de tournage. Il n'en pouvait plus de devoir être agressif, de gagner beaucoup d'argent et de s'occuper des autres. Il n'en pouvait plus de jouer les durs et aspirait à la douceur. Et nous voici au cœur de l'impuissance psychologique. Elle peut être liée à bien des facteurs : un dégoût de sa propre agressivité, un besoin d'être pris en charge, un désir homosexuel inconscient, un simple retrait de la pression exercée par la performance. Tout cela représente pour un homme le désir caché de baisser ses défenses masculines et de trouver un endroit féminin où se reposer.

L'impuissance angoisse tant les hommes qu'ils exigent d'eux-mêmes, de leur médecin, de leur thérapeute, de leur pénis une guérison immédiate. Pourtant, plus leur demande est forte et plus leur corps résiste. Le thérapeute aura donc tout intérêt à s'allier au pénis autonome plutôt qu'à son patient exigeant. Ce faisant, il remettra la balle dans le camp de son patient, et lui demandera d'exprimer par des sentiments et des mots ce que son corps exprime par des symptômes. L'épouse frustrée aurait sans doute intérêt à en faire autant, en disant par exemple : « Qu'importe ton pénis, ce qui compte, ce sont tes sentiments. »

Comme je le dis parfois à mes patients lorsque j'essaye – en vain – de leur expliquer comment fonctionne la psychothérapie, le traitement paradoxal de l'impuissance constitue une bonne métaphore de l'ensemble du processus thérapeutique : pour progresser, il faut d'abord renoncer à ses buts. Il vous faut dans un premier temps accepter votre impuissance – ce qui vaut mieux que de vouloir en faire trop – et en comprendre toutes les intentions et les significations. Alors, et alors seulement, sera-t-il possible de retrouver sa virilité, qui reviendra apparemment d'elle-même. Toute tricherie est impossible, car il s'agit d'abord de s'approprier le désir qui effraie au départ. La psychothérapie ne s'attache donc pas tant à changer les gens, qu'à les aider à être plus pleinement ce qu'ils sont. Et le thérapeute a pour rôle de promouvoir la connaissance de soi – rien de moins, rien de plus.

Rendez-vous amoureux : la fracture sexuelle

Lors d'un rendez-vous amoureux, la femme peut « faire capoter l'affaire » parce qu'elle ne tient pas compte du sentiment d'insécurité éprouvé par l'homme. Quasiment tous les thérapeutes comptent parmi leurs patients des femmes qui répondent au portrait suivant : intelligente, indépendante, ayant réussi professionnellement, réfléchie, séduisante et charmante, raisonnable, encourageante et sincère. Ces femmes sont en thérapie parce qu'elles semblent incapables de rencontrer l'homme qu'il leur faut ou de réunir tous les éléments nécessaires à leur idéal de vie : de l'amour, un partenaire, des enfants. Pour leur entourage, comme pour le thérapeute – du moins, au début –, c'est un mystère : pourquoi diable, alors qu'elles ont tout pour elles, ne parviennent-elles pas à trouver l'amour ?

Au bout de quelque temps, le mystère finit pourtant par se dissiper avec la mise au jour d'un scénario étonnamment cohérent et récurent. Excepté la pénurie de candidats appropriés, elles n'ont en général aucune difficulté à rencontrer des hommes tant qu'il s'agit d'un simple rendez-vous. Mais cela n'aboutit jamais. Le plus souvent, la femme commence une relation avec un type qu'elle trouve « bien », sensible et ouvert.

Puis elle découvre – ou elle l'imagine, et le thérapeute a parfois même du mal à savoir ce qu'il en est vraiment – que l'homme en question est trop en demande, trop faible ou ennuyeux. Certes, il est très gentil, mais il manque de fantaisie. Ou il ne réussit pas bien dans son boulot. Alors elle rompt et, comme un stratège, cherche à rencontrer un homme plus sûr de lui, plus indépendant ou plus ambitieux. Mais cette fois-ci, elle découvre – ou se l'imagine – que cet homme ne la traite pas bien. Certes, il a suffisamment d'argent et il est responsable, mais il est aussi insensible, égoïste et critique. Alors, encore une fois, elle rompt. (Si elle est un brin masochiste, elle s'accroche jusqu'à ce que ce soit lui qui rompe.)

Parfois, ce schéma est voilé par des variations sur le même thème. L'ordre s'inverse : d'abord un « méchant », ensuite un « gentil » ; ou encore, la femme procède par séries, sortant d'abord avec des hommes du même type, puis enchaînant avec ceux de l'autre type. Mais dans l'ensemble, pour elles, le monde des hommes se divise en deux : les « mauviettes » d'un côté, les « brutes » de l'autre.

N'existe-t-il vraiment que ces deux types d'homme, ou ces femmes intelligentes et sensibles inventent-elles tout ? Un peu des deux. Certains hommes sont moins agressifs que d'autres et l'on n'a pas totalement tort de dire que gentillesse et ambition ne font en général pas bon ménage. Mais le plus souvent, les hommes trouvent un juste milieu, alliant dans une relative harmonie ambition *et* sensibilité. C'est précisément ce que ces femmes-là ne voient pas. Elles en sont incapables. Tout simplement parce qu'elles n'adoptent pas elles-mêmes cette position médiane.

Il ressort en effet de leur histoire personnelle que, pour une raison ou une autre, elles n'ont pas pu s'identifier positivement (admirer, respecter) à leur mère. Celle-ci était peut-être folle, ou incompétente, ou simplement « faible ». Ou si elle ne l'était pas, du moins est-ce ainsi que sa fille la percevait – de sorte que, toute petite, elle s'est jurée de ne jamais lui ressembler. C'est donc autour de ce principe – « Tout, sauf ma mère » – que son personnage s'est organisé.

En apparence, cette femme s'identifie davantage à son père. À cause du contraste – par défaut ou par vertu – qu'il offrait, il a été jugé plus digne d'identification que la mère. Or, il est quasiment impossible d'exclure sa propre mère. C'est pourquoi, malgré ses efforts pour effacer l'influence maternelle, la femme dont je parle ici finit par se sentir comme cette mère qu'elle n'a pu qu'absorber. Mais la peur de lui ressembler gouverne aussi cette strate d'identification plus profonde et inconsciente. En résumé, une bonne part de la psychologie de cette femme est fondée sur son désir de congédier et rejeter sa mère « objective » et de nier et éjecter la mère qu'elle a en elle.

C'est la même dynamique qui dirige sa vie amoureuse. Tout en souhaitant être bien traitée, elle est en apparence dure comme un homme, et va se sentir rapidement menacée par la gentillesse et la sensibilité de l'homme avec qui elle sort. Si elle le laisse entrer, elle devient aussi sentimentale que lui, c'est-à-dire qu'elle se met à ressembler à sa mère. De sorte que ce type de relation ne fait que renforcer l'élément défensif de son identification sexuelle. Son ami n'est peut-être pas assez agressif – peut-être s'est-il lui-même identifié à sa mère, comme par un effet miroir – mais est-il vraiment le looser ridicule qu'elle décrit ? C'est possible, mais il est plus probable qu'il soit la projection de cette mère intolérable qu'elle a en elle et qu'elle doit fuir. Autrement dit, ayant trouvé ou recréé sa mère en son ami, elle doit partir.

À présent, c'est d'un homme « fort » dont elle va rechercher la compagnie. Chose étrange, cet homme-là constitue lui aussi une menace. Sûr de lui, ambitieux, il ne veut pas rester passif, mais avoir au moins l'illusion que c'est lui qui mène la danse. Et il n'a aucune envie de sortir avec une « concurrente ». Si elle veut s'entendre avec lui, elle doit donc lui laisser prendre l'initiative et recevoir passivement son affection agressive. Elle se retrouve en somme à la place de sa mère, c'est-à-dire exactement là où elle s'était jurée de ne jamais être. Si elle se bat contre cet homme pour prendre le contrôle, cela signifie pour lui la fin de toute relation. Si elle décide de plier l'échine et de faire ce qu'il attend d'elle, l'affaire ne va pas très loin non plus, car elle finit par avoir l'impression qu'on abuse d'elle ou qu'on la maltraite. Plus le temps passe, et plus elle a le sentiment d'être déraisonnable, faible ou masochiste. Son pire cauchemar a pris forme. Il ne lui reste plus comme solution que de combattre ou de fuir. Quel que soit son choix, la relation n'y survivra pas[2].

On trouve dans les ouvrages de développement personnel une foule de conseils sur ce que ces femmes devraient faire pour améliorer leur vie sentimentale. Le problème avec ces conseils, de même qu'avec ceux prodigués par beaucoup de thérapeutes, c'est qu'ils font appel la plupart du temps à des techniques comportementales spécifiques et excluent toute stratégie émotionnelle globale. Un conseil tel que : « Ne rappelez pas ce type, laissez-le vous courir après » est voué à l'échec, car le seul homme susceptible de rappeler la femme qui le mettra en application, c'est la « mauviette », que la « brute » en elle attire. Un autre thérapeute dira : « N'attendez pas qu'il vous appelle. Faites-le. » Ce conseil n'est pas plus efficace que le précédent, car la « brute » n'est pas du genre à attendre sagement devant son téléphone : il sort avec la femme qu'il peut tyraniser.

Pour que ces tactiques aboutissent, il faut que la femme se fasse plus réceptive, d'un point de vue émotionnel, à une masculinité moins tranchée, plus équilibrée. « Mais comment faut-il procéder ? », demande-t-elle à son thérapeute. « Là n'est pas la question », lui répond-il. Son besoin d'agir pour changer est, certes, compréhensible, mais le désir qu'elle a de résoudre le problème fait partie intégrante du comportement de défense masculin qui l'a conduite chez le psy. L'une de mes patientes était dans ce cas. Depuis longtemps, elle cherchait à *faire* quelque chose pour résoudre son problème. Ainsi passait-elle sans cesse d'un type d'homme à l'autre, de la « mauviette » à la « brute », et réciproquement. Quand nous eûmes identifié son mode de fonctionnement et réussi à le relier à sa peur de devenir (une femme) comme sa mère, elle entreprit d'agir pour être plus féminine. Elle trouva du temps pour « travailler » sur ses sentiments, prit des cours pour « apprendre à flirter », dessina des schémas pour se repérer dans les relations entre les hommes et les femmes, et organisa des séances de debriefing avec ses amis afin de continuer de progresser. Le paradoxe était que ces activités sont plutôt « masculines ». Plus exactement, en agissant ainsi, cette femme continuait de se défendre contre le fait de ne rien faire et d'être tout simplement elle-même, ce qui pour elle était synonyme d'incompétence, d'inutilité et d'apitoiement sur soi. Notons que sa mère était une artiste ratée qui « n'avait rien fait » de sa vie. Ma patiente me la décrivit comme une femme au foyer qui servait des repas mal cuits ou brûlés, accompagnés de divagations angoissées et de mépris de soi.

Certaines stratégies peuvent avoir un effet contraire à celui recherché si elles ne sont pas l'expression d'une voix qui vient du cœur. C'est pourquoi les techniques comportementalistes sont d'une efficacité limitée – et que je ne les aime guère : elles contiennent une part de malhonnêteté qui tient du jeu et de la manipulation, comme si nous cherchions à tromper l'autre partie quant à nos véritables intentions. Au contraire, les tactiques qui font appel aux émotions impliquent de dévoiler une part de soi jusqu'alors inconnue, de mettre en œuvre une manière d'être plus pleine et plus équilibrée et de remplacer les anciens schémas par de nouvelles libertés. Cela fait beaucoup, je sais, et j'en dirai plus dans un moment. Mais laissez-moi d'abord en revenir aux... hommes.

Les « mauviettes » et les « brutes » n'existent pas seulement dans l'imagination des femmes dont le comportement est proche de celui des hommes. On les trouve aussi dans la vie réelle. Ces deux types d'homme forment les pôles d'un axe qui va de la féminité à la masculinité. Ils sont comme les deux visages d'un même conflit, celui qui accompagne chez les hommes le sentiment d'insécurité. Nous avons vu plus haut que, au cœur de ce conflit, se trouve l'identification ambivalente du garçon à sa mère. Mais, comme dans le cas de mon patient Élie, le besoin que l'enfant éprouve ensuite de s'identifier avec son père vient s'ajouter à cette ambivalence et la compliquer.

En consacrant leur vie à la réussite professionnelle, les hommes des sociétés occidentales aiguisent en permanence leur agressivité et leur besoin de succès, le plus souvent au détriment d'éléments plus « doux » comme la sensibilité, la tolérance et le jeu. En outre, des horaires très chargés et des déplacements professionnels les tiennent éloignés de leur famille. Pour un jeune garçon, ce type de père, qui s'apparente à un père fantôme ou à une caricature de père, implique un dilemme. Si l'enfant cherche à lui ressembler – et c'est ce qu'il aura naturellement tendance à faire –, il devra mettre entre parenthèses son propre sentiment de rejet et se traiter avec la même indifférence et la même dureté que son père le traitait.

Cette identification de défense, dite « identification avec l'agresseur », est proche du syndrome de Stockholm, qui doit son nom au comportement développé par les victimes d'un détournement d'avion qui, pour échapper à la terreur et à l'impuissance que leur inspirait leur calvaire, avaient fini par justifier l'attitude des pirates de l'air et par éprouver pour eux de la sympathie. À l'âge adulte, cette voie conduit en général à emprunter le même chemin que le père, c'est-à-dire le plus souvent à réussir sur le plan professionnel, mais à échouer dans la vie privée. Il s'agit en quelque sorte d'une version édulcorée et occidentalisée des épreuves traversées par les hommes de la tribu décrite par Robert Stoller.

Le petit garçon peut aussi « choisir » d'éprouver la douleur d'être ignoré ou maltraité par son père et de rejeter le modèle que celui-ci propose. Mais ce faisant, il risque de s'identifier trop fortement à sa mère et de se retirer du monde des hommes. C'est sans doute la voie choisie par la « mauviette », que la femme « masculine » poursuit de ses assiduités avant de le jeter aux orties. Pour cet homme-là, nouer une relation avec une femme équivaut à pénétrer dans le domaine paternel. Exactement ce qu'il s'était juré de ne pas faire. Paradoxalement, l'identification défensive à la mère est compatible avec le désir refoulé pendant l'enfance de posséder le père (au sens d'« avoir » ou de « ressembler ») : cet homme ne veut pas épouser une femme, mais un homme. Il n'est pas question ici d'homosexualité, mais plutôt d'un homme qui recherche le type de contrôle et de structures masculins offerts par la femme décrite plus haut. Mais cela ne fonctionne pas plus pour lui que pour elle, et pour les mêmes raisons : aucun des deux ne souhaite vraiment être la fille de sa mère.

Ce type d'identification sexuelle ambivalente est, d'après mon expérience, l'une des principales raisons pour lesquelles les célibataires, hommes ou femmes, sont parfois incapables de rencontrer la « bonne personne ». Ils demandent au sexe opposé de venir compléter leur propre identification sexuelle bancale – proposition déséquilibrée s'il en est. De cela, les thérapeuthes semblent parler peu, voire pas du tout, comme si les termes « féminin » et « masculin » étaient intrinsèquement sexistes.

En grandissant les garçons ont besoin de pouvoir s'identifier à leur père. Mais ils ont également besoin de préserver l'image interne qu'ils avaient de leur mère. Une fois adultes, ils luttent pour maintenir et intégrer ces deux influences. Cependant, chez eux, l'identification féminine se trouve en général enfouie dans les strates les plus profondes de leur personnalité – associée aux premiers stades du développement. Elle a besoin de s'exprimer mais elle représente en même temps une menace à la masculinité. Elle se révélera donc plus facilement auprès de femmes (ou d'hommes) qui ne sont pas perçus comme des concurrents dans l'arène psychologique de la masculinité.

En couple : la fracture sexuelle, encore

Prenons maintenant le cas d'une relation établie sur le long terme. Là aussi, la manière dont le couple gère le sentiment d'insécurité de l'homme (et, chez la femme, le conflit équivalent) est cruciale. Chamailleries ou profonds différends résultent directement de la façon dont l'identification masculine et l'identification féminine sont négociées ou distribuées entre les différents partenaires.

Je me souviens d'un patient très sceptique quant à la portée de la psychologie qui était venu consulter parce que sa femme l'y avait poussé. Ces premiers mots furent : « Écoutez, cela ne va rien changer à ce que je suis, et d'ailleurs je n'en ai aucune envie. Travailler sur certaines difficultés de mon mariage ? D'accord. Mais ne vous attendez pas à ce que je me plaigne de mon enfance. Mes parents étaient des gens merveilleux. De plus, je ne fonctionne pas aux émotions. Alors je veux bien discuter avec vous si ça peut rendre ma femme heureuse, mais honnêtement, je n'ai aucun besoin d'être ici. Elle est elle-même suivie, ce qui est très bien si ça l'aide, mais en vérité je ne crois pas aux thérapies. »

Comme il me le dit lui-même, il fonctionnait d'une manière logique, « rationnelle » (mais est-ce rationnel de fonctionner toujours logiquement ?), dans tous les aspects de sa vie. Même dans son sommeil, il n'y avait ni jeu, ni fantaisie, ni poésie : souvent la nuit, il restait allongé dans un demi-sommeil, à tenter de résoudre des questions liées à son travail. Son mariage était menacé par son incapacité à vivre pleinement ses émotions car il n'arrivait pas à se sentir concerné par les sentiments de sa femme. Il était officier de police à la retraite et avait ouvert un petit commerce de détail qui tournait bien. Mais il s'embarquait régulièrement dans des opérations catastrophiques dans lesquelles il engloutissait tous les biens de la famille, y compris la maison. Il comprenait que ces situations « inquiètent » sa femme, mais il était totalement incapable d'être touché ou de compatir avec les sentiments d'insécurité, d'angoisse et de colère qu'elle ressentait.

Puisqu'il restait invulnérable à toute émotion, sa femme avait au cours des années assumé la plus grande partie du rôle émotionnel dans le couple. Dès qu'elle apprenait qu'une négociation était en cours, elle s'inquiétait et s'agitait. Son mari s'employait alors à gérer « ses montagnes russes irrationnelles », comme il disait. Il lui disait de se calmer, qu'il n'y avait aucune raison de se faire du souci, que cette transaction était sans risque, qu'il s'en sortirait parfaitement, etc. Et bien entendu, pour ne pas l'affoler, il lui en racontait le moins possible.

De son côté, tout en l'accusant de mentir et de lui cacher la nature de ses affaires, sa femme ne s'intéressait pas aux finances familiales. Elle ne savait pas grand-chose, pour ne pas dire rien du tout, de leurs revenus, dépenses, épargne ou investissements. Par conséquent, elle recevait de plein fouet chaque nouvelle crise financière : « Tu m'avais promis que cela n'arriverait plus jamais ! », gémissait-elle.

Entre les crises, leurs échanges s'organisaient de la façon suivante : elle cherchait à faire pression sur lui pour qu'il lui livre ses sentiments et lui s'efforçait de la convaincre qu'elle était beaucoup trop émotive. Dans ce type de relation, qui peut exister avec différents degrés d'intensité, il y a une répartition des rôles malsaine et à terme intenable : le mari pense et la femme ressent. La femme est hyperféminine, le mari hypermasculin et se méfie de toute vulnérabilité sentimentale. Aussi, bien qu'il dise souhaiter que sa femme soit une partenaire « rationnelle », il s'accommode en fait assez bien de son « hystérie » : c'est ce qui lui permet de rester calme et logique. Ce qui le panique vraiment, comme nous l'avons vu au chapitre précédent, c'est l'hystérie qui se trouve au-dedans et non au-dehors.

De la même manière, alors que la femme affirme vouloir un partenaire « qui ressente quelque chose », elle s'arrange assez bien du contraire, ce qui lui permet d'occuper tout le champ des sentiments : en dépit de la douleur qu'elles lui apportent, les émotions ne la mettent pas mal à l'aise. Ce qu'elle n'aime pas, c'est « penser », prendre des décisions professionnelles et toutes « ces affaires d'hommes ». (Ce qui illustre bien le fait que les contraires psychologiques se ressemblent de manière paradoxale. Le mari a l'air d'être émotionnellement fort, mais il est en réalité assez faible parce que ses propres émotions le terrifient ; sa femme, qui semble si faible, est en réalité plutôt forte, car elle a une assez bonne tolérance à la souffrance.)

Dans ce genre de fracture sexuelle, chacun est mal à l'aise avec sa part d'identification à l'autre sexe. La relation est structurée de telle sorte qu'elle encourage inconsciemment l'homme et la femme à assumer de manière caricaturale les caractéristiques de leur sexe. Le problème ne tient pas seulement au conflit relatif à l'expression des sentiments, mais aussi au fait que ce type de polarisation témoigne souvent d'une profonde différence d'intérêts et de valeurs. Le patient en question ne s'intéressait qu'au foot, à la boxe, aux sociétés d'investissement et aux soirées arrosées entre hommes. Et sa femme ne vivait que pour les feuilletons à l'eau de rose, le shopping, la lecture et le cinéma – à condition que ce ne soient pas des films d'action. De sorte qu'à part leurs enfants, ils n'avaient aucun intérêt en commun. Ils ne pouvaient même pas regarder un film ensemble.

La fracture sexuelle est à l'origine de nombreux problèmes conjugaux. Tel cet homme et cette femme au bord du divorce qui, dans une dernière tentative pour sauver leur mariage, vinrent consulter. Ils étaient désespérés. Cela faisait huit ans qu'ils vivaient ensemble, ils s'aimaient toujours, et pourtant ils étaient persuadés d'être devenus totalement incompatibles. Cependant, ils n'étaient pas restés les bras croisés. Au cours des ans, ils avaient essayé de travailler ce problème. Hélas, les choses n'avaient fait qu'empirer.

Voici comment la femme me décrivit la situation : « Nous sommes trop différents. Par exemple, en vacances, je veux toujours aller là où il ne veut pas. Lui n'envisage que la plage. Moi, ça m'ennuie. Je voudrais aller en Europe ou en Extrême-Orient, m'activer ; lui ne souhaite qu'une chose : le *farniente*. Mais cela va plus loin. J'aime prévoir des trucs et lui est complètement passif. Il ne prend jamais aucune initiative. Il ne répare jamais rien à la maison. Je voudrais déménager, mais il préfère rester ici, près de sa famille. J'ai de l'ambition professionnelle et lui se contente de ce qu'il a. D'ailleurs, ça m'agace qu'il ne s'affirme pas plus dans son travail. Son patron profite de lui sans qu'il ne dise rien – comme s'il avait une mauvaise opinion de lui-même. Quand nous avons commencé à sortir ensemble, je trouvais qu'il était sensible, patient et doux, mais maintenant je pense que nous sommes trop différents l'un de l'autre, que nous ne recherchons pas les mêmes choses dans la vie. Et depuis quelques années, j'ai le sentiment que je m'éloigne de lui. Par exemple, j'ai commencé à passer beaucoup de temps sur l'Internet. »

Et voici la réponse du mari : « Elle a raison. Nous voulons des choses différentes. Je me suis toujours efforcé de trouver une solution pour que cela marche, et je le veux toujours, mais je ne crois plus que cela soit possible. J'éprouve toujours quelque chose pour elle, mais elle est toujours prête à partir, il faut toujours s'activer. Et elle n'écoute pas vraiment. L'autre jour, je lui ai dit que je trouvais qu'elle s'était éloignée depuis un moment. Et elle est toujours derrière son ordinateur. Peut-être ne suis-je pas capable de lui donner la vie dont elle rêve. C'est vrai qu'elle a plus d'ambition que moi, et c'est peut-être ma faute, mais mon boulot me satisfait. Et puis je n'ai pas vraiment envie de passer mes vacances à droite à gauche. Je préfère rester là où j'ai grandi. Sa famille est dispersée un peu partout, la mienne est concentrée au même endroit et je suis très proche d'eux. Je trouve aussi qu'elle a changé depuis qu'elle est passée cadre. Elle est plus agressive, plus dirigiste, même si elle l'a toujours été un peu. Avant, ça me plaisait qu'elle soit sûre d'elle-même et qu'elle prenne les décisions, mais au fil des années, c'est devenu proche de l'insensibilité et du rentre-dedans. Ou peut-être est-ce juste que j'envisage les choses différemment maintenant. »

Les qualités qui, au départ, les avaient attirés l'un vers l'autre étaient précisément celles qui, aujourd'hui, leur servaient de repoussoir : chacun se sentait prisonnier du rôle qui lui avait été assigné par la fracture sexuelle. Le mari, qui s'était de manière excessive identifié au rôle féminin, avait finalement le sentiment que sa femme le menait à la baguette. Il n'avait plus envie de supporter cela, mais puisqu'il avait pris ses distances avec son côté masculin (en le refoulant ou en le refusant), il ne savait pas comment changer les choses au sein de leur relation. À contrecœur, sans prendre conscience que lui-même devait changer, il commençait à envisager de remplacer sa partenaire.

Quant à la femme, elle était lasse de tout diriger. Elle aspirait maintenant à ce qu'un homme fort « la prenne en charge ». Elle voulait que ce soit l'autre qui ait de l'ambition, se soucie des finances et organise leur existence. Mais parce qu'elle s'était coupée de son identification féminine, elle ne savait pas comment réaliser ce vœu à l'intérieur de la relation. Puisqu'elle n'arrivait pas à voir que son mari représentait une autre part d'elle-même (la féminité qu'elle avait refusé), elle se disait que le mieux était d'en changer.

Leur tourment faisait peine à voir parce qu'ils semblaient vraiment attachés l'un à l'autre. Mais ils étaient prisonniers de la fracture sexuelle et, bien qu'ils n'en eussent pas totalement conscience, je pensais qu'ils reproduiraient sans doute le même schéma – ou inversé, ce qui revient au même – avec leur prochain partenaire. Comme nous l'avons vu avec la femme qui passait d'un type d'homme à son exact opposé, il était plus probable qu'ils tomberaient dans le cas de figure inverse, ce qui, malheureusement, ne changerait rien à leur situation. La femme déclara d'ailleurs qu'elle choisirait un autre type d'homme : fort, ambitieux, agressif. Je lui dis qu'elle se sentirait au départ protégée et prise en charge, mais qu'elle aurait, au bout d'un moment, sans doute l'impression d'être dominée, pas écoutée et opprimée. Dans cette relation, elle vivrait son identité féminine, pendant que son nouveau partenaire jouerait le rôle, ou représenterait le côté masculin de la fracture.

Son mari (devenu aujourd'hui son ex-mari) vivra peut-être une expérience parallèle et choisira une femme différente – sensible et ouverte. Pourtant, avec le temps, il finira par se dire qu'elle est trop faible, soumise et passive. Les qualités féminines qu'il a en lui disparaîtront, ou disons qu'il les projettera sur elle, qui agira en fonction de ces projections.

On ne peut pas se contenter de chercher le « bon » partenaire. Il faut d'abord que chacun le devienne soi-même. Chaque personne doit résoudre ou intégrer la fracture qu'elle a en elle, afin de pouvoir reconnaître une autre « personnalité intégrée » et s'associer à elle. Quant aux couples qui pensent que leurs parts masculine et féminine sont incompatibles, ils devraient commencer par travailler sur la fracture qui les sépare avant de renoncer à leur mariage.

Ce principe est souvent mal compris. Pour de nombreuses personnes, en effet, il signifie que c'est l'autre qui doit changer. C'est une erreur et s'y employer n'aboutit qu'à creuser un peu plus la fracture. Prenons le couple dont je viens de parler. Si la femme ne cesse de dire à son mari qu'il est trop passif et qu'il doit s'affirmer plus, devenir plus agressif, elle ne fait que continuer de le dominer en lui imposant ses propres priorités. Il y a donc toutes les chances qu'il se sente encore davantage diminué et qu'elle ait elle-même ce sentiment – il ne prend même pas l'initiative alors qu'il s'agit de son propre besoin de devenir plus « homme ». De la même manière, le mari qui ne cesse de demander à sa femme d'être plus sensible, émotive ou compréhensive ne fait que perpétuer l'idée que c'est elle qui, dans leur couple, est chargé de pourvoir à leurs besoins sur le plan matériel. De fait, en lui conférant le pouvoir de blesser ses sentiments, il ne fait que renforcer son rôle agressif dans la relation – et mettre en avant sa propre soumission.

L'androgynie psychologique

« Je me suis fait traiter de fille par un garçon à la gym », m'a dit un jour en pleurant mon fils de sept ans alors que je revenais du travail. Cela l'avait visiblement touché et, pour une fois, je lui fis la seule réponse possible : « D'abord, ce n'est pas vrai, mais même si ça l'était, je t'aimerais autant. » Contrairement à mes attentes, cela ne suffit pas à le consoler. En revanche, il se sentit mieux lorsque je lui suggérai de retourner voir ce garçon et de lui dire qu'il était lui-même une Barbie déguisée. Il partit à l'école le lendemain tout ragaillardi et me dit fièrement le soir qu'il avait appliqué ma tactique et que cela avait marché. J'espérais toutefois que ma première réponse, équivalente à une stratégie émotionnelle thérapeutique, avait fait mouche et qu'elle l'aiderait à accepter sa propre féminité.

Et pourtant, aimerais-je vraiment mon fils de la même façon s'il était une fille déguisée en garçon ? À question étrange, réponse étrange – tirée de *Orlando*, l'un des romans les plus inspirés de Virginia Woolf. En lisant ce qui suit, gardez à l'esprit que la transformation dont il est question n'implique aucune opération de changement de sexe (elles n'étaient pas pratiquées à l'époque) :

« Le son des trompettes s'éloigna, mourut. Orlando, dans une nudité complète, demeurait immobile. Jamais, depuis le commencement du monde, on ne vit mortel aussi ravissant. Ses formes alliaient à la force d'un homme la grâce d'une femme. Tandis qu'il restait debout, sans un geste, les trompettes d'argent prolongeaient leur dernière note, comme au regret d'abandonner le charmant tableau que leurs clameurs avaient fait naître [...].

» Profitons de cet arrêt dans notre récit pour insister sur les faits. Orlando était devenu femme – inutile de le nier. Mais pour le reste, à tous égards, il demeurait le même Orlando. Il avait, en changeant de sexe, changé sans doute d'avenir, mais non de personnalité [...]. Il semble que la métamorphose ait été indolore, complète, si bien réussie qu'Orlando elle-même n'en fut pas surprise. Partant de là, de nombreux savants, persuadés d'ailleurs qu'un changement de sexe serait contre nature, se sont donné beaucoup de mal pour prouver : 1° qu'Orlando avait toujours été une femme ou : 2° qu'Orlando n'avait pas cessé d'être un homme. Laissons biologues et psychologues décider de ce cas. Quant à nous, les faits nous suffisent : Orlando fut un homme jusqu'à l'âge de trente ans ; à ce moment il devint femme et l'est resté depuis[3]. »

De toute évidence, en célébrant l'androgynie, la narratrice met l'accent sur la continuité psychologique du personnage, que son changement de sexe n'affecte pas. À l'intérieur, nous dit-elle, Orlando est demeuré le même, ce qui nous laisse à penser que le physique androgyne qu'elle admire est en large partie une métaphore. D'ailleurs, « la force d'un homme » et « la grâce d'une femme » ne sont pas à proprement parler des caractéristiques physiques. Notons que la beauté de l'androgynie est célébrée depuis longtemps dans la culture classique comme populaire. Le David de Michel-Ange et, plus encore, la sculpture que réalisa Donatello de ce même héros mythique, sont de magnifiques témoignages des formes masculine et féminine parfaitement réunies en une seule. Mick Jagger, David Bowie, Michael Jackson et Prince – chacun dans son genre de beauté – sont des exemples d'androgynes célébrés par la culture adolescente populaire.

Il y a fort à parier que les femmes aimeraient que les hommes aient une personnalité androgyne dans le domaine des sentiments – forts et gracieux, rudes et sensibles, protecteurs et vulnérables, etc. Mais les hommes, eux, et notamment les hétérosexuels, veulent-ils être gracieux, sensibles et vulnérables ? Ce n'est pas l'impression qu'ils donnent. Pourtant, j'affirme qu'ils en ont envie. Leurs symptômes, leurs actes et la quête dans laquelle ils se lancent quand ils entreprennent une psychothérapie en témoignent.

Les hommes ne peuvent atteindre l'« androgynie

psychologique » que s'ils prennent eux-mêmes l'initiative de cette démarche. Ils ne doivent surtout pas espérer réussir sous l'influence directe d'une femme. Nous l'avons vu dans l'exemple des hommes de la tribu de Nouvelle-Guinée décrite par Stoller qui fuyaient la féminité de manière phobique, mais aussi dans la forme traditionnelle de la fracture sexuelle. En voici une nouvelle illustration, apportée par l'un de mes patients : « L'autre jour, me dit-il, ma femme a trouvé un pigeon blessé. Elle l'a ramassé pour le soigner à la maison – j'ai eu du mal à y croire, mais elle *pleurait* sur le sort du pauvre pigeon ! *Verser des larmes* sur un maudit pigeon ! Je lui ai donc demandé de m'expliquer pourquoi elle pleurait. Elle s'est énervée et elle est partie. » Fin du premier acte.

Le deuxième acte prend place plus tard le même jour. Le fils adolescent de ce couple marche par accident sur le pigeon qui boitait dans la cour. En l'apprenant, mon patient se met à hurler sur son fils en lui reprochant d'être indifférent et insensible – et bien entendu de « contrarier » sa mère. Le garçon se plaint à celle-ci – « Papa est encore dans une colère noire » – qui, alors, s'en prend à son mari en l'accusant d'être trop dur envers leur fils.

Lorsque cet homme me raconta ce drame domestique, je n'étais pas sûr de la réaction qu'il allait avoir. Mais au moment où il finissait son histoire, un pigeon vint se poser sur le rebord de la fenêtre de mon bureau et nous partîmes d'un grand éclat de rire. Tout en riant, nous savions que cette histoire de pigeon cachait quelque chose qu'il nous fallait analyser.

Dans le premier acte, le patient cherchait à s'éloigner de la menace posée par ses sentiments. Il critiqua donc sa femme tout en s'appropriant sa sensibilité – ce qui explique pourquoi il fut si ému lorsque son fils heurta négligemment le pigeon. Mais *cette fois-ci*, sa masculinité était vraiment en jeu – il s'émouvait à cause du pigeon ! Aussi, en dernier recours, plutôt que d'avoir du chagrin – ou, pire encore, de se mettre à pleurer comme sa femme –, il se mit en colère. En résumé, il réaffirma sa masculinité en s'en prenant à son fils, ce qui provoqua la réaction de sa femme qui lui reprocha son insensibilité. La chute est ironique ; c'est aussi une bonne leçon pour mon patient qui retiendra qu'il est impossible d'échapper à l'influence d'une femme en se contentant de réagir devant ses émotions. Si les larmes de votre femme vous atteignent au point que vous éprouviez le besoin de vous éloigner, où est donc votre « masculinité » puisqu'au fond de vous-même, vous êtes aussi bouleversé qu'elle ? Vous feriez aussi bien d'*agir* comme le ferait une femme – en ne reniant pas vos émotions – plutôt que de *réagir* à une femme.

Cela vaut aussi pour les femmes. Celles qui demandent, voire exigent, que leur partenaire manifeste ses émotions comme le ferait un androgyne, risquent fort d'obtenir la réaction inverse. L'homme à qui l'on demande d'exprimer davantage ses sentiments réagira peut-être dans un premier temps en disant du bout des lèvres : « Bien sûr que je t'aime, chérie », mais il ressentira *moins*, jusqu'au jour où il ne ressentira plus rien. Plus vous lui demandez de réagir comme le ferait une femme et plus il voudra affirmer sa masculinité. Dans la mythologie grecque, Hermaphrodite se bat pour échapper aux désirs de la nymphe qui s'attache à son corps. Quand les dieux finissent par entendre la jeune fille et réunissent leurs deux corps à jamais, il est loin d'être le plus heureux des hommes. (D'ailleurs, pour se venger, il forme le vœu que les autres hommes perdent aussi leur part de masculinité.)

Ainsi les hommes devraient-ils, dans la mesure du possible, choisir délibérément l'androgynie afin d'intégrer les deux aspects du conflit à la base du sentiment d'insécurité. Pour la plupart, cela implique d'accepter les désirs féminins qu'ils avaient refoulés, mais pour ceux qui penchent plus du côté féminin de leur personnalité, il s'agit de mettre au jour leurs désirs masculins contenus. Quant aux femmes, pendant que l'élu de leur cœur poursuit ce type de stratégie à long terme, elles doivent d'abord accepter que leur propre identification sexuelle influence celle de leur partenaire. Lorsqu'une femme est trop féminine, il y a de fortes probabilités que son compagnon soit – ou devienne – trop masculin. Si elle est trop masculine, il risque d'être – ou de devenir – trop féminin. Pour réussir à gérer le sentiment d'insécurité de l'homme, la femme devra donc travailler sur sa propre intégration féminin/masculin. Pour y parvenir, il faut qu'elle soit d'abord capable d'ignorer les mouvements de l'adversaire en considérant que ce sont des faits acquis. Elle commencera donc par cesser de vouloir à tout prix « féminiser » son compagnon et acceptera sa masculinité pour ce qu'elle est. Alors seulement pourra-t-elle entreprendre un travail sur elle-même pour intégrer grâce et force, sentiments et pensée, passivité et activité.

Les femmes sont, elles aussi, en proie à un conflit, lié dans leur cas à une « angoisse de féminité ». Certaines deviennent excessivement féminines pour se défendre par exemple contre une envie refoulée d'exercer un métier à responsabilité d'habitude réservé aux hommes. Elles craignent de perdre leur féminité en se laissant aller à se battre dans « un monde d'hommes ». D'autres font exactement le contraire. Les femmes, comme les hommes, s'identifient à chacun de leurs parents et sont donc confrontés aux mêmes problèmes de conflit et d'intégration de leur identité sexuelle[4]. Mais ce n'est que lorsqu'elles font le choix, souvent difficile, de l'intégration qu'elles se rendent compte à un moment donné que leur partenaire chemine sur une route parallèle. Non pas qu'elles l'aient inspiré ou aidé dans ses choix : simplement, en se concentrant sur leur propre rôle, elles ont laissé à l'autre la place de jouer le sien, permettant ainsi au couple de mieux fonctionner.

Pour réussir à partager la même stratégie émotionnelle, l'homme et la femme doivent reconnaître leurs différences sexuelles et accepter le sexe opposé pour ce qu'il est. Cette stratégie occupe le « centre androgyne » situé entre eux deux. Ils cheminent sur deux routes parallèles et non pas sur la même, parce que l'intégration psychologique des contraires doit être le résultat d'un choix librement consenti et non pas d'une réaction imposée par les choix de l'autre.

Le thérapeute, quel que soit son sexe, n'a quant à lui pas d'autre possibilité que d'opter pour la stratégie émotionnelle de l'androgynie. Il doit lui-même être sur le chemin de l'intégration, comme je m'en suis rendu compte il y a quelques années en écoutant l'un de mes patients me raconter un rêve particulièrement douloureux.

Ce jeune homme avait grandi dans une famille où chacun des parents était un archétype même de son sexe. Sa mère était une très belle femme, une maîtresse de maison exemplaire qui l'« aimait à mourir » et l'étouffait sous les démonstrations de tendresse physique et un flot d'émotions infantilisantes. Son père était un officier de marine qui, lorsqu'il n'était pas parti à l'autre bout de la planète, faisait régner une discipline militaire, exigeant obéissance, précision et logique.

Au tout début de sa thérapie, mon patient rêva qu'après avoir été retenu par la circulation et des problèmes d'ascenseur, il avait réussi à arriver juste à temps pour notre séance. Mais il se rendait compte, au moment où je l'invitais à pénétrer dans mon cabinet, que j'étais en fait une femme. Horrifié, il s'asseyait par terre et se mettait à pleurer, envahi par un sentiment de trahison et de désespoir. De toute évidence, le fait que je me sois transformé en femme le désespérait parce qu'il ne voulait pas que je le couvre d'attentions et d'émotions comme le faisait sa mère. Il fallait que je sois calme et objectif. Mais en interprétant le rêve par l'autre bout, on voit qu'il craignait aussi que, comme son père, je ne le trahisse par mon absence et ma froideur en le laissant en proie aux attentions féminines de sa mère. Il ne voulait donc pas non plus que j'agisse « en militaire ». Il cherchait et méritait d'avoir en face de lui une personne pleine et entière, en trois dimensions, qui aurait, comme un androgyne, intégré les caractéristiques de chacun des sexes.

Cet objectif est évidemment aussi difficile à atteindre pour les patients que pour les psychologues. Pour mes patients, je resterai toujours un homme, mais je peux travailler pour intégrer autant que possible ma part masculine et ma part féminine. Toute la difficulté – émotionnelle et technique – du métier de thérapeute tient à ce que vous êtes vous-même le seul outil sur lequel vous puissiez travailler. Je citerais l'exemple de l'un de mes patients qui, quelques mois après avoir commencé une thérapie avec moi, alla voir la thérapeute de son fils au sujet d'un problème à l'école. « Je me suis retrouvé à lui parler de moi comme je vous parle à vous, me dit-il. Sauf que je me suis vraiment ouvert à elle et que j'ai été envahi par mes émotions, ce qui ne m'arrive pas avec vous, semble-t-il. Je me demande bien pourquoi. Peut-être est-ce parce que vous êtes un homme ou peut-être est-ce une question de personnes. Je ne sais pas. Mais je me suis dit que je devrais peut-être plutôt la voir elle – enfin un jour, parce que je ne suis pas prêt à changer maintenant. En tout cas, j'y ai pensé. » Je lui demandai pourquoi il se sentait plus ouvert avec l'autre psychologue. Il n'hésita qu'un instant avant de me répondre : « Peut-être ai-je eu l'impression que vous me critiquiez ou que vous me jugiez. »

Cette remarque fit mouche. Je ne pensais pas avoir jugé cet homme, mais je savais que je ne m'étais pas montré aussi sensible et compatissant que j'aurais pu l'être. Et je me rendis compte immédiatement que, sans mauvaises intentions et de manière inconsciente, j'avais été assez critique en analysant son comportement. Le mal était fait et je ne pouvais l'effacer. Mais j'en fus touché : d'abord, parce que c'était vraiment une faute de débutant – à quoi bon voir un thérapeute s'il est insensible et vous critique ? Ensuite, parce que j'avais peiné la personne que j'étais sensé aider à guérir et que j'aimais bien. Enfin, parce que je détestais autant que lui la critique.

Ces moments qui, sous une forme ou une autre, sont voués à se répéter au cours de la relation thérapeutique, sont riches de tensions émotionnelles et intellectuelles pour le thérapeute. Certes, personne ne souhaite être blessé ainsi. Pourtant, ce n'est qu'en éprouvant soi-même de la peine que l'on pourra faire preuve d'empathie avec son patient – ce qu'il me fallait faire dans ce cas précis. Et si certains peuvent faire semblant, cela m'est, quant à moi, impossible.

De plus, les émotions que vous manifestez envers votre patient – pour peu que vous vous connaissiez suffisamment bien – peuvent être très instructives. Il me fallait par exemple comprendre pourquoi j'avais été critique envers cet homme alors que j'étais là pour écouter sa peine. Je me rendis compte que j'avais eu dès la première séance, le sentiment qu'il me jugeait, et j'avais inconsciemment essayé de me protéger en lui renvoyant la balle. C'était donc sa propre psychologie qui était à la source de la forme qu'avait pris notre relation.

Cette analyse donna une orientation nouvelle à la thérapie pendant les six mois qui suivirent et nous mîmes à jour une histoire familiale régie par la performance et l'angoisse de l'évaluation. Quant à moi, non seulement je surmontai ma blessure, mais je la mis à profit. Ce type de travail, où il est fait beaucoup appel aux émotions, peut être l'un des plus grands bonheurs du métier. Le thérapeute qui est témoin ou facilite les avancées de son patient en apprend autant sur lui-même que sur la personne qu'il a en face. Et ils grandissent ensemble.

Au cœur de toute stratégie émotionnelle, repose l'idée que la vie est un chantier en cours. Le voyage thérapeutique ne peut vraiment prendre naissance qu'à partir du moment où les patients ont accepté cette idée – ce qui est particulièrement difficile pour un homme. Les conseils tactiques deviennent dès lors inutiles : d'ailleurs, ils ne sont souvent pas mis en œuvre ou échouent quand ils le sont. Ces patients sont désormais capables de mettre au point leurs propres tactiques, en harmonie avec ce qu'ils sont et avec ce qu'ils savent vouloir vraiment. L'exemple qui suit est celui d'une patiente ayant réussi à gérer la fracture sexuelle.

Cette femme passait son temps à tomber sur des types gentils, mais plutôt ratés (en général sans argent et sans véritable métier). Elle décida de tout changer. Elle mit de l'argent de côté et démissionna de la société où elle travaillait comme cadre sans avoir aucun autre poste en vue. Elle disait vouloir échapper à l'univers « rigide, hiérarchisé et masculin » de cette grande entreprise pour aller à la rencontre de sa féminité. Mais à un niveau plus profond, elle cherchait à se débarrasser de l'image de son père, un homme distant et agressif, doté d'un sens du devoir excessif, avec lequel elle s'identifiait, pour se rapprocher de celle de sa mère, morte alors qu'elle était adolescente et qui, dans son souvenir, avait été une personne sensible, réagissant au gré de ses émotions.

À sa place (si j'avais été une femme), je n'aurais jamais quitté un boulot sans avoir au moins quelque chose en vue. Pourtant, au bout de quelques mois, elle se mit à regarder d'un autre œil les « types gentils » avec lesquels elle sortait. Elle finit par se marier avec un sympathique garçon qui n'était pas pour autant un raté. Elle réussit à trouver un poste de consultante à mi-temps qui, de son point de vue, correspondait mieux à sa nouvelle identité sexuelle plus intégrée [5].

Mes enfants, comme tous les enfants, agissent et parlent avec une simplicité et un naturel que n'ont pas encore bloqué les défenses psychologiques des adultes. À l'âge de sept et quatre ans, mon fils et ma fille commencèrent à nous laisser dormir le matin et à jouer ensemble lorsqu'ils se réveillaient. Comme ma fille était une fan de poupées Barbie et mon fils aimait les jeux de guerre, il leur fallait donc franchir la fracture des genres. Ils trouvèrent une sorte de compromis où les poupées en tenue de bal partaient à bord de jeeps et de tanks pour libérer la France occupée.

J'aimerais y voir plus qu'un compromis et penser que, réellement, ma fille aimait jouer à la guerre et les poupées plaisaient à mon fils. Mais je dois bien avouer que, par défense, la deuxième partie de la proposition me gêne plus que la première.

CHAPITRE IV

La préoccupation de soi (« Regardez-moi, écoutez-moi, touchez-moi, considérez-moi »)

Pour Milan Kundera, « toute la vie de l'homme parmi ses semblables n'est rien d'autre qu'un combat pour s'emparer de l'oreille d'autrui [6] ». Vouloir être entendu n'est certainement par plus spécifique aux hommes qu'aux femmes. Cependant, l'idée que nous passons notre vie à nous battre pour trouver un public m'évoque cette propension des hommes à envahir verbalement les autres avec leurs propres priorités. En ce sens, dire que les hommes ne parlent pas, ce n'est pas seulement déformer la réalité, c'est aussi se tromper. Si certains hommes se cachent derrière un mur de silence, d'autres sont au contraire ravis de se mettre en avant au travers de remarques faites à tout propos. Ceux-là sont à l'image de ces présentateurs et participants d'émissions de télévision à dominante masculine, où chacun semble s'affronter dans un combat verbal visant à imposer à son adversaire une version intellectualisée et suffisante de son propre ego mâle.

Le problème avec les hommes, ce n'est donc pas qu'ils ne parlent pas, c'est qu'ils n'écoutent pas. Ils monologuent, mais ne dialoguent pas. Et s'il est vrai qu'ils taisent leurs émotions en public, il est vrai également que, sans s'en rendre compte, ils les expriment quand même. Mais ils le font de manière tellement insupportable que, quels que soient la pertinence de leurs idées ou leur désir d'être entendus, il faut bien avouer qu'il n'est pas possible de les écouter plus de quelques minutes.

S'imposer et s'exposer

En famille, c'est souvent au moment du dîner que l'homme se produit. Il parle des informations du jour ou de politique. Il commente ce qu'il mange et l'apparence de sa femme. Il évoque ses succès professionnels. Il interroge ses enfants sur leurs résultats à l'école et leur fait la leçon. Il questionne leur mère sur leur comportement à la maison. Parfois même, il raconte des blagues. L'homme est à la fois le scénariste, le metteur en scène et l'acteur principal de cette saynète, et chacun des membres de la famille – à l'exception parfois d'un enfant rebelle ou de l'épouse méfiante –, anxieux, fait semblant de prêter attention à ce qui se dit et s'efforce de jouer un minimum le rôle que l'on attend de lui.

Évidemment, je force ici le trait jusqu'à la caricature. Mais tout n'est pas faux – loin de là – dans ma description. En témoigne l'histoire suivante, que me raconta l'un de mes patients. Son beau-fils, alors au collège, fut un jour accusé par l'un des ses camarades de classe d'avoir « une envie de pénis ». Ne voyant pas exactement de quoi il s'agissait, le garçon fit une recherche sur Internet et découvrit avec horreur que « l'envie de pénis » était propre aux filles. Blessé et furieux, il retourna dans la cour de récréation pour affronter son persécuteur : « Alors comme ça, j'ai une envie de pénis ? Et ça c'est quoi alors ? » hurla-t-il en baissant son pantalon et en exhibant son sexe.

Cet échange eut une conséquence malheureuse,

puisqu'il généra chez ce jeune garçon un comportement exhibitionniste – d'ailleurs beaucoup plus traumatisant pour lui que pour les gamins qui l'entouraient. Cette façon proprement masculine de se mettre en avant fait penser à ce que Shakespeare disait des hommes qui, leur heure venue, se pavanent et s'agitent sur scène avant de disparaître à jamais. En d'autres termes, l'exhibitionnisme de cet enfant montre comment, chez les hommes, le narcissisme naît du conflit lié au sentiment d'insécurité qu'ils éprouvent. Savoir que l'on est un homme ne suffit pas à se rassurer, encore faut-il en faire la démonstration en public à ceux que cela intéresse (et plus encore à ceux que cela n'intéresse pas).

Lors d'une célèbre étude de terrain menée dans les années 1940 par l'Université de Californie, des chercheurs ont invité un groupe important de jeunes enfants, âgés de dix à douze ans, à jouer avec des jouets choisis au hasard. En analysant les résultats, le psychanalyste Erik Erikson remarqua que les filles avaient tendance à jouer avec les espaces intérieurs comme ceux d'une maison, alors que les garçons préféraient édifier des structures, des bâtiments et des tours. Erikson conclut, comme on pouvait s'en douter, que l'utilisation différenciée de l'espace entre les deux sexes était à mettre en parallèle avec la structure de leurs organes sexuels. Pour autant que ces remarques soient toujours valables aujourd'hui, on remarquera que les Donald Trump et autres play-boys multimilliardaires qui nous entourent sont encore majoritairement des hommes. On comprendra alors sans difficulté que cette préoccupation phallique soit devenue, pour beaucoup d'hommes, un mode de défense dont ils ne peuvent se passer. Puisqu'ils associent vulnérabilité émotionnelle et féminité, il est logique que les mécanismes compensatoires auxquels ils ont recours afin de se rassurer sur eux-mêmes impliquent l'étalage public de preuves incontestables de leur virilité.

Ce type de mécanisme compensatoire – qui fait penser aux campagnes publicitaires qui tentent de lutter contre la perception d'un problème en montrant son contraire – est au cœur du narcissisme des hommes et des femmes. Il est faux de croire, comme on le fait souvent, qu'il s'agit d'un excès d'amour de soi ; en vérité, le narcissisme s'approche plus de la haine de soi. Par son égocentrisme, le narcissique donne l'impression de s'aimer trop – « Regardez-moi, je suis vraiment formidable », semblent proclamer tous ses gestes –, alors qu'il s'agit d'une défense plutôt fragile édifiée pour se protéger de sentiments moins conscients de dégoût de soi. N'oublions pas que Narcisse était amoureux de son reflet dans l'étang, pas de ce qu'il était en réalité.

Le psychanalyste Heinz Kohut a en outre démontré que celui qui nous dit qu'il ne s'aime pas et qu'il n'y a rien de bon en lui peut aussi être une personnalité narcissique. Si la première impression est d'avoir affaire à une personnalité antinarcissique, on se rend compte, pour peu que l'on aille voir derrière l'apparente dévalorisation de soi, que la personne est insatisfaite d'elle-même parce qu'elle est moins *extraordinaire* qu'elle devrait l'être. L'un de mes amis, un homme qui a parfaitement réussi sa carrière, me demanda un jour : « Qu'est-ce qui ne va pas chez moi pour que je ne sois pas encore président ou procureur général ? » Je vois la même logique à l'œuvre chez mes patientes qui, bien que très séduisantes, critiquent leur physique comme pour dire : « Qu'est-ce qui ne va pas chez moi pour expliquer que je ne sois pas top model ? »

Le narcissisme est d'abord une tentative de régulation de l'estime de soi et, en ce sens, c'est une tendance que nous avons tous. Mais il est aussi lié à la *représentation*, tant consciente qu'inconsciente. L'acteur peut se produire sur une scène dans le but conscient de plaire à son public et de se faire applaudir pour avoir une bonne image de lui. Mais il peut également oublier le public, s'immerger dans le personnage qu'il joue et s'identifier à lui au point de ne plus savoir qui il est.

Même les acteurs qui n'ont plus conscience de jouer peuvent tout à fait se détester parce qu'ils sont trop dépensiers, parce qu'ils ont des problèmes sexuels ou parce qu'ils ne sont pas capables de s'opposer au metteur en scène. S'ils n'acceptent pas leurs limites, leur jeu et l'admiration que celui-ci suscite chez les autres ne seront qu'un soulagement temporaire.

Puisque le monde entier est une scène, la représentation ne se limite pas au théâtre, du moins pour ce qui est du narcissisme. Elle n'est pas non plus spécifique à la maladie mentale ou à la santé, aux femmes ou aux hommes. Cependant, les narcissismes féminin et masculin ne se donnent pas à voir au monde de la même façon, ne serait-ce que parce que les femmes, comme nous l'avons vu, ont tendance à se détester à cause de leur physique ou de l'échec de leurs relations sociales, alors que les hommes se sentent particulièrement dévalorisés lorsqu'ils échouent au travail ou au lit. En d'autres termes, l'égocentrisme chez les hommes est d'abord phallique.

La nervosité

Maintenant que nous avons compris le fonctionnement du narcissisme, intéressons-nous à des formes plus subtiles de sa manifestation chez les hommes. L'homme narcissique ne réalise généralement pas qu'il l'est. Narcisse, qui est l'archétype de cette personnalité, n'avait pas conscience que le jeune homme si charmant qui le regardait dans l'eau n'était qu'un reflet. De même, parce qu'ils ne se rendent pas compte de leur propre travestissement psychologique, les hommes pensent souvent que la perception qu'ils ont des autres correspond à la réalité objective et non à leur propre psychologie projetée sur les autres.

Je me rappellerai toujours l'un de mes professeurs. Brillant et autoritaire, cet homme aimait, tel un paon, déployer toute sa parure intellectuelle pour que nous l'admirions. Il ne manquait en revanche jamais de remettre en question les observations et les contributions de ses élèves en cours. Du coup, il intimidait tous ses étudiants qui se trouvaient pour la plupart, à commencer par moi, réduits à bredouiller des inepties. Mon seul mode de défense, à l'époque, fut de me dire que, malgré son intelligence, cet homme avait une vision tordue de la réalité. Il enseignait dans l'une des meilleures écoles du pays : on pouvait penser qu'il y avait là au moins quelques bons élèves, mais il faisait comme si tous ceux qui l'entouraient étaient idiots. J'avais le sentiment qu'il ne se rendait pas compte qu'il avait lui-même créé cet océan de stupidité pour se rassurer sur ses propres capacités intellectuelles.

Autre exemple, celui d'un patient dont l'aveuglement narcissique ne se manifesta qu'après deux ans de thérapie. Il s'était marié dès l'obtention de son diplôme d'avocat à une femme qu'il considérait comme son idéal. Elle était belle, bosseuse, équilibrée et entièrement dévouée. Et elle créa pour eux l'image de la famille parfaite. Il aima au début l'ambiance très cosy qu'elle avait donné à la maison. Mais il finit par avoir l'impression qu'il n'y avait plus de place pour lui, qu'aucun désordre n'était possible. Sexuellement aussi, il se sentait oppressé et s'ennuyait – tout était trop parfait.

Après trois ans de mariage, il se lança donc dans une liaison très excitante. Comme il était d'un naturel droit, il en éprouva une telle culpabilité qu'il avoua sans tarder à sa femme, avec l'idée de rompre avec sa maîtresse. Mais sa femme lui demanda immédiatement de partir. Il emménagea donc avec sa maîtresse qui lui semblait tout à fait différente de sa femme ; et en effet, à première vue, leur relation n'avait pas grand-chose à voir. Elle était peintre et ne vivait que pour l'art et le romantisme. Son appartement était meublé de bric et de broc, avec au plafond et sur les murs de grands nus aux poses suggestives. Elle était d'humeur capricieuse, exigeante et possessive, et fit découvrir à son amant des plaisirs sexuels qu'il n'avait même pas osé imaginer.

Ce dernier finit pourtant par ne plus pouvoir supporter les sautes d'humeur de sa maîtresse et rompit avec elle. Il avait entre-temps divorcé et, en analysant les deux relations qu'il avait eues, nous conclûmes que les deux femmes se ressemblaient sur un point important. Son épouse avait une image du mariage organisée autour de l'idéal du foyer parfait – une idée esthétique, très éloignée de la réalité, qui est complexe et imparfaite. Quant à sa maîtresse, elle avait également une image esthétique de la relation amoureuse, fondée sur la sensualité et la passion, et sur la conviction de la suprématie de l'art. Les deux femmes vivaient donc dans le monde des idées et des images, et non dans celui de la réalité, et aucune ne voyait mon patient tel qu'il était. Elles se refusaient de prendre en compte ses besoins émotionnels, surtout lorsqu'ils ne correspondaient pas, voire s'opposaient à leur vision idéalisée du monde. Pour résumer, elles étaient toutes deux assez narcissiques, incapables d'empathie envers leur mari et amant.

Nous nous demandâmes pourquoi il avait occulté ce fait au début de chacune de ses relations – mais ne trouvâmes pas de réponse. Le patient décida alors d'attendre quelque temps avant de se lancer dans une nouvelle relation. Mais comme il se sentait malheureux, il acheta une belle voiture de sport pour se distraire. Et il prit un tel plaisir à se balader en ville au volant de sa voiture qu'il en acheta une autre. Puis une autre. En peu de temps, il oublia complètement ses problèmes avec les femmes et se retrouva propriétaire de six voitures de sport qui étaient devenues sa fierté, voire son obsession. Il adorait m'en montrer les photos, comme il l'aurait fait de ses enfants, ou, plus exactement, de ses petites amies.

Dès que nous eûmes pris conscience qu'ils remplaçait par des voitures les femmes qu'il avait aimées et quittées, nous comprîmes pourquoi il n'avait pas vu leur narcissisme dès le début. Bien qu'il ait pensé aimer ces femmes, l'intérêt qu'il leur portait était semblable à celui qu'il portait aux voitures. Son épouse représentait l'image idéale du foyer et sa maîtresse celle du sexe. Les voitures étaient en quelque sorte une synthèse des deux. L'image revêtait donc autant d'importance pour lui que pour elles et il refusait, lui aussi, de prendre en compte la nature imparfaite de la réalité – dans le but de réguler son estime de soi et de se sentir mieux. Son propre narcissisme l'avait en somme empêché de voir le narcissisme des femmes avec qui il avait vécu.

Cela aurait dû me sauter aux yeux dès le départ, mais cet homme était d'un naturel si charmant que je ne m'en aperçus que tardivement. D'une manière générale, la préoccupation de soi est difficile à percevoir, y compris chez les hommes dépourvus de charme. Je repense à un autre patient, associé dans un cabinet comptable. Sous une apparence assez sèche se cachaient de puissantes émotions qui le déchiraient. Marié depuis plus de vingt ans, il avait trois filles adolescentes et était « tombé amoureux » d'une jeune femme qui travaillait dans le même cabinet que lui.

Plutôt que « tombé amoureux », je devrais d'ailleurs dire « obsédé » : il ne pouvait me parler de rien d'autre. « Pourtant, il ne s'est rien passé entre nous. Nous nous regardons avec une immense tendresse, et je sens immédiatement lorsqu'elle entre dans une pièce. Je passe mon temps à penser à elle et à fantasmer. Je ne peux pas m'en empêcher. Ma femme me demande ce qui ne va pas, et bien entendu je ne lui réponds pas. Au bureau, je reste assis à rêvasser pendant des heures devant mon ordinateur. Je crois que les gens commencent à se rendre compte que je ne fonctionne plus normalement. Mais je revis quand je la sens proche, comme si j'avais été mort depuis des années. Et puis, elle est si belle. »

Je ne pus rien faire pour cet homme au début, car il ne s'intéressait qu'à son obsession, me racontant à la fois qu'il tenait à elle et qu'il devait s'en débarrasser dans les plus brefs délais. Comme je voulais comprendre ce qu'il ressentait, je ne fis d'abord rien pour l'en détourner. Au bout de quelques séances pourtant, je me rendis compte que j'étais devenu à mon tour otage de son obsession. Si je ne savais rien du reste de sa vie – qui il était et à quelles ressources psychologiques il pouvait faire appel –, comment pouvais-je l'aider à lutter contre son « amour » ?

Je l'orientai peu à peu vers d'autres directions. Il me dit avoir été stressé récemment. Rien de grave mais, à la maison, son fils aîné venait d'avoir le résultat des demandes qu'il avait faites pour être admis dans différentes universités. Il devrait se contenter de l'établissement qu'il avait indiqué en dernier sur sa liste, une université correcte mais quelconque. Son fils cadet, quant à lui, ne recueillait que des notes médiocres et parlait de ne pas aller du tout à l'université. Au bureau, son département avait été placé sous la surveillance de consultants en management pour essayer d'améliorer la productivité. Même si rien ne portait à croire qu'il y eût des problèmes dans son secteur, et même si son poste ne risquait rien, il craignait que l'on ne mît le doigt sur certains points négatifs.

Il semblait s'agir d'un stress mineur et, en tout état de cause, il n'y avait rien qui fût de nature à déclencher son obsession. Pourtant, j'émis l'hypothèse que c'était en réalité plus sérieux qu'il n'y paraissait parce que son estime de soi était en cause. D'un point de vue professionnel, on pouvait en toute logique penser que si les résultats de son département étaient jugés insuffisants, il le prendrait pour lui. J'étendis alors le raisonnement au plan personnel, développant l'idée qu'il s'attribuait aussi les « échecs » scolaires de ses enfants. Peut-être avait-il l'impression de ne pas être à la hauteur, d'être un raté. Mais de là à s'embarquer dans une obsession menaçant son mariage et son travail... Cela semblait peu probable. Jusqu'à ce qu'il m'en dise plus sur la femme qui l'obsédait et sur lui-même.

Leur « relation » était née quand elle lui avait été assignée comme stagiaire. Il était son mentor et ce qu'il lui enseignait était plutôt compliqué. Il l'encouragea un jour à faire une présentation aux autres associés. Elle ne s'en sentait pas prête, mais elle se jeta à l'eau et tout se passa très bien. Elle commença alors à le considérer avec respect et admiration. « Elle pensait que je lui avais conféré mes pouvoirs, me dit-il. Elle se sentait fière et me donnait l'impression d'être exceptionnel. » Cela me confirma dans l'idée que l'obsession de cet homme était un moyen de « se sentir bien » qui faisait écho à une estime de soi en pleine régression. Néanmoins, je ne compris pourquoi cet homme se sentait menacé par des événements relativement secondaires qu'à partir du moment où il me parla de son histoire familiale.

Ses parents étaient tous les deux immigrés. De manière assez classique, ils étaient sévères, travaillaient durs et attendaient beaucoup de leurs enfants, notamment en termes de réussite scolaire. Mon patient avait onze ans quand son frère, de cinq ans son aîné, mit au point un logiciel qui allait jouer un rôle capital dans le développement de la télévision câblée. Toute la vie de la famille en avait été bouleversée. Les parents se mirent d'abord en quête d'un investisseur, exposant le frère et la famille à l'attention des médias. Ils ne pensèrent dès lors plus qu'aux études du frère aîné. Enfin, alors que ce dernier était encore étudiant à l'université, les parents décidèrent d'ouvrir une affaire à l'autre bout du pays. Ils réalisèrent leur fond de pension, déménagèrent et investirent tous leurs biens dans l'affaire. Et comme si cela n'avait pas suffi à donner à mon patient l'impression de ne pas être pris en compte et à le rendre jaloux, son frère, pendant qu'il était à l'université, rencontra une star de cinéma, idole des adolescents, qu'il épousa par la suite.

Cette histoire expliquait beaucoup de choses : d'abord pourquoi mon patient avait une si mauvaise estime de lui et pourquoi les résultats scolaires et professionnels revêtaient une telle importance à ses yeux – il se sentait dans les deux cas méprisé par ses parents en comparaison de son frère ; ensuite, pourquoi l'incapacité de son fils à intégrer une grande université le minait – cet « échec » lui rappelait une période douloureuse de sa vie où ses parents avaient cessé de fonctionner en tant que parents pour s'attacher au génie de son frère ; et enfin, pourquoi le meilleur remède à sa faible estime de soi était de désirer une jolie fille – il s'agissait d'une tentative inconsciente de faire concurrence ou de ressembler à son frère adoré.

Cette histoire montre aussi comment le narcissisme s'auto-entretient. Les parents, sentant que leur enfant représente leur meilleure chance pour remédier à leur faible respect de soi, exigent et attendent de lui des performances exceptionnelles. L'enfant, qui se sent rejeté pour ce qu'il est vraiment, réprime ce sentiment et tente de se montrer à la hauteur des attentes parentales. Mais le faible respect de soi persiste de manière inconsciente, de sorte que, parvenu à l'âge adulte, il s'efforce d'y remédier en commençant un nouveau cycle narcissique avec ses propres enfants. Ce cycle illustre un autre des traits fondamentaux du narcissisme : la nature indirecte des plaisirs et des peines qui l'accompagnent. Dans ce cas précis, les parents de cet homme vivaient au travers de leurs enfants. Et lui, en bon fils, vivait au travers de ses propres enfants, de son travail et même de la jeune femme qui l'obsédait. C'était parce qu'*elle* était belle et jeune qu'*il* se sentait vivre. C'était parce qu'*elle* l'admirait qu'*il* avait une bonne opinion de lui-même, à tel point d'ailleurs qu'il ne voulait pas la perdre – physiquement, mais surtout en pensée. D'où l'obsession.

Il y a de toute évidence un aspect culturel au narcissisme qui avait ici sans doute à voir avec le rêve que poursuivent obstinément les immigrants. Je pense que bien des enfants d'immigrants se sentent concernés par l'histoire de cet homme ou par celle de son frère ; ou par les deux puisqu'elles sont les deux revers d'une même médaille. Mais les aspirations des immigrants ne font que mettre en lumière les valeurs de la société dans laquelle ils tentent de s'intégrer. La poursuite du rêve peut, à n'en pas douter, être vécue par chacun comme une quête narcissique – une volonté de s'approprier les signes extérieurs de richesse afin de se rassurer sur sa propre valeur.

On a beaucoup parlé des effets négatifs du narcissisme de notre société sur les femmes – par exemple la référence persistante qui est faite aux mannequins pour définir les critères de beauté, alors que l'on sait très bien qu'il s'agit de femmes-objets victimes de troubles alimentaires. On s'est beaucoup moins intéressé à ses effets sur les hommes, qui subissent également de fortes pressions culturelles, mais davantage en rapport avec la réussite qu'avec le physique. Bien que la pression prenne une forme différente en fonction des sous-groupes culturels ou des régions où elle s'exerce, le message est toujours le même et il est le plus souvent transmis par le père. Ici, on adoptera le langage froid des banquiers d'affaires (le père disant à son fils : « Tu as intérêt à rapporter les meilleures notes si tu veux réussir dans la vie », ce que le fils interprétera comme *si tu veux que je te respecte, espèce de bon à rien*) ; ailleurs, le message sera plus chaleureux et plus indirect (« Tu es tellement génial, tu obtiendras facilement les meilleures notes » – que l'enfant comprend comme *et si je n'y arrive pas, je suis vraiment nul*).

Depuis une vingtaine d'années, dans les séminaires de formation au management ou dans les livres où l'on vous apprend à élever votre enfant, c'est la dernière approche qui est proposée. L'expérience montre que la technique du « feed-back positif », qui consiste à flatter les enfants et, dans une certaine mesure, les adultes pour les encourager, peut être aussi préjudiciable que son contraire, si ce n'est plus. L'enfant se sent tout aussi observé et évalué, il a l'impression que ses résultats sont importants *pour ses parents* (en opposition à « pour lui »), et que sa valeur dépend de la qualité de ses résultats.

Alors que la première approche est directe, ce qui fait que l'enfant sait au moins ce qu'on attend de lui, la seconde approche est manipulatrice : l'enfant entend des mots d'amour, mais sent qu'ils sont soumis à conditions. Il n'a même pas la possibilité de se mettre en colère ou d'avoir peur – il se sent simplement contraint de fournir des résultats. À titre de comparaison, interrogeons-nous sur certaines émissions de télévision grand public : le présentateur se soucie-t-il de ce que ressentent vraiment ceux à qui il demande avec douceur, sur un ton compréhensif, d'étaler ce qu'ils ont sur le cœur devant les millions de téléspectateurs, ou n'a-t-il en tête que le talent télévisuel de son invité, qui lui permettra de toucher le public et fera exploser les indices d'audience ? Les deux sans doute, mais qu'est-ce qui prime [7] ?

Aujourd'hui, beaucoup de choses ont changé et la pression que les pères exerçaient autrefois sur leurs fils pour qu'ils réussissent se retrouve souvent dans les relations père/fille ou mère/fille. Néanmoins, la relation du type de celle qui unit Abraham à Isaac – où le père est prêt à sacrifier son fils sur l'autel de ses idées, attentes ou expériences – reste un mode de fonctionnement typiquement masculin. Les hommes ont une vision intellectualisée et idéalisée de ce que peut apporter, à eux ou à leurs enfants, le pouvoir et la réussite. Mais, que l'on s'en réjouisse ou non, les filles sont moins souvent les victimes (et donc, le cas échéant, les bénéficiaires) des grands projets qui obsèdent leur père. Le prophète Jérémie rend compte de cette dynamique père/fils : « Les pères ont mangé des raisins qui n'étaient pas mûrs et leurs enfants en ont eu les dents agacées[8]. »

En psychologie comme dans la vie, le narcissisme a mauvaise presse. Pourtant, de nombreux analystes réputés ont souligné ses effets positifs, comme par exemple dans des postes à haute responsabilité où il faut se mettre en avant. Le psychanalyste Heinz Kohut a ainsi élaboré toute une théorie selon laquelle le narcissisme se développe en chacun de nous depuis le plus jeune âge – il n'est pathologique que lorsque la préoccupation de soi est poussée à l'extrême. Une dose saine d'amour de soi – quand bien même ce serait pour se défendre d'un sentiment inconscient de haine de soi – est à mon avis une bonne chose, car cela incite chacun à prendre soin de soi et à améliorer ses performances.

Cependant, il est essentiel de savoir distinguer un narcissisme sain d'un narcissisme excessif. Il est difficile de donner une définition précise, mais je pense que nous savons quand nous – et surtout les autres – franchissons la limite qui les sépare. D'une manière générale, si les attentes que nous avons à l'égard de nous-mêmes ou des autres, et notamment de nos enfants, se situent un peu au-delà de notre ou de leur potentiel, le narcissisme permet à chacun de donner le meilleur de lui-même. Mais si nos attentes sont excessives, il y a de grands risques pour que nous infligions des blessures inutiles aux autres comme à nous-mêmes. Pour autant, ce n'est pas forcément une bonne chose que de placer la barre trop bas.

La préoccupation de soi masculine semble constituer un avantage au bureau, mais un problème à la maison ou dans les relations intimes. Ce raisonnement s'appuie sur l'idée qu'au travail, il vaut toujours mieux présenter un visage positif : en donnant l'impression d'avoir confiance en soi, on donne confiance aux autres. Il est d'ailleurs indéniable que ceux qui ont réussi professionnellement sont souvent des personnalités exubérantes, ouvertes, assurées et préoccupées d'elles-mêmes. Dans le domaine des relations interpersonnelles en revanche, il ne suffit pas d'éprouver des sentiments pour les autres : encore faut-il accepter de baisser sa garde et de montrer que l'on doute de soi ou que l'on a peur d'être rejeté. L'homme narcissique ne sera peut-être pas prêt à s'ouvrir de la sorte, trop occupé à faire comme si tout allait bien afin de ne pas laisser ce genre de sentiments investir sa conscience. Et il aura aussi peut-être trop intérêt à ce que ceux qui comptent pour lui conservent leur bonne image – puisqu'elle rejaillit sur lui – pour les autoriser à dévoiler au grand jour leurs propres insuffisances.

Si cette idée n'est pas fausse, il est cependant impossible de couper le psychisme d'un homme en deux pour séparer la machine à travailler de l'amant. Un homme emportera au travail l'agacement qu'il éprouve face à sa femme ou sa petite amie – et vice versa. La préoccupation de soi masculine peut donc aussi devenir un problème au bureau, davantage d'ailleurs pour les collaborateurs que pour l'homme qui en souffre. Il peut même arriver qu'une entreprise oblige l'un de ses employés dont le narcissisme pose problème à consulter un spécialiste.

J'ai eu un patient de ce type. Âgé d'environ trente-cinq ans et travaillant dans l'industrie pharmaceutique, Marc m'avait été envoyé par son directeur des ressources humaines parce que trois de ses subordonnées s'étaient plaintes, de manière indépendante, de ce qu'il les avait agressées verbalement. Quand je lui demandai de me décrire les incidents en question, je me rendis compte qu'ils impliquaient à chaque fois des femmes. Il avait jugé qu'elles « ne l'écoutaient pas », « ne comprenaient rien » ou « ne savaient pas ce qu'on attendait d'elles ». En me racontant cela, il reconnut avoir eu un comportement abusif et disproportionné, mais insista sur le fait qu'il avait été « poussé à bout par l'invraisemblable incompétence de ces femmes ». Et il nia que son attitude ait pu être liée au sexe de ses employées. Il avoua néanmoins par la suite qu'il avait eu peur de se voir accusé de harcèlement.

Au cours de la première séance, je remarquai qu'il me fixait avec une grande intensité. C'était comme s'il avait voulu contrôler les mouvements de mes yeux en maintenant un contact visuel permanent. Je me sentis nerveux et mal à l'aise, de sorte que je finis par lui en parler : « Vous savez, lui dis-je, j'aurais du mal à vraiment mettre le doigt dessus, mais vous avez l'air tendu ou nerveux lorsque vous me regardez. Vous voyez ce que je veux dire ? » Pendant une fraction de seconde, il eut l'air interloqué par ma question, comme pris au dépourvu. Je le vis alors se transformer de façon incroyable : il s'enfonça dans le divan, relâchant non seulement son regard mais tout son corps. Puis, retrouvant sa posture habituelle, il répondit : « Je suis toujours comme cela – enfin, presque. Et je vois parfaitement de quoi vous voulez parler. »

Il fit une pause avant de me regarder encore plus fixement qu'avant :

– Je crois que c'est à cause de mon oreille.

– Votre oreille ?, lui demandai-je avec une irrésistible envie de détourner mon regard de ses yeux vers son oreille.

– Mon oreille droite.

Il tourna la tête vers moi pendant une ou deux

secondes pour me la montrer. Son mouvement avait été trop rapide pour que je puisse vraiment voir de quoi il s'agissait, et cela ne fit qu'intensifier ma curiosité alors que, de son côté, il s'efforçait de contrôler mon regard, comme un faucon. Je réussis pourtant à distinguer que son oreille était affligée d'une malformation : elle était pointue et tordue.

– Voyez-vous, je suis né avec une oreille difforme, une sorte de problème génétique rare. Ma mère a passé mon enfance à me traîner chez les médecins. Entre six et douze ans, j'ai subi un nombre incalculable d'opérations esthétiques qui n'ont fait qu'empirer les choses. J'avais la tête et l'oreille entourées de bandages et de pansements pendant des semaines et j'avais toujours l'impression que les gens me dévisageaient. J'imagine que j'ai dû mettre au point un regard destiné à empêcher les gens de me regarder – enfin, mon oreille. C'est ma façon de me cacher. Mais je ne vois pas comment on en est arrivé à parler de cela, sauf que vous avez posé la question. Encore que je n'arrive pas à voir le rapport avec ce qui s'est passé au boulot.

– Peut-être que cela en a un, et peut-être que non. Est-ce que vos parents vous ont aidé à faire face à ce problème quand vous étiez enfant ?

– Mes parents se sont séparés quand j'avais environ cinq ans et je n'ai pas tellement vu mon père par la suite. Ma mère ne cessait de me répéter que j'étais beau, que mon oreille ne se remarquait pas et que tout irait encore mieux après les opérations. Mais elle se laissait aller à ses émotions et se mettait à pleurer dès qu'elle me regardait. Moi, je n'avais qu'une seule envie, c'était qu'elle arrête ce cirque. Bien entendu, je ne lui disais rien, pas même que les autres enfants me regardaient. Bon Dieu, c'était *elle* qui me regardait tout le temps, comme si cela avait été *elle* qui avait souffert. Nous nous disputions violemment et elle finissait toujours en larmes. Donc, pour répondre à votre question : non. Mon père était plutôt gentil, mais inutile – il n'était pas vraiment là –, et quant à ma mère, elle ne m'a pas beaucoup aidé, elle allait elle-même si mal. Elle était tellement nulle ! Et elle voulait toujours tout contrôler : il fallait qu'elle ait raison sur tout et que l'on fasse ce qu'elle voulait faire comme elle le voulait. »

Marc avait commencé à s'énerver et on avait l'impression qu'il n'était qu'au début de sa rage. Pourtant, il s'arrêta brusquement et soupira : « Et moi qui pensais m'être débarrassé de cette colère depuis des années ! Aujourd'hui, ma mère est vieille et elle me prend encore la tête – mais je pensais au moins en avoir fini avec ce qu'elle était avant. On dirait bien que non. »

Je lui racontai alors la blague des deux psychanalystes qui se retrouvent pour déjeuner. « J'ai dîné avec ma mère l'autre jour, dit l'un, et j'ai fait un terrible lapsus. Je voulais lui demander de me passer le sel et, au lieu de cela, je lui ai dit : "Espèce de garce, tu as gâché ma vie". » Les mères, on le sait, ne sont pas épargnées par la psychanalyse. Il n'empêche que la relation mère-enfant est la plus forte qui soit. Et quand le père est absent, comme dans le cas de Marc, elle est encore plus forte. Le plus triste, c'est que cette mère n'était sûrement pas méchante. Au contraire, en essayant de résoudre ce problème d'oreille et en répétant à son fils qu'il était beau, elle était pleine de bonnes intentions. Elle a juste poussé à l'extrême le comportement de tous les parents qui font du mal sans le vouloir à leurs enfants : elle a essayé de le protéger de la souffrance.

En réalité, c'était elle qu'elle avait cherché à protéger par son attitude, et non lui – comme d'ailleurs tous les parents, dans une certaine mesure. Elle était visiblement incapable de tolérer la peine qu'elle-même éprouvait devant les imperfections physiques de son fils. Elle a fait l'erreur de ne pas *voir* son fils, mais seulement son oreille difforme. De sorte qu'au lieu d'avoir l'impression que son oreille était légèrement difforme, mais que c'était sans conséquence, ce qui aurait pu être sa propre réalité psychique, le garçon avait eu le sentiment d'être lui-même difforme, ce qui malheureusement devint sa réalité psychique.

Après avoir analysé cela avec Marc, nous comprîmes pourquoi « l'invraisemblable incompétence » de ses subordonnées le rendait fou. Comme il le disait lui-même : « C'est typiquement le mode de fonctionnement féminin qui me donne l'impression de ressembler à "elephant man". » Quant à sa propre invraisemblable incompétence – qui se trouve toujours au cœur de la préoccupation de soi masculine –, c'était de ne pas voir ces femmes pour ce qu'elles étaient, des êtres humains, limités et imparfaits. Il était à l'image de sa mère : elle, incapable de supporter la souffrance provoquée par la vue de son oreille mal formée, et lui, de tolérer les sentiments qu'éveillaient les erreurs de ses employés. Et tout comme sa mère qui avait, en projetant sa propre malformation psychique sur son oreille, accentué le malaise qu'il ressentait, il accentuait leur malaise en projetant sur leurs imperfections son sens de soi déformé.

L'oreille difforme de cet homme, qui est en grande partie à l'origine de cette dynamique relationnelle, restera à jamais gravée dans mon esprit comme preuve de la nature autodestructrice de l'amour de soi narcissique. Si Marc n'avait pas essayé de contrôler son image en contrôlant mon regard, je pense que je n'aurais jamais remarqué sa forme ou ses défauts. Mais en accordant une importance démesurée à son oreille, il m'avait presque forcé à me concentrer sur elle, ou plutôt à me concentrer pour ne pas me concentrer sur elle, ce qui revient au même. Nous avons sans doute tous fait ce genre d'expérience – par exemple, avec les hommes qui font remarquer leur taille (s'ils n'avaient pas timidement abordé le sujet, vous n'auriez jamais noté qu'ils étaient petits) ou leurs cheveux (s'ils ne s'étaient pas moqué d'eux-mêmes parce qu'ils les perdaient, vous ne l'auriez jamais remarqué).

Vous me direz peut-être que la mère de Marc s'identifiait trop avec son fils – elle souffrait comme lui d'être affublée d'un organe défaillant. On peut aussi imaginer une mère qui aurait réagi d'une manière diamétralement opposée et serait restée insensible à tout ce que pouvait ressentir son enfant à propos de son oreille (« Ton oreille n'a aucun problème et je ne veux plus en entendre parler »). En vérité, les deux réactions témoignent d'aussi peu d'empathie l'une que l'autre – la mère de Marc était incapable de voir que son fils avait besoin de sentir qu'il allait bien, même si son oreille allait mal. Quand, d'une manière ou d'une autre, on manque d'empathie – en ignorant les sentiments de son enfant ou au contraire en le couvant –, on facilite le développement du narcissisme. L'enfant qui a l'impression que ses émotions ne sont pas perçues des autres a le sentiment de ne pas compter. Mais comme c'est trop douloureux à envisager, il se retire dans un monde de fantasmes, souvent grandioses et vengeurs. À l'inverse, l'enfant qui sent que l'on remarque et répond à ses émotions n'a aucune raison de renoncer à son impression – naturellement égocentrique – que le monde tourne autour de lui.

Pour être juste, Marc n'était pas si narcissique que cela ; il était en réalité modeste et attentif aux autres. Et il ne passait pas son temps à harceler ses subordonnées. On considérait même que c'était un très bon responsable. Il répondit très bien à la thérapie, qui fut brève. Il assuma la responsabilité de ses actes et, d'après ce que je sais, ce genre d'incident ne se renouvela pas. Il n'en demeure pas moins que cette histoire illustre la dynamique qui se trouve au cœur d'un phénomène qui me semble assez répandu dans le monde de l'entreprise : le syndrome du patron caractériel.

Au fil des années, j'ai vu défiler bon nombre de ces « patrons abusifs ». J'ai également vu leurs « victimes », qui cherchent souvent à comprendre la psychologie de leur patron, comme ce jeune diplômé d'une école de commerce qui travaillait dans le multimédia pour une société ayant le vent en poupe. Il se débrouilla très bien au début parce qu'il savait d'instinct faire ce qu'il fallait pour que son patron se prenne pour un génie. Mais il avait négligé de cultiver sa propre image, de sorte que son supérieur interpréta l'admiration que lui portait le jeune homme comme un aveu de faiblesse. Le harcèlement débuta quand, un jour, ce dernier admit nerveusement son ignorance sur un point – qu'il aurait sans doute pu savoir, mais qui de toute façon n'avait aucune importance. Son patron fit une blague méchante qui fut le point de départ d'un cycle sadomasochiste. Le jeune homme ne savait pas comment l'arrêter et toute sa vie en pâtit terriblement.

Il aurait bien entendu eu la possibilité de démissionner. Il avait des économies ; et ses connaissances technologiques dans le domaine lui permettaient de trouver un emploi équivalent en moins de vingt-quatre heures. Mais il n'était pas du genre à abandonner et il était décidé à essayer de venir à bout du problème qu'il avait avec son patron. Nous mîmes donc au point une série de questions et d'options destinées à établir un diagnostic à partir duquel il pourrait travailler pour trouver une issue à la situation.

D'une manière générale, il s'agit d'abord de déterminer à quel type de personnalité on a affaire. Outre la préoccupation de soi, certains facteurs psychologiques ou comportementaux – troubles dans le contrôle des impulsions, « mauvais caractère », dépression, alcoolisme, autodestruction – ou une combinaison de plusieurs de ces facteurs peuvent être à l'œuvre. Mais en l'absence de signes indicateurs, et si le patron en question est un dingue de travail, obsédé par la réussite, aussi exigeant avec les autres qu'il l'est avec lui-même, si sa confiance en lui confine à l'arrogance, s'il admire le pouvoir, l'intelligence ou la beauté, il y a fort à parier qu'il s'agit d'un narcissique prêt à saisir la moindre faiblesse de ses subordonnés afin de projeter sur autrui son propre « self », passif, peu sûr de lui, indifférent à la réussite, et ainsi ne pas avoir à le vivre lui-même.

En ce cas, le reste des questions tourneront plus autour de vous-même que de votre patron. Si vous ne vous sentez pas capable d'affronter quelqu'un sans vous montrer trop servile – comme si vous lui disiez : « Je suis formidable et vous l'êtes aussi » –, vous feriez sans doute mieux de vous mettre en quête d'un autre emploi. Faire face à ce genre de patron revient à affronter la brute qui s'en prend aux enfants qu'il est sûr de pouvoir atteindre. Si vous dévoilez vos sentiments à ce type de personne (en disant par exemple : « Je me sens mal à l'aise quand... », « Je suis inquiète quand vous... »), il sait qu'il vous touche et qu'il peut donc vous utiliser pour se rassurer sur lui-même. Si, par ailleurs, il vous impressionne trop pour que vous osiez dire quoi que ce soit – après tout, c'est le boss –, ce n'est pas bon non plus, car il sentira facilement votre vulnérabilité et vous prendra encore pour cible. Et prétendre l'ignorer ne servira à rien non plus, car il saura que vous faites semblant.

Si en revanche vous prenez conscience que la nervosité que vous éprouvez face à votre patron vient de lui, c'est-à-dire qu'il vous harcèle précisément pour vous faire ressentir ce que lui-même ressent, vous pourrez lui rendre ce qu'il projette sur vous. Cela ne pourra se faire qu'au prix d'une confrontation et nécessitera que vous vous posiez au préalable deux questions supplémentaires. Premièrement : pouvez-vous vous permettre de perdre votre boulot ? Si la réponse est non, la confrontation est sans doute un risque trop important à courir – même s'il est sans doute pire encore d'être malheureux dans son travail et qu'il est probable, de toute façon, que votre hiérarchie finira par vous le reprocher.

Mais qu'en est-il si vous pouvez vous permettre de perdre votre emploi, mais que vous ne le voulez pas, parce qu'il y va de votre carrière ? Il s'agit alors d'essayer de voir si votre patron harcèle de la même manière ses autres subordonnés. Si c'est le cas, la bataille est sans doute perdue d'avance, car son attitude ne dépend pas de la personne qu'il a en face de lui. Si en revanche vous observez des différences de comportement en fonction des gens, vous avez la preuve qu'il peut se comporter correctement quand il le veut. Le plus souvent, le patron narcissique ne harcèle pas tout le monde de la même manière, ce qui signifie que vous *pouvez* changer certaines choses.

Vous voilà maintenant prêt à *affronter votre patron*... si vous vous en sentez encore le courage. En effet, il est déjà difficile de dire à un casse-pied : « Essaye encore une fois de m'approcher et je te mets ma main sur la figure », mais c'est encore pire d'avoir à trouver les mots dans un environnement professionnel. Il faut être sûr d'être suffisamment solide à l'intérieur pour y parvenir. Car vous ne pouvez pas faire semblant. Le caractère de votre patron est structuré autour de son exceptionnelle capacité à sentir la vulnérabilité chez les autres – de façon à se rassurer sur lui-même. Il ne suffira donc pas de trouver les mots qu'il faut, encore faudra-t-il les dire avec conviction, c'est-à-dire que vous devez être persuadé au fond de vous-même que vous n'accepterez plus aucun harcèlement de sa part. Si ce n'est pas le cas, il vaudra mieux, avant de l'affronter, vous faire aider d'un ami, d'un collègue ou d'un thérapeute, qui vous feront prendre conscience de la valeur et du pouvoir que vous avez dans votre société en tant qu'employé ou, mieux encore, en tant qu'être humain.

En supposant que vous *êtes* prêt à affronter votre boss, qu'allez-vous lui dire ? Il s'agit de lui rappeler qu'il vous confond avec ce qu'il ressent au plus profond de lui-même, que vous n'êtes pas une lavette et que vous ne pouvez plus admettre son attitude. Si vous vous conformez à cela, il prendra quelqu'un d'autre pour cible. En fait, en agissant ainsi, vous avez de fortes chances de gagner son respect et de rejoindre ainsi son orbite narcissique, à savoir le monde illusoire de grandeur dans lequel il vit et où tout le monde, y compris vous, est infaillible.

Cette orbite narcissique peut être stable : vous en serez alors pendant longtemps l'un des satellites. Mais elle reste illusoire – même les grands se rendent compte, un jour ou l'autre, qu'il existe quelque part, quelqu'un de plus grand qu'eux. C'est donc une orbite fondamentalement précaire, ce qui amène à la dernière question que vous devriez vous poser, si ce n'est avant la confrontation, du moins après : ai-je vraiment envie d'entrer dans ce club ?

On constate, dès lors que l'on a en soi la solidité nécessaire, que les mots utiles à l'affrontement sont assez faciles à maîtriser. Ils peuvent être simples et directs comme : « Je n'apprécie pas du tout la manière dont vous me parlez », ou : « Vous a-t-on déjà dit que vous étiez insupportable ? », ou plus élaborés comme : « Je ne vois pas ce qui vous fait croire que vous pouvez vous permettre de me parler sur ce ton. D'accord, j'ai fait une erreur, mais je réparerai. Et je n'ai pas plus que vous ou que n'importe qui d'autre l'intention de me tromper de nouveau. Je ne suis pas un enfant et je ne suis en tout cas pas le vôtre. J'aime mon boulot et j'aimerais continuer de travailler sous vos ordres, mais pas dans ces conditions. »

Le psychologue de cet homme caractériel, pourrait lui dire par exemple : « Arrêtez de vous en prendre à moi. Je n'ai pas l'intention d'être le réceptacle de vos projections féminines. Et si vous essayiez d'accepter votre part féminine au lieu de la rejeter sur les autres pour vous acharner dessus ? » Mais sauf s'il est en thérapie – et même s'il l'est –, votre patron vous prendra sans doute pour un idiot.

Tout cela n'a pourtant rien d'un appel à la guerre. Aussi séduisant que le mantra « je n'accepterai aucune insulte » puisse paraître, affronter son patron est en général une bataille perdue d'avance. Ce fut d'ailleurs la conclusion à laquelle aboutit mon patient. Il finit par écrire une lettre de démission à son patron en lui disant qu'il voulait travailler dans un environnement plus humain. De manière assez prévisible, son boss lui demanda de rester et promit de le traiter différemment. Mais le jeune homme refusa. Il en ressort que la plupart des gens sont dans une position plus forte qu'ils ne le pensent par rapport à leur patron. Bien entendu, il y a toujours des exceptions – certains affrontent leur patron non pas tant pour mettre fin au harcèlement que pour éviter de se voir reprocher leurs mauvais résultats. De mon point de vue, vouloir exercer le même pouvoir que son patron témoigne du même narcissisme et de la même pulsion destructrice que de harceler ses subordonnés.

De toute évidence, les patrons caractériels et abusifs se retrouvent partout. Cependant, l'expérience m'a montré qu'il est des secteurs d'activité, comme la haute technologie, qui paraissent favoriser l'éclosion du narcissisme. J'aurais tendance à les lier aux promesses révolutionnaires de rapidité, d'efficacité et de facilité d'utilisation qui leur sont associées. Comme ces promesses sont souvent tenues, nous en venons à demander la perfection. Tôt ou tard pourtant – et le plus souvent au moment le plus inopportun –, une faille apparaît et le système ne fonctionne plus. Nous réagissons alors avec une rage narcissique intense, comme si l'on avait eu l'audace de glisser une peau de banane sous nos augustes pieds.

La haute technologie aura beau se perfectionner, les failles persisteront. Comme le disait un chef de chantier qui cherchait à expliquer pourquoi certaines personnes qui dépensent des fortunes pour rénover leur cuisine sont en définitive mécontents du résultat : « Le bois travaille. » Aucun ordinateur et aucun programmeur informatique ne pourra jamais transcender la nature matérielle de la réalité, avec toutes ses imperfections et ses limites.

L'antinarcissique

Le narcissisme masculin que j'ai évoqué jusqu'ici est assez simple, hormis le fait que dans le monde intérieur de l'homme, il est le contraire de ce qu'il voudrait vous laisser croire. Chez certains hommes pourtant, le narcissisme est plus subtil, ou bien il est camouflé en un antinarcissisme apparent qui vous – et leur – donne une fausse impression de suffisance.

Je fus un jour pris dans un terrible embouteillage en allant travailler et il me fut totalement impossible d'arriver à temps à mon premier rendez-vous. C'était la première fois que cela arrivait, mais j'étais surtout ennuyé parce que c'était la deuxième séance que j'avais avec ce patient. Tandis que je l'appelais pour m'excuser un peu plus tard dans la journée, j'essayai d'imaginer ce qu'il avait pu faire en m'attendant. Était-il resté dans l'entrée de l'immeuble pendant trois quarts d'heure ? À quoi pensait-il ? Était-il énervé ? Dégoûté ? Revienmdrait-il ? C'était vraiment une manière déplorable de commencer une relation, et *a fortiori* une relation thérapeutique.

La réalité a ceci de formidable qu'elle dépasse parfois la fiction. Mon patient se montra incroyablement compréhensif au téléphone. « Ne vous faites pas de souci pour moi, me dit-il, j'en ai profité pour parcourir quelques notes que je devais revoir dans la journée. » Et comme je m'excusais en lui expliquant ce qui s'était passé, il ajouta : « J'ai l'impression que cela a été plus stressant pour vous que pour moi. » Après lui avoir donné rendez-vous pour la semaine suivante, je raccrochai, à la fois amusé, soulagé et heureux. Ce ne fut que plusieurs mois plus tard, alors que je commençais à connaître ce patient, que je me rendis compte qu'au cours de cette brève conversation téléphonique, il avait essayé (et presque réussi) à me détruire en tant que thérapeute.

En me montrant qu'il n'avait été en rien contrarié par mon absence, il m'avait d'abord indiqué qu'il n'attendait rien de moi – pas même un minimum de responsabilité – et n'entendait pas s'investir sur le plan des émotions (il se trouva que ses parents s'étaient montrés totalement irresponsables quand il était enfant). Aussi, même si en surface il « prenait en charge » mes angoisses en me rassurant, il me disait en même temps que je ne comptais pas pour lui – mon absence lui avait au contraire été bénéfique (il avait été soulagé lorsqu'à onze ans, sa mère l'avait tout d'un coup envoyé habiter avec son frère chez leur grand-mère).

Ensuite, en percevant si bien mes émotions, il mettait ma psychologie en avant pendant que la sienne passait à l'arrière-plan. Il utilisa cette tactique à plusieurs reprises et sous de nombreuses formes au cours de notre relation : il faisait des remarques sur les meubles et les tableaux, m'invitait à cirer plus souvent mes chaussures, me demandait de choisir le sujet dont on allait parler en séance, et proposait sagement de payer pour les séances manquées (même si je lui avais dit que c'était effectivement ce que je demandais en cas d'annulation). Ce « transfert » sur le thérapeute était, comme souvent, en adéquation avec le type de relation que ce patient nouait en général avec les autres : il prenait soin de sa mère sur le plan financier, de ses petites amies sur le plan des émotions et, d'une manière ou d'une autre, de ses amis, de ses associés et même de parfaits inconnus.

Tel est le mode de relation des antinarcissiques, à ne pas confondre avec l'idée plus féminine de « codépendance ». Ces deux concepts se rejoignent en partie en ce sens que ceux, hommes ou femmes, qui adoptent une position de retrait pour distribuer le meilleur rôle à ceux qui les entourent, tuent les autres sous leur gentillesse. En consacrant leur vie à aider les autres, ils développent un sentiment de « supériorité morale » identique à celui des masochistes : ils se persuadent que tous les autres sont nuls. En résumé, ce sont des martyrs professionnels qui jouissent secrètement de ce que les autres se sentent redevables, coupables et méchants. Sous l'incroyable gentillesse de leurs actions se cachent donc des sentiments de rage tout aussi incroyables.

Mais la version mâle de cette personnalité, que j'appelle l'antinarcissique, a des motivations qui lui sont propres : souvent secrètes et inconscientes, elles sont en définitive préoccupées d'elles-mêmes et impliquent souvent chez mes patients une vie sexuelle secrète – réelle ou virtuelle. Ce type de patients m'accompagnent de leur présence en général longtemps après leur départ : ils sont très chaleureux, charmants, talenteux et ils donnent beaucoup. Ils sont dévoués corps et âme à leur compagne qui est toujours sur le devant de la scène – que ce soit à cause de son physique, de son succès, de son talent, etc. Leur relation est construite sur un modèle tel que l'homme n'a aucun problème à rester dans l'ombre pour jouer le second rôle – ce qui est une métaphore adéquate, car leurs apparitions publiques, telles qu'ils les décrivent en thérapie, donnent toujours l'impression d'une performance très travaillée. Ils ont l'air gentils et on dirait qu'ils sont gentils l'un avec l'autre – et par certains côtés, c'est la vérité. Trop beau pour être vrai...

Dans tous les cas, vient un moment où la femme – ou la petite amie – se met à aller mal : une liaison, un problème d'alcool ou de drogue, une dépression, ou une autre difficulté qui forcément porte un coup à la relation et ravage le patient. Mais il demeure loyal, soit qu'il nie le problème en rejetant toute émotion, soit qu'il l'accepte et assume en restant à côté de l'autre pour l'aider. Cet état de fait peut durer des années, amenant les amis du couple à se demander pourquoi ou comment l'homme « supporte cette situation ».

Ne faisons pas pour une fois preuve de cynisme : l'amour, et une fidélité sans faille à l'idée d'engagement, expliquent souvent que l'homme reste. Mais il y a aussi une composante moins consciente, présente non pas dans la relation, mais dans la dévotion altruiste de l'homme. Un jour, un patient vint me voir parce qu'il souffrait d'une profonde dépression et d'une pulsion suicidaire après que sa femme, à qui il était marié depuis dix-neuf ans, lui ait révélé qu'elle avait une liaison depuis cinq ans et qu'elle avait eu une autre liaison très longue auparavant. Au cours de notre discussion, le patient reconnut qu'au fond de lui, il s'était toujours douté qu'il « y avait quelque chose » – une fois, l'un de ses amis lui avait pratiquement dit qu'il avait vu sa femme avec son patron et qu'ils avaient un comportement sans équivoque. Ce qui le tracassait le plus, c'était de ne pas avoir interrogé sa femme plus tôt : cela leur aurait permis de chercher un conseil extérieur ou de mettre fin à leur mariage au moment où il était « encore assez jeune pour tout recommencer ».

J'expliquai à cet homme qu'il parlait ainsi en partie parce qu'il était déprimé. En réalité, il n'était pas trop vieux pour recommencer, ce qu'il fit d'ailleurs quelques années plus tard. Mais il me paraissait important de se demander pourquoi il n'avait jamais interrogé sa femme. Il avoua alors avoir lui aussi eu quelques « faiblesses ». Et s'il se condamnait pour cela, il était aussi convaincu que ses aventures avaient été différentes de celles de sa femme : elles étaient « purement sexuelles » et « épisodiques », et n'avaient jamais remis en cause sa fidélité au mariage. Mais la raison pour laquelle il n'avait jamais questionné sa femme apparut bientôt au grand jour : il avait le sentiment qu'il n'aurait jamais pu l'interroger sans révéler ses propres infidélités, ce qu'il n'était pas prêt à faire. Aussi, plus ou moins consciemment, il avait choisi de fermer les yeux sur le fait que sa femme menait pratiquement une double vie.

L'incapacité de ce patient à envisager les choses *du point de vue de sa femme*, à savoir que ses liaisons à lui pouvaient être aussi destructrices que ses liaisons à elle, témoignait de sa difficulté narcissique à sympathiser avec les autres. Mais son attitude s'expliquait aussi par un élément moins évident, de type antinarcissique : l'idée que ses secrets « insignifiants » renforçaient le comportement de sa femme. En ce sens, le patient avait participé activement au processus qui détruisait son mariage, et peut-être même sa vie.

Un autre homme vint consulter parce que sa femme buvait. « Je crois qu'elle a un problème d'alcool, me dit-il. Elle boit tous les jours et elle a des sautes d'humeur. Je ne lui dis rien, mais je sais qu'elle ne cherchera pas d'aide toute seule. Comprenez-moi bien, docteur, c'est une femme merveilleuse et je ferai tout pour elle. Peut-être qu'elle n'a pas vraiment de problème. Peut-être qu'elle n'a pas trop le moral et que je dois être avec elle pour la soutenir. »

À la fin de l'entretien, je soupçonnais l'épouse de souffrir d'alcoolisme et de dépression depuis des années. Il était aussi clair que le patient était très attaché à l'idée de prendre soin d'elle. Mais après la deuxième séance, il apparut que d'une part, s'occuper de sa femme lui évitait de se poser des question sur sa propre sexualité – il fantasmait parfois sur les hommes – ; et que d'autre part, il y avait une sorte d'accord tacite entre le mari et la femme : si tu me laisses tranquille avec l'alcool, je ne me mêlerai pas de tes fantasmes sexuels.

Une autre fois, j'eus affaire à un patient qui se montrait particulièrement compréhensif avec les difficultés sexuelles dont souffrait sa femme. Son père avait abusé d'elle lorsqu'elle était enfant, ce qui avait engendré une peur de la pénétration. De fait, la vie sexuelle de ce couple était limitée à un rapport par an. Là encore, la sollicitude dont faisait preuve ce patient était pour lui en partie le moyen de cacher ses propres secrets sexuels qu'il me confia après trois ans de thérapie : il n'arrivait à avoir d'érection qu'en imaginant qu'il dominait des prostituées. Il avait honte d'avoir de tels fantasmes alors qu'il faisait l'amour à sa femme, de sorte que, tout en étant très désireux d'avoir des relations sexuelles avec elle, il était inconsciemment soulagé de ne pas avoir à affronter la honte que provoquaient ses fantasmes.

Le dénominateur commun aux secrets de ces trois antinarcissiques tenait en ce qu'ils séparaient, sur le plan des émotions, l'homme de la femme. Autrement dit, ils étaient le contraire de la dévotion, qui est la raison d'être extérieure ou consciente de l'antinarcissique. Comme nous le verrons plus tard, les hommes transposent souvent sur le plan sexuel des sentiments qui ne sont pas au départ d'ordre sexuel. Mais quelle que soit la forme sous laquelle il se manifeste (ou plutôt ne se manifeste pas), l'égocentrisme de l'antinarcissique est toujours présent. Il opère à couvert pour contrebalancer la grande gentillesse et la considération apparentes de l'antinarcissique.

Dans ce chapitre, je me suis largement inspiré du monde du théâtre et ce n'est pas par hasard – après tout, le narcissisme masculin est une forme de représentation. Je dirais même que si le narcissique est l'acteur, l'antinarcissique est le public. Mais selon la théorie qu'Aristoste fut le premier à élaborer, le spectateur apprécie la tragédie à partir du moment où il se reconnaît dans les émotions jouées par l'acteur : c'est la *catharsis*. En d'autres termes, l'antinarcissique est un narcissique qui s'ignore, mais qui, dans certaines conditions, se manifestera au grand jour pour devenir celui qu'il a toujours rêvé d'être.

Il est en général poussé sur le devant de la scène par un antinarcissique plus expérimenté ou plus puissant que lui, dont le thérapeute est la parfaite incarnation. Pour ma part, il est clair que je m'identifie à mes patients. Je suis ému, inspiré, étonné, triste et horrifié lorsqu'ils me racontent leurs expériences. Mon travail implique que je vive par procuration. Un patient un jour m'a dit : « Vous avez vraiment la meilleure place : c'est comme si vous regardiez un feuilleton et qu'on vous propose de voir ce qui va se passer la semaine suivante. » Ce commentaire montre que le narcissisme de cet homme n'était pas enfoui si profondément que cela – il avait dû s'imaginer dans le rôle de George Clooney ou dans celui d'un autre acteur. Il avait raison, car la représentation qu'il me donnait de sa vie, ainsi que de celle de nombre de mes autres patients, opérait sur moi comme une catharsis émotionnelle. Il se trompait pourtant sur un point : celui qui regarde *Urgences* peut difficilement passer au travers de l'écran pour prendre part au scénario, alors que celui qui travaille avec des patients sur des émotions très intimes éprouve en permanence sa capacité à maintenir des frontières. C'est l'une des raisons qui explique que certains thérapeutes ne parleront jamais d'eux-mêmes à leurs patients. C'est le moyen le plus facile, si ce n'est le meilleur, d'échapper à la tentation de violer les frontières thérapeutiques. Je pense en effet que de nombreux thérapeutes sont avant tout des personnalités antinarcissiques : l'un de leurs désirs inconscients les plus profonds serait justement de transgresser les frontières et ainsi d'inverser le rôle thérapeute-patient afin que leurs patients s'occupent d'eux.

Le ou la thérapeute qui n'a pas conscience de ce désir peut faire beaucoup de mal à ses patients. Les thérapeutes qui sont aussi des gourous, ceux qui ont une relation, intime ou d'affaire, avec leurs patients en dehors de leur cabinet, ceux qui offrent leur vie en modèle à leurs patients sont légion. D'une manière générale, il est impossible pour un thérapeute d'éviter totalement certaines violations, même si elles sont mineures – sauf à ne jamais parler ou à n'avoir aucune personnalité.

Pour ma part, je me surprends à franchir la barrière lorsque j'ai affaire à des patients qui ont un tel don pour l'antinarcissisme que je ne me méfie pas. J'ai été une fois confronté à un diplomate qui, de par sa formation associée à une personnalité douce et charmante, était passé maître dans l'art de faire parler les autres. Il avait très vite deviné que j'avais des enfants et me demandait à l'occasion de leurs nouvelles. Je lui répondais qu'ils allaient bien et passais à autre chose (mes frontières ne sont pas rigides au point que je ne révèle certaines informations si on me les demande. Mais je dis souvent à mes patients que je ne réponds aux questions qu'à la condition que nous discutions ce qui se cache derrière).

Un jour, alors que ce patient me posait des questions sur mes enfants, je souris. La séance avait lieu tôt le matin et au moment où j'avais quitté la maison, ma fille avait dit quelque chose de très drôle – le genre de choses que tous les enfants disent à un moment ou à un autre et qui conforte les parents dans l'idée (« projection narcissique ») que leur rejeton est un génie. Je racontai donc la remarque brillante de ma fille et il eut l'air de l'apprécier vraiment. Pourtant, peu après, je ressentis comme une gêne. Sans parler de la pointe de fierté narcissique que contenait mon histoire, j'eus le sentiment que j'avais quasiment oublié que j'étais le thérapeute de l'homme à qui je la racontais. En un sens, cela n'avait rien de grave : d'ailleurs, qui voudrait d'un thérapeute conscient en permanence du rôle qu'il joue au point de ne pas être humain ? Cependant, je me faisais penser au parent qui évacue de son esprit le fait qu'il a un enfant. Non pas que j'assimile mes patients à des enfants, mais l'analogie provenait de ce que, sauf à avoir de gros problèmes narcissiques, la plupart des parents ne cessent jamais d'être des parents. Je me demandai donc si, par rapport à ce patient, j'allais percevoir les échos de ma violation de frontière.

Le résultat ne se fit pas attendre. Au cours de la séance suivante, il me raconta que, le week-end précédent, alors qu'il accompagnait son fils au square, il s'était imaginé que nous tombions nez à nez. Dans son rêve, nos enfants avaient commencé par s'éloigner pour jouer, puis mon fils était revenu en larmes parce que l'autre petit garçon l'avait poussé par terre. Mon patient avait alors grondé son fils et lui avait demandé de s'excuser tout en éprouvant une certaine satisfaction de voir qu'il était plus fort et plus affirmé que le mien. Il ajouta : « Je n'ai pas besoin d'un thérapeute pour m'expliquer que ce rêve signifie que je me sens inférieur à vous et que, dans cette scène, j'acquiers plus de pouvoir au travers de mon fils. » Bien qu'il ait vu juste, il avait néanmoins besoin d'un thérapeute pour faire le lien avec la session précédente : il m'en voulait de mon narcissisme et avait voulu me remettre à ma place.

Le fait d'avoir eu conscience de mon propre narcissisme m'avait permis d'une part de comprendre pourquoi le patient était en colère et du coup de valider ce qu'il ressentait, et d'autre part d'étudier le mécanisme par lequel il poussait toujours les autres sur le devant de la scène. « Vous avez agi avec moi comme avec votre femme », lui avais-je dit – et il avait tout de suite compris. Sa femme était une décoratrice d'intérieur qui était devenue assez célèbre à la télévision. Le patient l'avait au départ encouragée dans son ascension vers la gloire, mais à mesure que le temps passait, il s'était mis à lui en vouloir de plus en plus parce qu'il avait été évincé par ses engagements publics. Mon propre narcissisme (modulé et contrôlé) avait donc aidé le patient à voir en quoi il avait lui-même contribué à créer la dynamique qu'il voulait changer.

On peut aussi interpréter d'une manière plus freudienne la préoccupation de soi de l'antinarcissique. Dans la description ci-dessus, je semble sous-entendre que l'antinarcissique est une personnalité féminine dans la mesure où, comme les femmes en général, il est celui dont l'attention bienveillante permet aux autres de jouer leur rôle. Mais les psychologues d'obédience freudienne diraient que je mélange *attention bienveillante* et *voyeurisme*, et que cette dernière caractéristique est, comme l'agressivité et le sadisme, associée à la masculinité. Ils ajouteraient que Freud a cherché à montrer comment certains instincts *actifs* ou « masculins » pouvaient s'inverser pour devenir *passifs* ou « féminins ». (C'est ainsi que le sadisme peut se transformer en masochisme ou que l'antinarcissique est un voyeur qui peut devenir exhibitionniste.)

Pour en revenir à mon expérience de thérapeute, il y a de toute évidence une bonne dose de voyeurisme dans l'intérêt que je porte au matériau que m'exposent mes patients. En parlant de ma fille, j'avais inversé mon voyeurisme pour le transformer en exhibitionnisme : le voyeur finit d'ailleurs par se sentir contraint de s'exposer, ne serait-ce que pour avoir la confirmation de sa propre existence. Cependant, la distinction freudienne entre instincts actifs et passifs et l'association des premiers avec la masculinité et des seconds avec la féminité a été largement critiquée, notamment par des femmes analystes. Par exemple, alors que Freud voyait l'exhibitionnisme comme passif et féminin, on note que l'exhibitionnisme sexuel est en réalité presque exclusivement un phénomène masculin. Je ne souhaite pas trancher dans ce débat, mais je le mentionne afin de mettre en garde contre une simplification excessive lorsque l'on réfléchit à la différence entre les sexes.

J'imagine que la plupart des patients se méfieraient d'instinct d'un thérapeute qui se montrerait ouvertement préoccupé de soi, exhibitionniste et qui violerait les frontières. Mais ils devraient aussi se méfier de l'observateur désintéressé qui érige des barrières entre lui et les autres : la frustration permanente qu'il éprouve pourrait très bien le transformer en son contraire. De la même manière, les thérapeutes, dont beaucoup ont de fortes tendances à l'abnégation, devraient veiller à ne pas devenir une pâle caricature de l'analyste objectif, sans personnalité ni désir. J'eus un jour pour patient un jeune homme qui étudiait pour devenir psychologue clinicien. Il avait, au cours d'une séance, exprimée des doutes quant à ses capacités à devenir psychologue.

« Je ne suis pas comme vous : je ne suis peut-être pas fait pour cela, me dit-il. J'ai l'impression que je ne me soucie pas assez de mes patients ; peut-être suis-je trop égoïste pour écouter les gens à longueur de journée.

– Eh bien, lui dis-je, je vous suggère d'être encore plus égoïste. Après tout, je ne fais pas ce métier pour le bénéfice d'un autre. »

Il est souvent difficile de démontrer à des personnalités antinarcissiques qu'elles sont en fait des narcissiques qui s'ignorent. Ces sujets sont convaincus d'agir en fonction des désirs, besoins et priorités des autres. L'interprétation des rêves peut alors se révéler efficace. J'avais ainsi pour patient un journaliste qui me raconta en passant un rêve qu'il avait fait, où il était chez le pédicure qui lui avait massacré l'ongle du gros orteil. Il pensait que cela faisait partie de tous ces rêves non signifiants. Comme je l'incitais à associer, quelque chose d'intrigant commença à apparaître. Quelques jours avant le rêve, alors qu'il travaillait à un article sur l'immigration coréenne, il me dit avoir interviewé une manucure qui lui avait ensuite proposé un soin au cours duquel elle lui avait abîmé l'ongle de la main.

Le patient me dit que cela l'avait irrité et que le reportage lui-même, qui lui avait été assigné par son rédacteur en chef, l'ennuyait. « Ce n'était vraiment pas un sujet intéressant. Quant à cette histoire d'ongle, poursuivit-il en revenant à l'association d'idées, la seule chose à laquelle je pense, c'est au Forum de Davos en Suisse. Mon journal m'y avait envoyé il y a deux ans, et un matin où j'étais libre, je suis parti skier et je me suis blessé un gros orteil en tombant. Comme il y avait un hôpital d'urgence pour tous les chefs d'État et que les médecins n'avaient rien à faire, je me suis fait opérer par le chirurgien personnel du Président ! Quel traitement de faveur. »

Le rêve nous montrait que cet homme voulait sortir du « placard antinarcissique » dans lequel il s'était enfermé : l'épisode du gros orteil, au cours duquel il avait « été » le président, avait ainsi été remplacé par l'histoire de l'ongle de la main qu'avait accompagné un sentiment d'irritation (le journaliste est un témoin insignifiant de la vie des autres), montrant qu'il voulait faire partie de l'action plutôt que la couvrir. D'ailleurs, il ajouta de lui-même en souriant à propos de l'orteil : « Et en plus, c'est un symbole plus phallique que le doigt. »

Ce cas met en évidence le fait que la préoccupation de soi comporte une dimension physique ou corporelle. Dans nos sociétés cela transparaît davantage au travers de l'attention que les femmes portent à leur apparence. Mais la préoccupation de soi masculine comporte elle aussi une dimension physique, parfois très subtile, plus symbolique que littérale. La raison en est simple : les échecs empathiques qui produisent la préoccupation de soi, chez l'homme comme chez la femme, interviennent à un très jeune âge, au moment où les sensations de bien-être proviennent avant tout de la satisfaction de besoins corporels. Lorsque ces besoins sont insuffisamment satisfaits, le corps se manifeste par la douleur et prend une place disproportionnée, se faisant le messager de notre besoin plus que légitime de compensation.

La Belle et la Bête

« Il était une fois un prince gâté et égoïste. Une nuit d'hiver, il renvoya une vieille femme qui avait demandé asile. C'était une magicienne qui transforma le prince en une Bête hideuse et jeta un sort qui toucherait tous ceux qui viendraient à demeurer en son château. Elle laissa derrière elle un miroir enchanté et une rose qui fleurirait jusqu'au vingt et unième anniversaire du prince : si ce dernier n'était jamais tombé amoureux au moment où tomberait le dernier pétale de rose, il resterait Bête pour toujours. »

Mon cabinet voit passer beaucoup de Bêtes. Leur vingt et un ans sont derrière eux depuis longtemps, mais ils attendent toujours d'être aimés d'une jeune femme blonde idéale. Ils sont loin d'être hideux : si certains sont un peu petits, trop maigres, ou perdent leurs cheveux, d'autres sont très beaux. Mais cela ne change rien, car tous ont l'impression d'être aussi monstrueux que la Bête de l'histoire et sont persuadés que seul l'amour inconditionnel d'une Belle les sauvera.

La vie n'est pas un conte de fées, et aucune Belle ne survient jamais. Comme ils ne peuvent tomber amoureux que de l'apparence physique, la personne qui se cache derrière le joli masque blond ne se sent pas aimée pour ce qu'elle est vraiment et ne peut donc les aimer en retour. Le sort qu'ils se sont eux-mêmes jeté les condamne ainsi à une punition éternelle. Ils vivent et meurent pour la beauté.

Ces hommes sont pourtant tout à fait capables de se métamorphoser à nouveau en princes, pour un rendez-vous amoureux par exemple, où ils rencontrent une charmante jeune femme qu'ils finissent par juger et rejeter comme si elle était une incarnation de la Bête. Ils procèdent par un transfert en miroir dans lequel ils projettent sur l'autre, comme nous l'avons vu dans un chapitre précédent, la honte qu'eux-mêmes ressentent. Narcissisme et honte sont en effet intimement liés, l'un étant avant tout le moyen d'échapper à l'autre. Nous avons également vu qu'un homme n'a pas besoin d'être beau pour faire bonne impression. Il lui suffit souvent d'avoir une belle femme et un bon boulot.

Un homme vint me voir parce qu'il n'était heureux ni dans son travail, ni dans son mariage. À près de quarante ans, il était père de deux jeunes enfants et exerçait comme orthodontiste dans un cabinet auquel il s'était associé quelques années plus tôt en rachetant une clientèle. Il gagnait bien sa vie mais il était obsédé par l'idée qu'il aurait pu réussir beaucoup mieux. Son associé manquait d'ambition et rechignait à moderniser l'équipement et à suivre l'évolution des techniques thérapeutiques. Leur cabinet était dans un vieil immeuble peu attirant, dans un quartier à revenus modestes et la plupart de ses clients ne pouvaient se payer les traitements sophistiqués et lucratifs que mon patient cherchait à promouvoir.

À la maison, c'était la même histoire : il était proche de sa femme avec qui il parlait plutôt ouvertement. Elle travaillait également dans la dentisterie, mais aspirait à devenir chanteuse lyrique. Elle ne gagnait pas très bien sa vie, mais elle aimait le contact avec les gens et adorait son travail. Ses enfants, comme tous les enfants, étaient à la fois une source de joie et de stress. Pourtant, il avait le sentiment que sa femme n'était pas la personne qu'il lui fallait. Ils ne riaient pas tout à fait des mêmes choses et elle ne partageait pas sa passion pour les voyages. Physiquement, elle ne l'attirait pas autant que d'autres femmes qu'il croisait dans la rue ou au cabinet.

« Un prince », me dis-je en l'écoutant. Je m'apprêtai à partir en quête de la Bête, mais je n'eus pas à chercher bien loin – on trouvait partout des signes de sa présence dans l'épisode précédent de sa vie professionnelle et amoureuse qu'il me raconta. Avant de racheter sa clientèle, cet homme avait été salarié d'un centre médical qui proposait, dans de magnifiques locaux, les soins les plus modernes qui soient à une clientèle fortunée. Il n'y était pourtant pas heureux, car son patron lui avait clairement fait comprendre qu'il ne pourrait jamais s'associer, et faisait preuve d'un mépris arrogant et hostile en se moquant méchamment de lui, le dominant, le manipulant et l'infantilisant. Il y resta quand même dix ans.

La situation finit par devenir insupportable : il démissionna du jour au lendemain et comme il n'avait pas d'autre emploi en vue, il se mit à chercher un clientèle à racheter – ce qui le conduisit où il en était quand il vint me voir. Sa démission coïncida dans sa vie personnelle avec la fin de son premier mariage. La description qu'il me fit de sa première femme me donna l'impression qu'elle était tout ce que la seconde n'était pas : elle avait beaucoup d'humour, menait tambour battant une brillante carrière d'avocate, et il aimait tout chez elle, avec passion et sans arrière-pensée. Sauf que... mais ce n'était là que des détails : son humour s'exerçait à ses dépends (il s'en fichait) ; elle l'avait trompé (il s'en était douté et avait refusé de le voir) ; elle avait fini par le quitter pour un autre (ce qui l'avait mis par terre).

On voit donc qu'en essayant de réguler son estime de soi, cet homme s'était transformé en un prince trop gâté alors qu'il avait jusqu'ici été traité comme une Bête que personne n'aimait. Avec son premier boulot et sa première femme, il avait cherché à se rassurer en sélectionnant un brillant environnement, mais cela n'avait fait qu'exacerber le sentiment qu'il avait de ne pas être à sa place. Avec son second boulot et sa seconde femme, il avait choisi un cadre plus simple qui était sensé le mettre en valeur par comparaison, mais cela avait échoué aussi. Il avait donc répété le même processus dans chacun des deux chapitres de sa vie, projetant une part de lui-même sur son environnement pour trouver une solution externe à un problème interne. Ces tentatives étaient évidemment vouées à l'échec. Vous en conclurez peut-être que l'idéal pour ce patient aurait été de trouver un cadre situé à mi-chemin entre les deux extrêmes, mais en réalité là n'est pas la question. Car ce que je veux montrer c'est que pour cet homme préoccupé de soi – comme pour tout le monde, mais à des degrés variables –, le cadre importait plus que tout ce qu'il possédait.

C'était *lui-même* que cet homme devait changer, en perdant un peu de *sa* superbe *et* en *se* mettant en valeur, et non son environnement. Il lui fallait intégrer le prince et la Bête qu'il avait en lui pour arriver à juger avec réalisme de ses propres qualités et à voir sa femme et son travail pour ce qu'ils étaient vraiment – loin de ses projections narcissiques. Alors seulement, il pourrait décider s'ils étaient ce qu'il lui fallait. Il finit par y parvenir au terme d'un long processus thérapeutique. Une fois qu'il eut commencé à accepter ses limites et à s'apprécier pleinement, son travail comme sa femme furent valorisés, l'un de manière externe et l'autre de manière interne.

J'ai déjà montré que les femmes sont habituées à voir les hommes projeter sur elles leur sentiment d'inadaptation. Comme dans le cas de ce patient, les tentatives qu'ils font pour se rassurer sur eux-mêmes en « dévalorisant » leur femme ou leur amie échouent parce qu'ils finissent par se sentir dévalorisés par ricochet. En les observant au fil des années, il m'a paru intéressant sur un plan clinique de noter que ces hommes dévalorisés compensaient leur faible estime de soi par des rêves héroïques. Tel mari, en temps ordinaire si critique de sa femme, se voyait en rêve hélitreuillé pour la sauver d'un incendie qui avait éclaté dans son bureau ; tel autre rêvait qu'il opérait son fils en urgence pour l'empêcher de mourir étouffé.

Il est évident que la signification de ces rêves est aussi liée à l'individu. Un homme qui critiquait très durement la vulnérabilité et l'émotivité de sa femme me raconta un jour un rêve dans lequel il se mettait à voler pour échapper à un porc répugnant qui le poursuivait en lui enfonçant son nez rose et phallique *(sic)* dans le dos. Il associa son rêve à un épisode traumatisant de son enfance, où un autre garçon l'avait forcé à plusieurs reprises à une fellation. Le rêve montrait donc comment la personnalité de l'homme cherchait à s'accommoder de la honte terrible que lui avait procuré cette expérience humiliante. Pour échapper à la féminisation, il devait voler, c'est-à-dire qu'il lui fallait développer une virilité fantastique et grandiose. Sa masculinité défensive et sa vulnérabilité féminine qu'il rejetait pour la projeter sur sa femme avaient en réalité la même origine.

J'ai déjà évoqué la « check-list » par laquelle les hommes projettent la honte qu'ils ressentent sur la femme avec qui ils ont un rendez-vous amoureux. C'est le même phénomène de projection qui se produit lorsque des éléments indésirables et internes du self sont extériorisés. Sans me répéter, je voudrais juste évoquer un syndrome de transformation que je trouve particulièrement douloureux lorsque je l'observe chez mes patients. C'est le syndrome de l'homme qui cherche vraiment à tomber amoureux et à s'engager dans une relation pour la vie. Pourtant, à chaque fois qu'il s'attache à une femme qui semble être celle qu'il lui faut, il se met à avoir des doutes. Quelque chose le gêne – un détail, comme le fait qu'elle ait des jambes épaisses ou que la musique ne l'intéresse pas.

Peu importe car, bien qu'il n'y ait pas prêté attention au départ, le détail ne cesse maintenant de grossir dans son esprit jusqu'à, comme me le dit un jour un patient, « finir par dévorer tout ce qui jusque-là fonctionnait bien dans la relation ».

Je trouve cela pénible à observer, car le patient fait en général au moins deux fois la même expérience, croyant à chaque fois avec naïveté qu'il a trouvé le vrai bonheur. Il réussit même souvent à vaincre le scepticisme de son thérapeute. Quelle tristesse de le voir finir par douter de sa capacité à aimer quand sa Belle se transforme une fois de plus en Bête ! Il y a toujours une part d'illusion dans le fait de tomber amoureux, celle de croire que de sentir aimé par *l'autre* – à qui l'on porte un amour idéalisé qui lui confère temporairement des qualités spéciales – permettra de se sentir *bien* pour toujours.

Quelle que soit l'intelligence de l'homme ou la réalité de ses sentiments, quand le sens de soi est tout entier investi dans l'illusion et que celle-ci se dissipe, il ne reste plus rien et l'amour disparaît aussi vite qu'il est venu. La phase la plus douloureuse intervient quand – comme souvent en psychothérapie et dans la vie – l'homme se rend compte qu'il n'y avait rien à reprocher à aucune des femmes qu'il avait aimé (ou pensé aimer) et qu'il aurait probablement pu être heureux avec chacune. La douleur provient non seulement de ce que ce sont autant d'amours et d'occasions qui ont été perdues, mais aussi de ce que la personne prend conscience que c'est en *lui* que se trouve le dysfonctionnement. Cette phase précède en général l'amélioration et c'est précisément une prise de conscience douloureuse qui peut mettre l'homme sur le chemin de la guérison au bout duquel il finira sans doute par voir que les Bêtes et les Belles appartiennent aux contes de fées.

Ainsi, le narcissisme est un problème qui se met en place au plus jeune âge et il est intimement mêlé au sens de soi. C'est pourquoi vouloir le résoudre peut demander des années, avec ou sans thérapie. L'essentiel de la littérature psychologique sur le sujet – et elle abonde – laisse même peu d'espoir pour une solution à court terme, et je ne prétends pas vous donner une réponse rapide.

Voici cependant une stratégie – pour ne pas dire une prescription – qui vous permettra d'affronter le narcissisme. Il s'agit d'abord de faire preuve d'empathie envers le pauvre petit bonhomme que vous avez en face de vous. C'est à dessein que j'emploie ce ton ironique : je sais très bien que ce n'est pas chose aisée à réaliser. Il est difficile en effet de manifester de l'empathie envers quelqu'un pour qui vous n'existez pas. Et le thérapeute est certainement mieux placé que l'épouse ou l'amie, car il n'est pas sensé être en attente de reconnaissance ou d'attention de ses patients – du moins pas consciemment. (Mais puisque nous avons établi que les thérapeutes sont des êtres humains, nous savons qu'ils ont des attentes.) Quoi qu'il en soit, si beaucoup sont capables d'empathie envers le patient qui souffre de narcissisme, ce n'est pas tant grâce à leur formation qu'à une volonté consciente de mettre de côté leurs propres besoins émotionnels et de se mettre dans la « peau émotionnelle » de leur patient.

Pourtant, l'amie ou l'épouse peut y parvenir aussi – du moins pendant un moment. « Vous, au moins, on vous paye pour ça », me direz-vous. Avec un peu de patience, vous serez vous aussi récompensée de vos efforts. En attendant, pour vous aider, essayez de comprendre que cet homme si préoccupé de soi que vous avez en face de vous a souffert du narcissisme de ses parents encore plus profondément que vous souffrez du sien. Vous êtes donc très bien placée pour comprendre le manque affectif dont il souffre. *Regardez-le, écoutez-le, éprouvez ce qu'il ressent* et consolez-vous en vous disant que vous êtes en train de lui apprendre à aimer.

Si par moments son incapacité à reconnaître votre existence sur le plan émotionnel vous peine et vous rend folle, essayez la méthode que j'ai mise au point pour venir à bout de ma colère devant mon insignifiance dans les rues narcissiques des grandes villes. Comme tout le monde, je passais mon temps à m'énerver contre les chauffeurs de taxi qui me faisaient des queues de poisson, les usager du métro qui m'empêchaient de m'asseoir, ou les spectateurs qui resquillaient devant les cinémas. Je pris alors conscience – non sans honte – que j'aurais été tout à fait capable de faire la même chose à chaque fois. Et même que je ne m'en étais sans doute pas privé. En réalité, ce qui m'énervait c'était en partie que l'autre m'avait coiffé au poteau avec *son* propre sens du bon droit. Après m'être rendu compte de cela, je me retirai de cette compétition narcissique. Je fus tout de suite beaucoup plus amusé qu'agacé par la mesquinerie des gens dans la rue.

Cette méthode repose sur le fait que chacun d'entre nous est, à des degrés divers, préoccupé de soi : elle est donc parfaitement adaptée au cas qui nous intéresse. Lorsque je l'applique dans le cadre de thérapies de couple, je fais remarquer à l'épouse ou à l'amie (et parfois à l'ami) qu'en accusant son partenaire de sans cesse la critiquer, elle le traite de la même manière que lui la traite. « Mais je dis la vérité », répond-elle. « C'est bien ce qu'il pense », lui rétorqué-je. Cela ne manque jamais de rapprocher le couple, car chacun se rend compte qu'il vient de la même planète que l'autre et qu'il n'y a ni victime ni bourreau dans leur relation.

Pour en revenir à ma stratégie, après celle de l'empathie, il y a deux autres phases. Cependant, si vous n'en pouvez déjà plus, alors peut-être que cette relation – ou ce chapitre – n'est pas pour vous. Dans la vie réelle, la première phase dure aussi longtemps que l'homme reste englué dans la préoccupation de soi. L'expérience m'a montré que si la femme n'est pas prête à adopter une attitude antinarcissique, le couple finit par se séparer. Ce n'est évidemment pas de la « faute » de la femme si cela arrive – et si la femme montre elle-même des formes de préoccupation de soi, son partenaire devrait aussi passer par la phase antinarcissique. En réalité, ce n'est la faute de personne. Mais cela constitue je crois, l'une des causes majeures de divorce et de conflit. Je n'y vois aucune guerre des sexes, mais plutôt le choc de deux narcissismes – deux personnes, aimantes et charmantes en temps normal, qui sont incapables d'attendre leur tour pour satisfaire leurs désirs.

Avec la deuxième phase, vous commencez à récolter ce que vous avez semé et à être récompensée de votre patience – mais gardez-en en réserve. Il vous faut maintenant éduquer et aider votre homme à définir sa préoccupation de soi. Vous pouvez vous permettre de laisser transparaître un peu de votre colère, sans pour autant vous « lâcher » parce que vous voulez que votre patient – je veux dire votre partenaire – continue de vous entendre. Voici un exemple personnel.

Un jour que nous roulions vers la campagne, ma femme m'interrompit au milieu d'une phrase pour me dire, énervée :

« Tu crois que c'est la première fois que tu me racontes cette histoire ?

– Tu ne te répètes donc jamais ?

– Je te parle de ton narcissisme. »

Je vis ce qu'elle voulait dire et m'excusai. J'avais fini par comprendre que c'était la deuxième fois que je lui racontais quelque chose, mais que je ne m'en souvenais plus parce qu'à l'époque elle n'avait été pour moi qu'un public – elle aurait pu être n'importe qui d'autre.

Il m'a fallu des années avant de réussir à percevoir mon propre narcissisme et de le reconnaître sur-le-champ. Et c'est ma femme qui, en me tendant un miroir pour m'éduquer, m'a aidé à y parvenir. Certes, elle est aussi psychologue, ce qui lui donne peut-être un avantage comparatif injuste. Mais aucune formation n'est nécessaire pour dire à quelqu'un – ou même pour lui montrer – qu'il est préoccupé de soi. Ma femme et moi avons recours au jargon de la psychologie, même lorsque nous nous disputons. Nos disputes pourtant ressemblent à celles des autres et on pourrait aisément les traduire en langage courant : elle avait parlé de « narcissisme », mais une pléthore d'autres termes aurait fait l'affaire – il n'est pas bien difficile de faire comprendre à quelqu'un qui se répète qu'il est complètement centré sur lui.

Dans la troisième phase, il s'agit de faire face à l'hostilité de celui qui a pris conscience de son narcissisme. Les efforts que vous avez déployés jusque-là seront récompensés par des manifestations de colère, et vous paierez le prix des batailles à venir. J'ai montré comment résister aux projections critiques émanant d'une Bête qui s'efforce de se transformer en prince. Je vous propose maintenant d'aller plus loin pour faire comprendre au narcissique que les autres vous renvoient ce que vous leur infligez. Il ne convient donc pas ici de *ressentir* la peine qu'il vous inflige mais plutôt de la *négocier* avec lui. Le narcissique, qui ne comprend que le langage de sa propre peine, doit donc éprouver des sentiments similaires aux vôtres pour pouvoir commencer à comprendre ce que vous ressentez. Si donc vous le critiquez, frappez là où ça fait mal, sans oublier surtout que vous l'aimez.

C'est ainsi que je procède avec mes patients. Bien entendu, je pèse mes mots avant de les prononcer. Dans l'une des scènes du film *Mafia Blues*, on voit apparaître un thérapeute qui s'ennuie profondément et qui rêve qu'il dit à l'une de ses patientes : « Mais regardez-vous. Vous êtes pathétique. Et si vous vous arrêtiez de pleurer pour vous mettre à vivre ? » La plupart de mes patients savent très bien qu'à la différence de ce thérapeute, je ne rêve pas de dire ce genre de choses : je les dis. Bien sûr, je ne les dis pas en ces termes – parce que ce n'est pas ce que je ressens – et je ne manque jamais de respect à mes patients. Mais je suis dur avec eux et mes paroles font souvent mal (mais je crois qu'elles montrent aussi l'affection que je leur porte) surtout quand j'ai en face de moi des hommes à la personnalité narcissique. J'ai même dit un jour à l'un de mes patients : « J'en ai assez d'entendre parler de vos problèmes psychologiques ! », bien que cela n'eût pas été aussi choquant que cela peut le paraître hors contexte. Le patient me disait sa honte « d'avoir des problèmes psychologiques », et ma remarque impliquait qu'il n'avait pas à se sentir honteux de ses problèmes. Elle signifiait aussi que ses problèmes n'avaient rien de particulier par rapport à ceux des autres et qu'il était temps de grandir – ce que j'ai dit à d'autres patients quand cela me semblait nécessaire.

J'ai souvent discuté de manière ouverte et avec une certaine agressivité avec des patients montrant des formes de préoccupation de soi, de l'intérêt superficiel qu'ils portent aux apparences, à la gloire et au statut. Et j'ai déjà fait des déclarations très dures, comme : « Je crois que vous ne vous souciez pas de ce que peuvent ressentir les autres », « Personne n'est assez bien pour vous » ou : « Qu'est-ce qui vous fait croire que vous êtes si bien que cela ? » Cette stratégie est très risquée, car il s'agit d'une attaque contre la défense centrale d'une personne – l'envie grandiose d'être différent des autres. L'homme préoccupé de soi risque d'y répondre par une avalanche de rage, à moins qu'il ne mette tout bonnement fin à la relation. C'est pour cette raison que ce genre de confrontation n'intervient qu'à partir de la troisième phase : il faut d'abord avoir témoigné de votre empathie au patient et analysé avec lui son besoin d'occuper une place à part.

D'autres moyens permettent d'amortir le choc, comme de commencer à reconnaître en quoi votre interlocuteur *occupe effectivement* une place à part. L'un de mes patients, un médecin et chercheur expérimenté dans son domaine, s'était rendu à une conférence médicale. Alors qu'il s'apprêtait à rentrer, il apprit à l'aéroport que son vol avait été surbooké et qu'il ne pourrait pas embarquer. Il était dans un tel état qu'après une courte altercation avec l'hôtesse au sol, il lança :

« Et que se passera-t-il si je monte de force dans l'avion ?

– On vous arrêtera, Monsieur.

– Je ne crois pas, j'ai un billet », répliqua-t-il en la repoussant pour s'engager dans le couloir menant à l'avion.

Il finit la nuit en prison. Il survécut pourtant et revint quelques jours plus tard pour me raconter cette aventure. Contrairement à ce que l'histoire peut laisser croire, cet homme ne donnait pas l'impression d'être arrogant. Il était plutôt chaleureux, aimable et il se reprocha « d'avoir eu le sentiment stupide que tout lui était dû ». En tant que médecin, il avait accès à un manuel de diagnostic psychiatrique et avait à un certain moment diagnostiqué chez lui un trouble de personnalité narcissique. « Ce qui est stupide, lui dis-je, c'est que si vous aviez vraiment voulu embarquer, vous n'aviez qu'à dire que vous étiez médecin et que vous deviez rentrer d'urgence à l'hôpital où vous exercez – car c'était la vérité. Mais vous ne vouliez pas recevoir le traitement de faveur auquel vous auriez eu droit. Vous vouliez un traitement de faveur au motif que vous respiriez ou prononciez un souhait. D'aucuns ne se gêneraient pas pour mettre en avant la valeur de votre travail – mais pas vous. Vous voulez avoir de la valeur pour vos beaux yeux ! »

Le patient m'expliqua sur un ton implacable pourquoi il n'avait pas eu recours à sa carte de médecin ni à celle de son hôpital : « Je me suis toujours dit que je ne me servirai jamais de cette façon de mon titre. C'est une question de principe. » Je ne cherchais pas à remettre en cause ce qu'il disait, mais il ne me répondit pas non plus lorsque j'affirmai : « Cela sonne plus comme un raisonnement construit que comme une conviction. Vous vouliez juste occuper une place à part. »

À condition de n'être pas vous-même affligé d'un tempérament trop narcissique, il est probable que vous réussirez à faire preuve d'empathie et d'intérêt pour l'hostilité qui accompagne le narcissisme de l'homme que vous avez en face de vous. Cela vous permettra de garder au plus bas le cycle des récriminations réciproques qui débouche en général sur une explosion narcissique. Il est important cependant d'affronter d'une manière directe et dynamique le narcissisme d'un homme parce que paradoxalement, vous le rassurez en vous adressant à lui comme à un héros : vous lui donnez ainsi l'impression qu'il est capable « d'assumer ».

Un jour qu'adolescent, je souffrais d'un chagrin d'amour, je discutai avec le père de l'un de mes amis, qui était psychiatre et qui me fit entre autres quelques remarques très dures : elles me consolèrent davantage que ses réflexions les plus réconfortantes. Il commença par me conseiller de pleurer la perte de mon amour comme on le fait de la mort de sa femme. Je lui répondis que c'était plus facile à faire dans le cas d'un mort parce qu'au moins il n'y a pas de sentiment de rejet : « Et en quel honneur serait-ce facile pour toi ? », me rétorqua-t-il, ce qui me fit le plus grand bien.

En général, si vous obtenez une réponse un tant soit peu positive – même si elle est différée et faite à contrecœur – aux remises en cause des phases deux et trois, tous les espoirs sont permis. Cependant, il appartient en dernier ressort au narcissique de se déprogrammer pour se programmer ensuite différemment, ce que feront la plupart des hommes : n'avons-nous pas vu que ce type de personnalité veut être aimé et qu'il a fondamentalement besoin de faire plaisir ? Certains narcissiques resteront pourtant à jamais incapables de se soucier des autres, même après avoir subi l'effet boomerang de la souffrance qu'ils infligent aux autres. Le seul espoir qu'il vous reste, c'est la honte. Ils y sont en effet particulièrement sensibles et du moins leur fera-t-elle peu à peu prendre conscience que le narcissique ne projette pas une image sympathique. C'est donc par narcissisme qu'ils auront envie de changer leur image. Pour faire bien. Ou au pire, ils s'efforceront de donner une image différente du narcissisme, ce qui peut être un point de départ après tout. Et, comme le dit l'expression, qui a l'air finit par avoir la chanson.

Je terminerai en ajoutant que dans la vie réelle, les trois phases coexistent simultanément. Cependant, quand on a affaire à un homme préoccupé de soi, il vaut mieux d'abord faire face à la première phase et aux deux autres ensuite. Le thérapeute est le mieux placé pour les déclencher. En effet, le patient a par définition entrepris une psychothérapie pour des raisons purement narcissiques – pour lui-même. C'est pourquoi, lorsque le thérapeute discute du manque d'égard avec lequel le patient le traite, ce dernier comprend en général que la remarque ne procède pas d'un simple besoin de considération, mais qu'elle est plus ou moins objective.

Il est rare pourtant que les thérapeutes fassent des remarques critiques et l'on voit alors, à la suite d'une thérapie, les narcissiques s'enfoncer dans un narcissisme encore plus profond et obsessionnel. Certes, on n'entreprend pas une thérapie sans espérer en retirer quelque chose pour soi. Mais ce que l'homme préoccupé de soi devrait d'abord en retirer – comme dans toute relation –, c'est qu'il y a plus de plaisir à donner qu'à recevoir. Et là encore, l'homme a à apprendre des formes traditionnelles de la féminité.

CHAPITRE V

L'agressivité (« Je vais te montrer qui est le chef »)

Un week-end d'automne, je demandai à ma fille de quatre ans, que j'avais emmenée nourrir les canards : « Qui est le garçon et qui est la fille ? » Comme je lui avais déjà expliqué auparavant comment reconnaître un mâle d'une femelle, je m'attendais à ce qu'elle me dise que le canard à tête verte est le garçon et celui à tête grise, la fille. Au lieu de cela, elle me répondit : « Le garçon, c'est celui qui poursuit l'autre. » Et de fait, le canard à tête verte poursuivait la cane à tête grise. « Et comment sais-tu que celui qui poursuit l'autre est le garçon ? » Je pensais qu'elle allait me dire : « Parce qu'il a une tête verte. » Mais elle me rétorqua : « Parce que les garçons embêtent toujours les filles. »

Où avait-elle appris cela ? Sûrement pas à la maison, me dis-je – avant de me rendre compte que son frère aîné prenait un certain plaisir à l'embêter. Elle avait pu tout aussi bien l'apprendre dans la cour de récréation ou en regardant des dessins animés. À moins qu'il ne se fût agi d'un « savoir biologique » qui allait se révéler avec sa personnalité et qui se développerait au rythme de son ADN féminin. La question de la réalité et de la perception de l'agressivité chez les petits garçons et les hommes adultes a suscité de nombreuses recherches et de non moins nombreuses polémiques au fil des années. Ma propre expérience clinique va dans le même sens que la remarque de ma fille, à savoir que les hommes, en tout cas en apparence, se conduisent plus souvent en tyrans que les femmes.

Quant aux recherches, ce que j'en ai lu montre que les hommes, en tant que groupe, ont biologiquement davantage tendance à être agressifs que les femmes. Nombreux sont ceux qui, y compris chez les psychologues, préfèrent nier le rôle de la biologie dans l'agressivité masculine : ils ont peur d'avoir à en conclure qu'il est donc vain de vouloir contrôler la violence, qui est le plus souvent commise par des hommes. Mais dès lors que l'on définit la biologie comme des dispositions et non pas comme un comportement, on ne peut nier qu'elle joue un rôle dans l'agressivité masculine. Même des auteurs comme Terrence Real et Myriam Miedzian, qui insistent sur l'importance des facteurs sociaux dans la différence entre les sexes, le reconnaissent[9].

Les théories les plus intéressantes sur la biologie sont celles qui nous comparent à nos plus proches cousins, les orangs-outans, les chimpanzés et les gorilles. Richard Wrangham et Dale Peterson notent que les mâles ont recours au viol, aux coups et à l'infanticide pour dominer les femelles et améliorer le taux de reproduction. La comparaison entre l'agressivité humaine et la violence animale n'est pas sans provoquer un certain malaise. La question est d'ailleurs de savoir si ce malaise vient de ce que nous sommes différents des *autres* primates ou de ce que nous leur ressemblons (en 1984, des scientifiques ont établi que nous appartenions à la famille des singes). Les deux sans doute. Il est indéniable que le sexe masculin est à l'origine d'une grande part de la violence humaine, et que le viol et les coups, voire l'infanticide, constituent des comportements violents communs aux hommes et aux singes. Même si l'on considère – comme je le ferai dans ce chapitre – l'agressivité et l'agression d'un point de vue psychologique et non plus physique, il est indéniable que certaines de ses racines plongent dans l'histoire de notre évolution biologique.

En effet, le système qui produit l'agressivité masculine – que Wrangham et Peterson nomment « patriotisme » – n'existe pas ailleurs dans le royaume animal. Chez de nombreuses espèces, c'est la femelle et non le mâle qui combat. Cependant, dans ces cas-là, l'action est avant tout menée dans un but défensif, pour protéger le territoire d'une intrusion extérieure. Dans le système des chimpanzés et des humains, en revanche, les combattants mâles ne se contentent pas de défendre, ils agressent souvent sans avoir été provoqués. Ils sont uniques en ce sens qu'ils sont les seuls à tuer régulièrement et délibérément d'autres adultes de leur propre espèce.

Mais ce n'est pas tant l'agressivité physique qui caractérise les hommes que les subtiles blessures psychologiques et affectives qu'ils infligent à leurs semblables. Et peu importe ses origines évolutionnistes : l'agressivité masculine est, comme le narcissisme, un produit direct du conflit de l'insécurité masculine. Il ne suffit pas à la plupart des hommes de rejeter l'influence féminine de leur mère : il leur faut aussi chercher à inverser l'équilibre des pouvoirs. En grandissant, le jeune garçon s'efforce d'abandonner la relation de vulnérabilité et de dépendance qu'il entretient avec sa mère pour lui substituer son contraire : le désir d'être le chef. Parfois, comme à l'adolescence, il remettra en question sa mère, mais le reste du temps, il transférera et déplacera cette pulsion en un besoin de dominer toutes les femmes et, plus particulièrement, celles dont il se sent devenir dépendant sur le plan émotionnel. Ou tout autre personne qui accepte le transfert.

On bat un thérapeute

Nous avons sans doute tous été confrontés à des couples dont on se dit que le mari est du genre à faire passer des moments difficiles à sa compagne. Et de fait, les hommes au tempérament explosif et les femmes blessées peuplent les divans et les fauteuils des analystes partout dans le monde. En dépit de similarités psychologiques, on doit se garder de confondre ce type de dynamique relationnelle avec celle de la violence domestique. Si les deux problèmes peuvent parfois se recouvrir, ils sont cependant qualitativement différents : tout ce qui, entre autres conséquences, met en danger la sécurité physique, se place hors du champ de cet ouvrage et doit être traité avec une attention particulière. Les femmes sont d'ailleurs aussi parfaitement capables d'user et d'abuser des hommes, mais elles ont en général recours à un mode d'agression très différent.

Léo vint me voir sur la demande insistante de sa femme. Au cours d'une dispute, il s'était emporté et lui avait jeté un livre au visage. Lors de la première séance, il reconnut à contrecœur qu'il avait un problème. Il me raconta aussi un épisode encore plus violent qui avait eu lieu alors qu'il se trouvait avec sa famille chez ses parents pour Noël l'année précédente. Il s'était mis à hurler après sa mère qu'il avait fini par frapper à la tête avec un cintre. Ses parents avaient alors décidé qu'ils ne voulaient plus l'avoir à coucher chez eux. Le patient en fut soulagé – il s'était senti obligé de passer ses vacances chez eux alors que, dès le départ, il n'en avait pas eu envie. Après cet aveu, nous fûmes d'accord pour dire que le résultat de l'explosion révélait quelque chose de ce qui l'avait motivé : le désir de s'éloigner de ses parents sans avoir à l'exprimer par des mots.

Pendant les deux ou trois années qui suivirent, la thérapie de Léo suivit un cours tranquille et assez prévisible. Nous évoquions souvent les difficultés qu'il éprouvait à se séparer de ses parents, mais cela semblait souvent relever de l'exercice intellectuel un peu vide. Un jour, alors que j'avais fait une remarque assez lourde, le patient réagit par une explosion de colère très différente des précédentes. Il se leva, s'approcha de moi avec un geste menaçant de la main et se mit à hurler de toutes ses forces. Puis, la voix et le corps tremblants d'une violente fureur, il ouvrit la porte de mon bureau pour se lancer dans une série de reproches sur mon incompétence, de façon à ce que le monde entier soit au courant. Il finit par se précipiter hors du cabinet, me laissant abasourdi et sans voix. Je crois que je n'avais jamais entendu personne crier aussi fort.

Léo s'excusa comme il convenait au cours de la séance suivante. Quant à moi, je lui dis que ce type de manifestation de soi m'inquiétait trop pour que je puisse continuer un travail efficace avec lui. Il me répondit, non sans à propos, qu'il s'était enfin autorisé à me montrer son problème, et que mon métier était de l'accepter de façon à ce que nous travaillions dessus dans le « ici et maintenant ». Je fus d'accord avec lui pour dire qu'idéalement, j'aurais dû être capable d'apprécier l'irruption de ses problèmes dans notre relation, et que c'était effectivement dans ces cas-là que la thérapie fonctionnait le mieux. Mais j'ajoutai que je ne pouvais ignorer ma peur et que si cela se produisait de nouveau, je mettrai fin au traitement.

Ma remarque sembla faire mouche et nous reprîmes donc le cours de la thérapie jusqu'à ce qu'émerge une nouvelle difficulté. Le patient se mit à arriver en retard. D'abord de cinq, puis de dix, puis de vingt minutes. Nous explorâmes ce que cela pouvait vouloir signifier, y compris la possibilité qu'il n'avait peut-être plus vraiment envie de continuer la thérapie. Mais là encore, j'eus l'impression de me livrer à une analyse intellectuelle et creuse, tirée du manuel de psychologie pour tous. De plus, Léo précisa qu'il était toujours en retard et qu'il n'avait pas envie de passer le temps qu'il lui restait pour les séances à explorer ce problème. Je finis donc par laisser tomber mes recherches de ce côté-là pour passer à autre chose. Mais il continuait d'être en retard au point qu'il arrivait parfois cinq minutes avant la fin de la séance, voire pas du tout. Et lorsqu'à de rares occasions il était à l'heure, il s'asseyait et gardait le silence parfois pendant de longs moments.

C'est alors que se produisit la deuxième explosion. Je ne me souviens plus de ce qui la provoqua, mais Léo se mit de nouveau à hurler et à tempêter. Cette fois-ci, il réapparut quelques minutes plus tard. Pendant que j'étais en train de me demander si je devais mettre fin au traitement et de quelle manière, il s'assit et se mit à parler. « Je marchais en réfléchissant à ce que je venais de faire quand j'ai compris pourquoi je l'avais fait. Je vous ai dit au commencement de ce fichu processus que j'étais venu sur une idée de ma femme. Et je vous ai ensuite montré, en arrivant en retard, en ne venant pas du tout, ou en ne parlant pas que je continuais à ne pas vouloir être là. Mais vous n'avez rien fait. Alors, comme avec mes parents, il m'a fallu exploser pour que vous vous débarrassiez de moi. Tout cela parce que j'avais peur de partir de mon propre chef. »

Cela me parut évident et je ne compris pas pourquoi je ne l'avais pas vu moi-même. Je me rendis compte alors pour quelle raison mon sens de l'observation m'avait abandonné : depuis la première explosion de colère, je m'étais dans le fond toujours attendu à ce que l'épisode se répète, et comme une épouse maltraitée, la rage du patient m'intimidait et je pensais « sur des œufs ». Car c'est là le but principal de ce type de comportement dominateur masculin : prendre l'« adversaire » par surprise pour l'intimider et le soumettre.

L'agressivité masculine a en général un autre objectif, qu'illustre de manière dramatique et quelque peu simpliste le cas de ce patient : je veux parler du détachement psychologique. Si Léo avait été capable de dire : « Je ne veux pas poursuivre la thérapie », ou : « Je ne veux plus dépendre de toi, Maman », il n'aurait eu aucune raison d'exploser. Mais lorsque l'on fait plus attention aux pertes qu'aux gains liés à la séparation, il est moins douloureux d'être jeté dehors que de partir de sa propre initiative.

Je continue de voir Léo. Mais il ne se passe pas de séance sans que nous ne parlions de son désir de se débarrasser de moi et de la peur qu'il a de ne pouvoir s'en sortir sans moi. Et nous avons conscience du fait thérapeutique que, sur le plan émotionnel, j'ai remplacé sa mère et qu'il travaille enfin sur la question de la séparation d'avec elle. Cela montre entre autres qu'il n'est pas nécessaire d'être une femme pour devenir la cible du besoin qu'ont les hommes de dominer les femmes. En manifestant leur agressivité, les hommes cherchent alors à faire d'une pierre deux coups : ils transforment l'homme en femme et le traitent en conséquence.

Œil pour œil

Pour réussir à affronter les hommes, il faut parfois répondre à l'agression par l'agression. Mais il convient alors de veiller à choisir avec soin ses armes. L'idéal est qu'elles soient nettement supérieures mais plutôt de type conventionnel que nucléaire. Il aurait été inutile par exemple de répondre par des hurlements à mon patient au tempérament explosif : ma voix n'aurait jamais couvert ses décibels. J'aurais pu décider de mettre fin au traitement : cela aurait été une stratégie gagnante mais aurait relevé plus de la guerre nucléaire que de la guerre conventionnelle et je ne l'ai donc pas fait. Mais n'était-ce pas faire montre de faiblesse ? Est-ce que je n'encourageais pas le patient à plus d'agressivité ? Le temps nous le dira.

Ce patient et d'autres qui lui ressemblent m'ont enseigné une chose qui va à l'encontre de ce que l'on vous dit à l'école. Les psychologues, la police, les juges et tous ceux qui travaillent à faire appliquer la loi, les enseignants et les experts en politique extérieure apprennent que lorsqu'ils ont affaire à des personnes qui cherchent à tester leurs limites, il faut les informer avec précision et de manière explicite où se trouvent les limites d'un comportement acceptable et à quelles conséquences ils s'exposent en les franchissant. Mais les parents et tous ceux qui ont déjà affirmé que « la prochaine fois que tu fais cela, je vais... » savent bien que les testeurs de limites ont une telle maîtrise de leur art qu'ils franchiront la ligne et se lanceront aussitôt dans un discours obsessionnel sur la définition et la redéfinition des limites dans le but de réduire peu à peu à néant votre autorité.

Ainsi avec Léo, mon patient explosif : quelle devait être la limite de volume sonore et de durée de ses crises ? Qu'étais-je sensé faire dans les cas où il se contenterait de hausser le ton en s'arrêtant juste avant de me menacer ? Ces questions ne sonnent que trop familièrement aux oreilles des nombreuses femmes dont le partenaire a, comme on dit, « mauvais caractère ».

La réponse se situe à mon avis à l'exact opposé de ce qu'on vous apprend en cours : ne dites pas à celui que vous avez en face de vous où se situe votre limite. Travaillez plutôt à comprendre où se trouvent pour vous les limites de l'inacceptable et à vous en persuader au plus profond de vous. Informez ensuite l'agresseur des grands principes qui vous guident dans l'établissement de vos limites en le laissant dans le flou quant aux détails. Et préparez-vous à passer à l'action dès que vos principes ont été violés.

C'est évidemment plus facile à dire qu'à faire. Quand je déclarai à mon patient explosif que j'avais en définitive décidé de ne pas mettre fin à son traitement, il soupira et dit : « Vous êtes en train de perdre toute la crédibilité que vous aviez à mes yeux, comme ma femme. Cela fait quinze ans qu'elle me dit qu'elle va me quitter à la prochaine crise ! » « C'est bien possible, lui répondis-je, mais je n'ai pas le même niveau de tolérance qu'elle. Espérons donc que vous ne me testerez plus. Sauf évidemment, si vous voulez interrompre votre thérapie. Et en ce cas, épargnons-nous les hurlements. »

Face à l'agressivité masculine, il faut être capable d'évaluer si l'on a affaire à un comportement semblable à celui du chimpanzé et riposter sur le même ton. La femme qui répond par des pleurs ou par leurs équivalents aux remarques hostiles de son partenaire sur son physique, valide et renforce son comportement, plaçant son couple sur le manège vertigineux d'une relation affective de type sadomasochiste. La meilleure réaction pour une femme dans cette situation n'est donc pas de se soumettre mais de trouver le moyen de dire à son homme d'aller « se faire voir » ou de lui ficher la paix. Dans l'idéal, elle aura d'abord pris conscience de ce qui constitue pour elle les limites d'une attitude inacceptable.

Cependant, il faut également garder à l'esprit que l'agressivité des hommes, à la différence de la violence pure, constitue une défense psychologique destinée à se protéger de l'impuissance féminine qu'ils ont en eux. Si l'on part de cette hypothèse, plus l'homme se sentira impuissant, plus il agira de manière agressive. Si donc vous voulez qu'il soit moins agressif, il vous faut lui donner un sentiment plus important de son pouvoir. Les femmes y réussissent en général assez bien. Même si c'est sur le ton de la plaisanterie, vous convaincrez un homme de sa puissance si vous l'admirez et l'aimez pour son intelligence, son travail, ses dons au basket, sa courtoisie, ou pour tout ce qu'il perçoit comme masculin en dehors de son besoin de vous dominer. Je vous accorde que c'est difficile à faire lorsque vous vous sentez dominé par votre partenaire, mais c'est pourtant dans ces moments-là que c'est indispensable. Et c'est plus facile lorsque vous répondez à ses agressions par un « va te faire voir » agressif et bien senti : en vous montrant capable de lui tenir tête, vous lui montrez davantage encore que vous êtes capable de l'aimer – après tout, l'amour n'a-t-il pas à voir avec la libération et l'égalité, non avec le sacrifice ?

Microbes de garçon !

L'une de mes sculptures préférées se trouve à Rome, à la Villa Borghese. Créée par l'artiste baroque italien Gianlorenzo Bernini, elle saisit pour la postérité un moment mythique de l'histoire de la guerre et de l'amour entre les sexes. Le marbre blanc révèle un jeune couple dans un moment de triomphe, de désespoir et de transformation. À l'instant où le jeune homme tend la main pour atteindre sa bien-aimée, la peau de celle-ci se transforme en écorce et ses cheveux et ses bras en branches et en feuilles. La silhouette d'Apollon, le dieu grec de la musique, de la poésie, de la médecine et de la prophétie, est pétrifiée alors qu'il poursuit et capture Daphné, la ravissante nymphe qui ne lui rendait pas son amour. Touché par une flèche que lui avait décoché Cupidon, le dieu de l'amour, Apollon était tombé amoureux alors qu'une autre flèche atteignait Daphné et la faisait fuir l'amour. Aussi, lorsqu'après une longue poursuite Apollon finit par rattraper Daphné, la nymphe supplie un autre dieu, son père, de détruire le corps qu'Apollon a tant désiré. Ses prières sont exaucées et elle est transformée en laurier.

Dans *Les Métamorphoses*, Ovide nous explique de manière plus détaillée la dualité émotionnelle que recouvre cette poursuite amoureuse. D'un côté, Apollon exprime des sentiments tendres d'admiration et de sollicitude. Soucieux de ce que Daphné pourrait se blesser dans la course, il lui crie sur un ton protecteur : « Le terrain sur lequel tu te lances est rude ; modère ta course, je t'en supplie, ralentis ta fuite ; moi-même je modérerai ma poursuite. » D'un autre côté, il n'arrête pas sa chasse même s'il a conscience qu'il a échoué à la persuader qu'il n'est pas son ennemi. Il admire Daphné mais fait d'elle un objet : « Il voit sa petite bouche, qu'il ne lui suffit pas de voir ; il admire ses doigts, ses mains, ses poignets et ses bras plus qu'à demi nus ; ce qui lui est caché il l'imagine plus parfait encore. » S'il veut la protéger, il semble que ce soit surtout pour ne pas abîmer « ces jolies jambes » et d'autres parties de son corps, plutôt que par souci de sa personne entière.

Mais pourquoi Apollon poursuit-il Daphné ? Pense-t-il vraiment qu'il va réussir à s'en faire aimer ? Il est vrai que les hommes sans doute ne pensent pas dans ces moments-là. Et quand bien même ils penseraient, ils ne se rendent souvent pas compte de l'hostilité que leur entreprise véhicule, alors que les femmes ont aussitôt conscience de devenir une cible et un objet. Apollon pense en toute honnêteté ne pas partir pour conquérir mais pour se faire accepter. « Je ne suis pas un berger », dit-il à Daphné en faisant l'article de ses qualités divines : il est guérisseur, il prédit l'avenir, etc. Le comportement de ce dieu est proche de celui d'un homme. La manière dont il essaye d'impressionner Daphné fait penser aux tentatives désespérées du narcissique qui cherche à se faire accepter et approuver pour se rassurer sur lui-même. Il est d'ailleurs intéressant de remarquer que c'est dans ce contexte que l'agressivité d'Apollon apparaît pour la première fois au grand jour : « Tu ne sais pas, imprudente, tu ne sais pas qui tu fuis et voilà pourquoi tu le fuis », déclare-t-il à la jeune fille qui refuse de se laisser intimider.

Nous nous trouvons ici confrontés à la relation étrange mais logique qui existe chez les hommes entre narcissisme et agressivité : pour pouvoir s'« aimer », ils doivent « haïr » les femmes. Autrement dit, pour pouvoir se sentir acceptés, ils doivent prouver leur virilité aux femmes en niant leur propre vulnérabilité et en la projetant sur les femmes dont ils cherchent à se faire aimer. Ainsi, il faut que l'acceptation, qui est ce qu'ils recherchent de toutes leurs forces, ne soit pas librement offerte mais arrachée au terme d'une lutte de haute main : de leur point de vue défensif, c'est la conquête qui donne la valeur.

Quand Apollon finit par capturer Daphné, il la perd. Ovide ne parle pourtant d'aucun deuil. Il nous dit au contraire que même après que Daphné a été transformée en arbre : « Phébus cependant l'aime toujours ; sa main posée sur le tronc, il sent encore le cœur palpiter sous l'écorce nouvelle ; entourant de ses bras les rameaux qui remplacent les membres de la nymphe, il couvre le bois de ses baisers ; mais le bois repousse ses baisers. Alors le dieu : Eh bien, dit-il, puisque tu ne peux pas être mon épouse, du moins tu seras mon arbre. »

Dans la mesure où il est possible de déduire la motivation inconsciente des conséquences de l'action qu'elle inspire, le but de la poursuite n'était pas d'aimer et d'être aimé mais plutôt d'avoir la fille, morte ou vive. Non pas que la chasse soit mieux que la prise. En réalité, peu importe que la prise soit endommagée : on peut au moins embrasser le bois sans avoir besoin de sa coopération. Ou s'en servir pour d'autres usages. Apollon déclara que la couronne qui ornerait son front et celui des Romains victorieux serait faite de lauriers. Autrement dit, même s'il avait perdu en amour, il restait le gagnant, celui qui conquiert par la force – un fait dont témoigneraient pour la postérité les parties du corps de la perdante exposées pour célébrer la victoire.

Bien que les souffrances romantiques de celui que l'amour maltraite soient souvent émouvantes, il est indéniable qu'en aimant quelqu'un qui ne veut pas être aimé, en pourchassant – tant sur le plan physique que psychologique – une personne pour qu'elle vous aime, on lui fait subir une forme d'agression. Et si les hommes ne sont pas les seuls à aimer sans être payés en retour ou à se comporter de manière agressive dans ce genre de situation, ils ont en revanche souvent tendance à réagir en transformant de manière hostile l'être aimé en objet.

Ce type d'amour implique la conquête et la possession et Ovide l'exprime de manière tragi-comique dans la conclusion dc sa fable, lorsque l'arbre « Daphné » accepte son destin qui est d'appartenir à Apollon : « Il se tut. Le laurier,/ Frémissant, sembla consentir, et dire *Oui.* »

Cependant, l'agressivité masculine n'exprime qu'une face, souvent inconsciente, des choses. Gardons à l'esprit le début de l'histoire et rendons aux hommes l'amour et la générosité qui leur est due. Seules les féministes les plus radicales – et la part féminine que j'ai en moi – ne sauraient compatir à la quête et aux souffrances d'Apollon. D'ailleurs Ovide voyait l'histoire de Daphné et d'Apollon comme celle d'une punition infligée par Cupidon à Apollon et non à Daphné.

Pour autant, quelle que soit la vulnérabilité de l'homme amoureux (ou désireux), il est bien celui qui poursuit, et parfois effraie, la femme. Certes, l'amour à sens unique touche aussi bien les hommes que les femmes et celles qui poursuivent les hommes font preuve d'une hostilité qui leur est propre. Mais la plupart des gens conviendront que la femme qui poursuit un homme se blesse elle-même dans une pulsion masochiste, alors que dans le cas contraire, l'homme blesse aussi la femme. Ceci peut une nouvelle fois être une des manifestations du conflit de l'insécurité masculine, où l'homme pour se protéger intérieurement, a besoin de se sentir, de manière ostensible, sur le dessus.

Si mon fils de huit ans exprime parfois son amour à sa mère en la serrant si fort dans ses bras qu'il lui écrase littéralement les poumons, ma fille de cinq ans flirte souvent avec moi en courant, riant et criant : « Microbes de garçon ! Microbes de garçon ! » Et même s'ils savent aussi exprimer leur amour de manière plus nuancée, il est cependant difficile de les imaginer l'un à la place de l'autre lorsqu'ils ont recours à ce type d'expression.

Portrait de l'artiste en Don Juan

Ce n'était pas vraiment un artiste que j'avais en face de moi. Louis était un jeune homme plein d'avenir, directeur du service souscription d'une grande compagnie d'assurances. Il m'apparaissait pourtant comme une sorte d'artiste, du moins dans ses relations amoureuses. Il savait, tel un sculpteur, tailler, couler, élaborer à l'infini des images de femmes adaptées à ses exigences psychiques. Il était en outre sensible et fin, avec une tendance à l'introspection.

En pensée, Louis transformait les femmes avec qui il sortait en icônes intimidantes de style différent – accueillantes et maternelles, voluptueuses et sexy ou éthérées et virginales – les sculptant pour les faire jaillir de son cœur de pierre, faussant sans s'en rende compte la perception qu'il avait de la féminité. Il tombait amoureux des images qu'il avait créées pour découvrir à chaque fois que le battement de cœur qu'il avait « attendu et ressenti » manquait encore.

Louis était tellement intéressé par sa propre personne qu'il était en quête de la femme idéale qui se réfléchirait sur son moi idéalisé. Mais comme il avait remplacé la femme avec qui il sortait par une « chose », il était aussi porteur d'une forte charge agressive. La première « chose » dont il parla en thérapie était imposante et abstraite – une mère. Il commença par me dire, au cours de notre première séance qu'il avait besoin de me voir parce que la femme avec qui il était depuis six ans voulait se marier et qu'il n'était pas prêt, sans arriver à savoir pourquoi. Il passa son temps à jurer ses grands dieux qu'il aimait son amie qui lui était toute dévouée et prenait soin de lui. Comme pour me le prouver, il l'amena d'ailleurs avec lui lors de la séance suivante. Elle avait l'air très gentille mais je ne voyais pas ce qu'elle avait de si extraordinaire. J'aurais dû alors me douter que le patient était un « sculpteur ».

À la troisième séance, Louis me dit qu'il avait rompu avec son amie : elle lui avait posé un ultimatum pour qu'ils se marient et il avait dit non. Mais ce ne fut que plus tard dans la thérapie qu'il réussit à verbaliser et à expliquer pourquoi il n'était pas prêt à l'époque. Cela n'avait rien à voir avec des considérations d'ordre pratique comme l'âge, le boulot, ou l'argent, ou d'ordre romantique comme une incertitude quant aux sentiments qu'il éprouvait pour elle ou un manque d'attirance ; c'était plutôt dû au fait que, dans cette relation, il avait l'impression d'être un enfant. Son amie était une personne attentive et généreuse mais le patient ne pouvait s'empêcher d'en faire une « chose » – et dans le cas présent une mère – devant laquelle il se sentait comme un petit garçon. Le sort de cette création à la Rubens fut donc scellé.

Pendant plusieurs années après la rupture, le patient idéalisa son ex-amie avec une intensité croissante.

Même s'il se rendait compte qu'il n'aurait jamais pu épouser une femme dont il avait une image à ce point maternelle, il était de plus en plus convaincu qu'il ne rencontrerait personne comme elle. De mortelle « très spéciale », elle était devenue déesse ou plutôt l'effigie mélancolique et marmoréenne d'une déesse.

Je fis part de mon analyse à Louis, qui fut d'accord avec moi, du moins sur un plan intellectuel. Il poursuivit pourtant son travail de sculpteur avec sa nouvelle conquête, sauf qu'il entreprit de fondre le moule opposé. Qu'est-ce qui se situe à l'opposé de la mère ? Freud pensait qu'il s'agissait d'une prostituée et identifia le complexe de la madone et de la prostituée qui continue d'affecter les hommes d'aujourd'hui en dépit de la révolution sexuelle. L'homme a tant de respect pour sa femme ou pour son amie qu'il lui est difficile d'en faire un objet sexuel. Il ne pourra avoir de fantasmes ou de relations sexuelles qu'avec d'autres femmes, moins respectées. Cette fracture sexuelle permet souvent aux hommes de gérer leur agressivité ou plutôt de cacher leur agressivité – aux autres comme à eux-mêmes.

La « chose » suivante fut donc une prostituée. Non pas au sens propre mais au niveau de la dynamique de la relation. Cette fois-ci, sa création – ou sa découverte, suivant que vous estimez que la réalité correspondait ou non à l'image qu'il se faisait de cette femme – était physiquement et psychologiquement à l'opposé de la précédente : jeune, voluptueuse et libérée. Comme me le disait Louis, c'était un animal sexuel prêt à tout pour l'amener au lit : supplications, séduction sans la moindre pudeur. Pourtant, aussi étrange qu'il puisse paraître, cette femme au tempérament de feu, n'arrivait pas à faire fondre la glace de ses émotions. Aussi, après un an de longues nuits où il avait pu vivre ses fantasmes les plus débridés, il rompit.

« Jamais personne ne m'avait excité à ce point, m'expliqua-t-il. Mais je ne pourrais jamais épouser quelqu'un comme elle. » Honnête et franc, il ne le lui avait d'ailleurs jamais caché – ce qui lui avait permis de rationaliser la culpabilité qu'il éprouvait. Celle-ci persistait pourtant, car elle n'était pas provoquée par un mensonge mais par l'agressivité qu'il ressentait et réussissait à camoufler sous l'honnêteté avec laquelle il avouait son manque d'implication. Son agressivité ne provenait pas de son besoin de découvertes sexuelles *avec* une femme mais plutôt de son besoin de *transformer* cette femme en objet sexuel, c'est-à-dire une nouvelle fois en une « chose ». Et ce fut cette même honte qui le conduisit à rompre – il finit par arriver à la conclusion que même si une femme ne voyait pas d'inconvénient à être transformée en objet, il n'était pas bon pour lui de se comporter ainsi.

Après cette seconde rupture, Louis décida qu'il en avait assez du sexe pour le sexe. Il se dit qu'il était maintenant mûr pour le mariage et se mit en quête de celle qui était faite pour lui et dont il allait tomber amoureux. Aussi incroyable que cela puisse paraître, elle se présenta bientôt sous les traits d'une jeune femme qui se rendait à la même église que lui. Tout excité, il me dit qu'elle était « belle, douée de talents créateurs et d'une ouverture d'esprit *incroyable* – bref vraiment spéciale ». Il ne la transforma pas en sculpture mais en poème. Je dis peut-être cela parce qu'au bout de leur deuxième ou de leur troisième rendez-vous, elle lui récita un poème qu'elle avait écrit sur lui. Comme dans le conte de Blanche Neige, il l'avait peut-être transformée en un miroir à qui il pouvait demander : « Miroir, miroir, mon beau miroir, dis-moi, quelle est la plus belle d'entre toutes les femmes ? »

Si je peux vous paraître cynique aujourd'hui en vous racontant cette nouvelle création de mon patient, je ne l'étais pas à l'époque. Comme lui, je pensais qu'il s'était enfin lancé dans une véritable relation amoureuse. Au bout de quelques semaines pourtant, il se mit à douter de ses sentiments. Sur le plan sexuel, son intérêt diminuait et il recommençait à fantasmer sur son ancienne petite amie, la « bombe sexuelle ».

Alors Louis rompit une nouvelle fois. Mais cette fois-ci, il s'interrogea à juste titre sur sa capacité à aimer. Il rompit successivement avec une série de jeunes femmes toutes semblables – jeunes, ingénues et béates d'admiration devant lui – et ses interrogations ne firent que s'amplifier. Il tombait à chaque fois très rapidement amoureux pour se désintéresser tout aussi vite de sa conquête en dépit de ses bonnes intentions et des efforts de communication qu'il faisait. La raison en tenait à ce qu'à chaque fois, il n'était pas tombé amoureux d'une personne mais d'une chose – et dans ce cas précis, d'une idée, celle que ces femmes étaient du « matériau pour le mariage » et qu'il était temps de se marier. Et à chaque fois, ses fantasmes sexuels étaient occupés par l'image de son ancienne maîtresse, celle avec qui il n'était sorti « que pour le sexe ».

Au bout de deux ans, Louis fut bien forcé de reconnaître que, même s'il ne l'avait pas cherché, il avait vécu un nombre impressionnant d'expériences amoureuses. « Pourtant, tout ce que je veux, c'est trouver quelqu'un que j'aimerais » disait-il avec la plus parfaite sincérité. Alors, était-il en quête d'amour ou aimait-il la conquête ? Se languissait-il vraiment de trouver une femme ou chassait-il pour la gloire ? Don Juan n'affirme-t-il pas qu'il aime les femmes et qu'il ne peut donc en exclure aucune ? Lui non plus ne tenait pas le compte de ses conquêtes : son domestique le faisait pour lui. Dans la version de Mozart, Leporello le valet de Don Giovanni chante à l'une des victimes de son maître : « Gentille demoiselle, voici la liste de toutes les beautés que mon maître a courtisées, une liste que j'ai moi-même établie : voyez, lisez-la avec moi. En Italie, six cents et quarante, en Allemagne, deux cent trente et une, une centaine en France, quatre-vingt-onze en Turquie ; mais en Espagne, déjà mille et trois. » Et, ajoute Leporello,

Don Juan ne courtise certaines de ces femmes que pour le plaisir de les ajouter à la liste.

Comme Don Juan, Louis, qu'il le veuille ou non, était en train d'établir une liste, et il laissa échapper un sourire goguenard lorsque je lui racontais l'histoire. Cependant, à la différence de Don Juan, il n'avait jamais violé, forcé ou trompé aucune femme pour la mettre dans son lit. Au contraire, il n'avait consciemment que de nobles intentions. Le problème venait d'ailleurs de là et il était incapable d'intégrer son agressivité à ses relations. Elle se manifestait dès lors sous la forme du rituel inconscient de la conquête qui consistait en : 1) se faire accepter par une femme, et 2) pour ensuite la jeter. Elle se manifestait également en une fracture sexuelle où seule une femme « interdite » ou les fantasmes qu'elle provoquait réussissaient à l'exciter. Paradoxalement, à partir du moment où le patient s'autorisa à voir et à accepter l'hostilité qu'il nourrissait envers les femmes, il réussit à s'engager et à les aimer – ou du moins, l'une d'entre elles. La personne qu'il finit par épouser était d'ailleurs suffisamment spéciale pour se dégager du moule dans laquelle il l'avait coulée et se rebeller contre son créateur.

Deuxième rendez-vous : l'entretien clinique

Il est très difficile de faire face à un Don Juan qui s'ignore. D'abord parce que ni les femmes avec lesquelles Louis avait rendez-vous, ni lui-même ne se rendaient compte qu'il était en train d'établir une liste. Il ne parlait pas de sexe, mais d'amour. Il séduisait les femmes, non par son physique mais par son esprit. Physiquement, il n'avait d'ailleurs aucun des attributs mâles traditionnels. Sans être laid, il était petit et frêle, ce qui l'avait complexé à l'adolescence : il se sentait inférieur aux autres garçons et méprisé par les filles.

D'ailleurs, au début de ses études supérieures, aucune fille ne voulait sortir avec lui. C'est alors que – par nécessité – il avait appris à se servir de son esprit pour séduire.

Ce syndrome n'a rien d'extraordinaire. Les Don Juans les plus « talentueux » que j'aie connus étaient des hommes affublés d'un physique difficile ou persuadés de l'être. Certains étaient, ou se sentaient, trop maigres, trop petits, laids, efféminés, immatures et que sais-je encore. Enfants, ils avaient souvent subi les sarcasmes des autres garçons et plus tard le mépris des filles, ce qui les poussait souvent à la conquête.

Ce type d'homme est en général à son aise lors d'un rendez-vous amoureux, car il transforme ses points faibles en qualités. Il s'intéresse, il est gentil et il ne semble pas fuir ses faiblesses. Parfois même, il saura parler de ce qui le blesse et le complexe. Consciemment ou non, il a compris que ce qui le desservait quand il était petit pouvait, à l'âge adulte, être exploité à son avantage. Qu'avoir gardé un côté enfantin, poète et sans défense était fort utile pour désarmer et charmer les femmes, surtout celles qui ont peur de l'agressivité masculine trop directe. Louis ne cherchait pas à manipuler ou à en mettre plein la vue de celles avec lesquelles il avait rendez-vous. Pour autant, il serait faux de conclure que ce type d'homme finira forcément par blesser la femme qu'il courtise. Ce fut l'horrible reflet qu'il aperçut dans le miroir que son amie et moi-même tendions à Louis qui lui permit enfin de s'engager dans une relation sincère. Ce miroir non seulement lui montrait son agressivité mais lui refusait en outre le droit de jouer la victime.

Si la tâche est rude pour le thérapeute, elle l'est sans doute plus encore pour l'épouse ou l'amie. Il vous faut d'abord réunir vos preuves et les tenir prêtes, sinon votre homme pensera que vous êtes folle : ne se voit-il pas comme un type sympa et sensible ? Ce qu'il *est* en effet, et il est donc facile de le blesser, ce qui constitue la deuxième difficulté. En lui renvoyant son agressivité, il faudra rester le plus neutre possible. Si vous laissez voir votre colère ou votre peine, vous montrerez que vous avez été conquise : l'homme se désintéressera de vous et passera son chemin.

Louis finit par épouser une femme qui avait rapidement perçu son agressivité. Elle le lui faisait comprendre, par son comportement, et parfois même en paroles : « Je vois bien où tu veux en venir et je te préviens, je n'ai pas l'intention d'être blessée, alors tu ferais mieux de ne pas insister. » Quand il commença à se poser des questions sur les sentiments qu'il avait à son égard, elle s'en posa également. Quand sur le plan sexuel son intérêt faiblit, elle alla jusqu'à lui dire que parfois, au lit, elle avait l'impression d'avoir affaire à un enfant. Et quand il dit avoir besoin de plus d'espace pour respirer, elle se sentit soulagée et non rejetée. En lui renvoyant coup pour coup, cette femme invitait ce patient à exprimer son agressivité à l'intérieur de leur relation – elle n'avait pas peur de l'ambivalence. De toute évidence elle, pas plus que Louis d'ailleurs, ne se comportait ainsi parce qu'elle aurait été animée d'un désir conscient de manipulation ou par jeu : elle avait juste besoin d'exprimer sa propre agressivité et son ambivalence. En somme, elle était la personne qu'il fallait à cet homme. Et elle était de plus apparue au moment opportun : il avait fait lui-même suffisamment de chemin pour être capable d'assumer son hostilité envers les femmes. Elle travailla beaucoup avec lui pour créer un lieu où ils pourraient exprimer ouvertement leur agressivité plutôt que de la refouler de manière inconsciente.

Ce lieu est bien sûr le reflet du lieu thérapeutique où l'analyste travaille avec le patient pour que celui-ci n'ait plus peur de son agressivité et l'intègre dans son mode relationnel. Ne nous voilons pas la face : ce n'est pas toujours très rose. Le « travail » ici ne consiste pas à essayer d'être gentil, aidant et coopératif mais à s'autoriser à être mesquin, en colère et désagréable. Autrement dit, dans ce type de relation, les partenaires doivent apprendre à combattre sans détruire la foi qu'ils ont l'un dans l'autre et dans l'amour qu'ils se portent. Comme je le dis souvent à mes patients, on est persuadé que c'est fantastique de « communiquer de manière ouverte » dès lors qu'il y a de l'amour, de l'affection et de la compréhension. Mais si, la plupart du temps, nous ne communiquons pas, ne serait-ce pas plutôt parce que cela peut être désagréable de le faire ? Qui serait assez fou pour vouloir exprimer au grand jour à ceux qu'il aime, les émotions et les pensées négatives qui l'animent : colère, agressivité ou dépression pour n'en citer que quelques-unes. Mais que nous le voulions ou non, nous les exprimons pourtant. La seule chose est de savoir comment on le fait.

Ceux ou celles qui pensent que cette démarche est trop négative ou demande un trop grand effort n'ont pas trente-six solutions lorsqu'ils ont à faire à ces Don Juans si sensibles : prendre, le plus vite possible, leurs jambes à leur cou. Le problème c'est que la séduction même de ces hommes tient dans ce que vous n'avez pas conscience de ce qui vous arrive : vous êtes trop occupée à parler de poésie et des choses de l'esprit pour comprendre qu'il vous faut fuir. Si, au cours de votre deuxième rendez-vous, l'homme que vous avez en face de vous s'énerve, vous comprenez qu'il vaut mieux rester à distance. À moins que, par habitude de la violence, vous n'ayez même plus conscience lorsqu'elle se manifeste, ce qui est hélas le cas de nombreuses femmes. Si en revanche, votre compagnon est gentil, attentionné et compréhensif, comment iriez-vous imaginer qu'il puisse être agressif ? Sauf que la plupart des hommes le sont. Aussi, la première façon de se protéger, c'est de savoir où réside l'agressivité masculine et d'accepter certaines de ses manifestations. Évidemment, le degré de tolérance varie en fonction des femmes.

Celles qui ont conscience d'avoir déjà eu affaire à des hommes violents par le passé ont une telle peur de la moindre agressivité ou d'un comportement un tant soit peu « négatif » qu'elles claquent la porte dès qu'elles en perçoivent le plus petit signe avant-coureur chez un homme. Mais, quoi qu'elles fassent, elles finiront un jour par se faire rattraper. Je me réfère à la dynamique des contraires que j'ai évoquée plus haut. Si c'est la gentillesse, la passivité et la sensibilité qui vous attirent chez un homme, c'est peut-être parce que le contraire vous effraie. Le problème, c'est que ces hommes si doux sont sans doute ceux qui ont souvent de très bonnes raisons d'avoir peur de leur propre agressivité. Aussi, le contrat tacite du genre « pas d'agressivité » qui est passé dans ce type de relation s'appuie sur la peur d'une agressivité existante, mais niée ou refoulée.

C'est d'ailleurs autant l'agressivité de son partenaire que redoute la femme, au motif qu'elle l'aurait déjà vécue dans une relation antérieure, que sa propre agressivité vengeresse ou sa colère sur lesquelles, pour une raison ou une autre – parce qu'elle était enfant à l'époque ou qu'elle était alors dans l'incapacité de réagir – elle n'avait pu travailler : elle n'avait donc eu d'autre solution que de la réprimer et de la chasser. Si cette théorie est vraie, plus la femme se force à la « non-agression » pour fuir la colère qu'elle abrite en elle, et plus elle risque de voir cette dernière resurgir comme par un effet boomerang : les contraires sont compris l'un dans l'autre. C'est un principe psychologique qui veut que plus on essaye de fuir certains traits de son caractère en s'efforçant d'adopter les traits contraires, plus ils ont besoin de s'exprimer. C'est ce qui explique qu'au journal télévisé, le meurtrier d'à-côté soit le plus souvent décrit par ses voisins et ses amis comme « un type vraiment sympa et sans histoires ».

On doit alors attendre et accepter une certaine agressivité de la part des hommes. Il est même possible de se faire une idée de son degré d'intensité. Il suffit pour cela de partir à la recherche d'indices en appliquant les principes de l'interview clinique. Il s'agit d'interroger la personne sur son passé pour confirmer ou infirmer les hypothèses que vous avez émises sur son caractère. Si vous avez à faire à un homme qui a l'air incroyablement gentil, sincère et ouvert, vous rechercherez le type de personnalité suivant : a) une nature gentille, douce ou cérébrale, b) ayant vécu de nombreuses relations à court terme, c) et incapable d'expliquer ou de comprendre son rôle dans l'échec de ces relations. Le troisième membre de l'équation est plus difficile à évaluer, car notre Don Juan malgré lui est habile au maniement des clichés psychologiques, des semi-vérités et des pseudo-analyses de soi telles que : « Je n'étais pas mûr pour une relation », « J'étais dans une autre phase de ma vie », et « Je sais maintenant ce que prendre des responsabilités veut dire. » Si, après avoir établi l'existence des points a) et b), l'homme que vous avez en face de vous vous intéresse toujours, n'oubliez pas que vous ne le comprendrez vraiment qu'à partir du moment où vous reconnaîtrez qu'il a un problème qu'il a du mal à saisir mais sur lequel il est prêt à travailler.

Les femmes seules m'objecteront peut-être qu'il est difficile d'interroger quelqu'un sur ses relations passées dès le premier rendez-vous. Je comprends, mais pourquoi ne pas essayer au deuxième ? Et puis, il ne s'agit pas vraiment de faire passer un interrogatoire mais plutôt de se faire confiance et de s'autoriser à voir et à accepter ce qui se présente spontanément à vous. D'ailleurs, il est inutile de disséquer le caractère de l'autre car il y aura toujours des défauts à trouver. Il ne sert à rien non plus de se brider et d'essayer à tout prix de trouver des raisons au comportement de l'autre. Si, à un moment, la gentillesse de l'homme qui vous fait face vous met mal à l'aise – quelle que soit la raison de ce malaise – il vaut mieux être à l'écoute de vos sentiments pour tenter de comprendre ce qu'ils signifient plutôt que de les évacuer par une explication rapide. Comme le disait l'un de mes superviseurs à l'école : « Si vous avez l'impression d'être attaqué, c'est parce que vous *êtes* attaqué[10]. »

Ne pensez toutefois pas que je sois en train de vous parler de faire appel à un sixième sens ou à une intuition mystique. Il ne s'agit pas non plus d'une évaluation passive mais d'un état d'esprit qui vous pousse à tester la validité de vos réactions émotionnelles, ce qui est en définitive le meilleur moyen d'apprendre à connaître l'autre. L'une de mes patientes sortait avec un homme qui semblait fiable, honnête et sensible. Il l'appelait à chaque fois qu'il disait qu'il le ferait, passait son temps à lui dire qu'elle était formidable et affirmait qu'il était prêt à s'engager. Cependant, la patiente ne pouvait s'empêcher d'éprouver de l'agacement. Mais comme ses amis lui disaient qu'elle était trop difficile, elle s'efforça de passer outre à ce qu'elle ressentait. Néanmoins, plus elle essayait de lui rendre les sentiments qu'il lui manifestait – il était tellement gentil, n'est-ce pas – plus sa résistance grandissait et plus elle se sentait oppressée par son affection et son admiration. Car les roses qu'il lui jetait comportaient des épines et sa gentillesse la tuait. S'il avait été vraiment sensible, il aurait compris que ses avances n'étaient pas totalement payées en retour et y aurait mis un frein. Mais cet homme ne démordit pas de sa stratégie de gentillesse et continua d'inonder son amie de son amour culpabilisant.

La relation n'y résista pas. Mais si cette femme avait été dès le début à l'écoute de ses sentiments, elle se serait épargnée, ainsi qu'à son ami, beaucoup de temps et de souffrance. Ce que réussit à faire une autre de mes patientes qui se trouvait dans une situation comparable. Après quelques rendez-vous, elle dit à l'homme avec qui elle sortait que les débordements d'affection qu'il lui manifestait alors qu'il ne la connaissait pas vraiment la mettaient mal à l'aise. Son ami fit montre d'une compréhension et d'une affection encore plus grandes pour lui répondre : « Je comprends parfaitement ce que tu ressens et cela n'arrivera plus. Je ne voudrais à aucun prix blesser une personne aussi exceptionnelle que toi. » Cela la conforta dans l'idée (ou plutôt le sentiment car ce n'était pas de l'ordre du rationnel) que cet homme en faisait trop et qu'il était impossible de lui faire confiance : elle mit fin à leur relation.

Mais ce n'est pas parce qu'une relation commence sur ce mode-là qu'elle doit forcément mal finir. Si cet homme s'était mis en colère comme il l'aurait dû plutôt que de se montrer encore plus compréhensif, s'il avait mit un bémol à son enthousiasme débordant et non sollicité, la patiente lui aurait selon toute probabilité répondu de manière positive. Ils auraient ainsi eu la possibilité de construire une relation comportant à la fois de l'amour et de l'agressivité.

Un conflit d'homme à homme

L'expérience m'a montré que, dans leurs efforts pour neutraliser l'agressivité masculine, la plupart des femmes trouvent tôt ou tard l'équilibre entre la guerre et l'amour. Les hommes, quant à eux, ont du mal à ne pas répondre à l'agressivité de leurs semblables. Il n'est qu'à les regarder conduire : au volant, l'homme est persuadé d'être bon conducteur dès lors qu'il roule vite et réussit à dépasser l'autre. La femme quant à elle privilégiera la sécurité et la courtoisie.

Mais les hommes, au-delà de ce potentiel offensif qu'ils ont en commun, redoublent souvent d'agressivité lorsqu'ils ont comme « adversaire » un autre homme. D'un côté, vous pourriez dire qu'ils se battent avec d'autant plus d'acharnement qu'ils ont le sentiment d'avoir en face d'eux un partenaire plus à leur mesure que ne le serait une femme. D'un autre côté, ils s'affrontent souvent pour capter l'attention d'une femme, au propre comme au figuré.

Les freudiens diront qu'il s'agit d'un résidu du conflit œdipien dans lequel le petit garçon se bat contre son père pour gagner l'affection de sa mère. L'éthologue et le primatologue diront que ce n'est qu'une expression de notre héritage de primates – on sait que les chimpanzés mâles affrontent les autres mâles avec une brutalité et une agressivité particulièrement violentes. Notons qu'ils se battent pour avoir le pouvoir, ce qui se traduit, comme nous l'avons vu, par l'acquisition du pouvoir de reproduction. On retrouve directement ce phénomène au sein de certains groupes humains : c'est le cas des Yanomamo, une tribu du Brésil et du Vénézuela où les hommes ont droit à d'autant plus de femmes qu'ils tuent beaucoup d'ennemis. Ailleurs, comme chez nous, la manifestation est d'ordre plus symbolique. Il est donc tout à fait possible que l'esprit de compétition, qui se manifeste chez beaucoup d'hommes dans notre société lorsqu'ils sont en présence de femmes, soit une expression métaphorique de ce phénomène.

Mais quelle que soit leur origine, les conflits entre hommes sont bien particuliers et font souvent appel à un esprit de compétition et à une combativité exacerbés. J'avais pour patient un homme d'affaires qui réussissait très bien dans son métier et se montrait très agressif. Il exigeait toujours que je lui dise quoi faire dans différentes situations. J'avais beau lui répéter que ce n'était pas comme cela que j'envisageais mon rôle, il me répondait avec impatience, voire un certain mépris : « D'accord, c'est un processus et c'est à moi de trouver la solution. Mais à quoi je vous paye alors ? Vous avez l'expérience et l'expertise – du moins je l'imagine, mais qu'en sait-on ? Vous devriez au moins être capable de me conseiller. » Frustré et furieux, il me dévaluait quand je refusais.

Un jour pourtant, je faillis lui dire ce qu'il devait faire. Il sortait alors avec la sœur de son meilleur ami, qui était toxicomane. Il avait l'intention de faire sa vie avec cette femme et de la sortir de sa dépendance. Quelques semaines après le début de leur relation, il lui donna donc les clefs de son appartement car il avait le sentiment de compter pour elle et de pouvoir lui faire confiance. Il lui fit part aussi d'un important secret professionnel. Je commençai par examiner avec lui d'une manière assez objective et tranquille la question de la toxicomanie. Il reconnut que c'était un problème mais affirma qu'il « avait les épaules pour y faire face ». Me rappelant de quelle manière il insistait pour que je lui donne des informations concrètes et pensant que je saurais opposer mon agressivité à la sienne, je lui dis deux ou trois vérités bien senties sur les toxicomanes, à savoir notamment que ceux qui consomment de la drogue manipulent et trompent leur entourage. Persuadé qu'il était dans le déni, j'avais le sentiment que je devais le prendre de face, aussi je ne cherchais pas à amortir mes coups : j'utilisai « mon expérience et mon expertise » pour frapper vite, et fort.

Il ne réagit pas sur-le-champ. Mais quelques heures plus tard, il laissait un message furibond sur mon répondeur, pour dire que la séance l'avait mis KO et demander à me revoir le plus rapidement possible. Il m'accusa alors d'avoir détruit les espoirs et les rêves qu'il nourrissait à l'égard de cette femme, et me dit qu'après la séance il avait sombré dans la dépression et la paranoïa. Il commença à se demander si son amie en voulait à son argent, et la relation faillit prendre fin quand il lui exposa ses doutes et ses soupçons.

Puis le patient me reprocha la méthode thérapeutique que j'avais employée : « Vous êtes psychologue et vous commencez à me connaître, vous auriez dû savoir que j'ai tendance à la dépression et qu'il fallait y aller doucement avec moi. Vous ne pouvez pas tranquillement me rentrer dedans comme vous l'avez fait, vous savez, je suis fragile ! Je sais que vous disiez cela pour mon bien mais vous avez mal fait. Vous devez faire plus attention à moi. » Il avait raison bien sûr. Mais mon entêtement masculin m'empêcha pendant un moment de le reconnaître. Il me fallut d'abord lui montrer qu'il avait provoqué mon agressivité et qu'il agissait de la même manière dans toutes ses relations. Je lui expliquai ensuite en quoi son déni était une invite à la confrontation. Et c'est alors seulement que je réussis à m'excuser. Même si je reste aujourd'hui persuadé que mon analyse n'était pas fausse, il n'en reste pas moins que j'avais du mal à admettre mes torts, comme le patient ne se priva pas de me le faire remarquer. Je réagissais par l'agressivité à mon insécurité de mâle. Et j'étais entré en compétition avec l'agressivité de mon patient.

Lorsque je réussis à dire : « Vous avez raison, je me suis comporté avec beaucoup d'insensibilité et je n'ai pas pris en compte vos sentiments », le patient accepta gentiment mes excuses. Cependant, en tant que psychologue, j'aurais dû me montrer plus malin. En obéissant à mon insécurité masculine, j'avais fait le mauvais choix. L'agressivité exprime parfois chez certains un besoin d'être compris et rassuré, non une invite au duel. C'est d'ailleurs ce qui permet à bien des hommes au tempérament souvent agressif de se laisser aller à parler dans le cadre d'une psychothérapie plutôt qu'à agir. Lorsqu'ils réussissent à parler de relations et d'estime de soi, jugées pourtant typiquement féminins, sans pour autant avoir l'impression d'être des femmelettes, les hommes sont en mesure d'intérioriser une attitude tolérante et curieuse envers leur propre féminité. Ce qui réduit leur besoin d'affirmer leur masculinité par l'agressivité.

Même les hommes ouvertement agressifs ne sont pas que des tyrans. Durs à l'extérieur, ils sont souvent tendres à l'intérieur. Ils admirent la force mais ils meurent d'envie de se montrer tendres et ne voudront se faire accepter que par quelqu'un de fort. Il faut donc du temps pour réussir à faire face à des hommes difficiles : c'est sur le long terme que son ou sa partenaire développera son propre sens du pouvoir et son (affectueuse) agressivité.

La pénétration

La pénétration physique est une particularité biologique (ou une possibilité) des relations sexuelles. On la retrouve dans d'autres activités humaines comme dans la boxe ou le cambriolage. Ces pénétrations peuvent bien entendu être agressives et bienvenues, agressives et non désirées ou agressives et violentes. Dans la guerre entre les sexes, le viol et les autres formes de pénétration violente sont l'exception et non la règle. Il n'en demeure pas moins que l'homme est celui qui pénètre, si ce n'est physiquement, du moins sur le plan psychologique.

Quand Léo, le patient « explosif » que j'ai décrit plus haut, s'était mis à hurler, j'avais eu l'impression d'avoir été violé physiquement. Sans être toujours aussi véhéments, les hommes semblent vous rentrer dedans comme s'ils avaient voulu vous donner l'impression d'avoir été violentés. Chez certains qui n'aiment pas élever la voix et qui ont peur de leur colère, l'agressivité est souvent sublimée et prend la forme d'une transgression plus érudite comme la pénétration intellectuelle. Les hommes qui, pour des raisons professionnelles ou autres, sont en rapport avec le monde intérieur des autres – comme les psychologues – sont plus particulièrement soumis à ce type d'agression.

Un exemple me revient à l'esprit : j'étais chargé de superviser un candidat à l'examen de docteur en psychologie clinique. C'était un homme charmant et doux, présentant des tendances androgynes mais pas une once d'agressivité. Il avait parmi ses patientes une femme avec laquelle il avait du mal à établir une relation – elle discutait souvent ses remarques et ne semblait pas comprendre la démarche thérapeutique. Après avoir essayé en vain de l'atteindre sous différents angles, il décida qu'il lui fallait s'en prendre à ce qu'il pensait être ses défenses – son manque d'ouverture au processus. Il lui déclara donc un jour à brûle-pourpoint, quoique j'en suis sûr avec douceur : « Je crois que vous ne voulez vraiment pas comprendre comment vous fonctionnez parce que vous ne voulez pas voir vos défauts afin de pouvoir continuer à mal vous comporter. » Il lui donnait ainsi ce qu'il pensait être une explication objective de son système de défense, sans prendre la mesure de sa propre frustration et de la colère qu'il éprouvait par rapport à elle.

Elle mit fin au traitement et mon patient en fut bouleversé. Quel qu'ait été le mérite de sa remarque – et je crois qu'elle en avait – elle avait d'abord été provoquée par la colère qu'il nourrissait inconsciemment à l'égard de cette femme parce qu'elle refusait de s'ouvrir *à lui*. Il s'était senti obligé de pénétrer son esprit par la force. Je discutai de son travail en m'efforçant de ne pas aller trop loin pour ne pas reproduire la même erreur : « Je pense que votre analyse n'était pas fausse mais vous en avez fait part à votre patiente d'une telle manière que je me demande si vous n'étiez pas en colère contre elle. Ce qui voudrait dire que les observations que vous lui avez faites s'appliquent aussi à vous – vous refusiez de voir à quel point vous lui en vouliez, afin de pouvoir suivre votre colère. » Et si j'ai pénétré trop loin dans l'intimité de son esprit, c'est sans doute parce que je ne voulais pas non plus voir que je lui en voulais d'avoir fait cette remarque idiote pour pouvoir à mon tour suivre ma colère.

La colère intellectualisée est abstraite, tordue, étrange : celui qui la fait subir aux autres n'en a pas vraiment conscience, et celui qui en est la cible ne comprend pas ce qui l'a frappé, ni pourquoi.

Les hommes qui ont peur de leur propre agressivité la sublimeront – avec plus ou moins de succès – pour lui faire prendre la forme d'une pénétration symbolique. Au début de ma relation avec ma femme, je fis une série de rêves où je me voyais pénétrer de force dans son appartement. L'un de mes patients qui avait le sentiment que je ne l'aidais pas assez et m'en voulais pour cela, rêva qu'il s'introduisait la nuit chez moi. Un autre, en colère devant l'incapacité de son amie à comprendre ce qu'il ressentait, rêva qu'il avait trouvé la tête d'une femme dans son tiroir, qu'il lui avait planté une fourchette dans le crâne pour lui extraire le cerveau.

Cet homme était un critique de cinéma, que ses collègues décrivait comme un « esprit pénétrant et perçant ». Son rêve était une métaphore, puissante et dérangeante, de son désir de pénétrer dans la tête de son amie afin de tout réorganiser pour qu'elle soit plus réceptive à ses besoins. Comme dans tous les rêves, les détails revêtent une très forte signification : le fait que l'instrument de la pénétration ait été une fourchette révélait l'appétit qui accompagnait la colère du patient. Cet appétit d'émotions, qui n'est néanmoins pas propre aux hommes, est souvent le motif qui se cache derrière les explosions de colère. À la différence des femmes, qui savent mieux exprimer leur sentiment de dépendance et leurs besoins, beaucoup d'hommes manifestent d'abord la colère qu'ils éprouvent face à cette dépendance. Sans le savoir, ils pénètrent votre espace pour trouver de quoi se nourrir. Il ne leur viendrait pas à l'idée de demander tout simplement : ils sont persuadés que vous ne leur donnerez rien et ils vous en veulent d'éprouver ce besoin.

J'ai observé cette réaction inconsciente plus d'une

fois chez des hommes dont la femme était enceinte ou dont le premier enfant venait de naître. Si une bonne partie de la psychanalyse, surtout freudienne, se penche sur la compétition œdipienne qui oppose l'enfant au parent qui a le même sexe que lui, on a relativement peu étudié ce sentiment du côté du parent. Il paraît évident pourtant que le nombre trois est générateur de conflits car la moindre affinité entre deux des membres exclut le troisième. Lorsqu'une femme entretient des liens affectifs avec son enfant – *in* ou *ex utero* – l'homme se sentira souvent abandonné. Et il a beau faire, il part perdant : le bébé n'a même pas eu à pénétrer la femme, il a grandi en elle. Il n'a pas non plus à réclamer l'attention de sa mère : elle lui est acquise en totalité, sans que l'on attende de sa part la moindre réciprocité. Sans compter que le père ne se voit plus accorder la même attention qu'avant : il y a tant à faire.

Nombreux sont les hommes pour qui devenir pères a été difficile, à cause de la nature de l'engagement que cela suppose. Et le problème ne fait en général qu'empirer à la naissance du deuxième qui marque souvent un point final au fantasme d'une vie dégagée de toute responsabilité. Mais pour beaucoup, l'arrivée d'un premier enfant signifie que leur femme leur retire certains « biens émotionnels » qui leur avaient été jusqu'alors acquis, les laissant avec leur colère et leur appétit d'émotions.

Le problème est qu'ils n'en ont pas conscience car le bébé est aussi une grande source de joie, de gratification narcissique et de fierté. Certains mettront à profit leur colère pour obtenir d'une autre femme, sous la forme de fantasmes ou dans la réalité, ce que la leur leur refuse. D'autres se vengeront sur leur bébé, surtout lorsqu'il pleurera et qu'ils auront le sentiment qu'il réclame. L'un de mes patients rêva qu'il mordait son enfant d'un an et demi, ce qui démontre une nouvelle fois le lien qui existe entre appétit, colère et pénétration.

À la naissance de mon premier enfant, je traversai une période d'irritabilité et de colère que je mis d'abord sur le compte d'un manque de sommeil avant de me rendre compte que c'était aussi lié au sentiment d'avoir perdu une relation exclusive avec ma femme. Ce ne fut que bien plus tard, en constatant le temps qu'il avait fallu à mon fils pour accepter l'arrivée de sa petite sœur et en me reconnaissant en lui, que je pris vraiment conscience de ce que j'avais ressenti. Un jour où il se sentait triste et jaloux de sa sœur, je m'efforçai de le consoler en lui disant que moi aussi j'avais ressenti la même chose à sa naissance. Ce à quoi il répondit : « Génial ! Alors tu as eu envie de me jeter à la poubelle quand je suis né ? » Le psychologue et père de famille avait encore une fois manqué une occasion de se taire.

Le survivant

George Soros, l'un des plus célèbres investisseurs de la planète, parle de lui en disant qu'il est un analyste financier dont le succès s'appuie sur l'insécurité plutôt que sur la sécurité des valeurs[11] qu'il manipule. Il attribue une bonne partie de sa réussite et de la philosophie qui l'accompagne dans la vie à son père et à la manière dont celui-ci a fait face à l'occupation de la Hongrie par les nazis alors que Soros était un jeune adolescent. Il affirme que son père – qui pendant la Première Guerre mondiale avait été emprisonné dans un camp en Sibérie dont il s'était échappé puis avait survécu aux dangers de la révolution russe – savait qu'en temps de guerre, les règles normales ne s'appliquent pas : « Il était devenu dangereux d'obéir à la loi. Pour survivre, il fallait [la transgresser]. » Ce savoir permit au père de sauver sa famille et d'autres personnes de l'extermination : il obtint de faux papiers d'identité et appris que pour gagner gros, il devait jouer gros. « Cela eut un effet formateur sur ma vie, écrit Soros, car c'est un maître qui m'a enseigné l'art de la survie. » D'un point de vue psychologique, notons que selon Soros « 1944 fut l'année la plus heureuse de ma vie ». « C'est étrange à dire, presque choquant, parce que 1944 fut l'année de l'Holocauste, mais c'est la pure vérité. J'avais quatorze ans. J'avais un père que j'adorais et qui maîtrisais la situation, qui savait quoi faire et qui aidait les autres. Nous étions en danger de mort, mais j'étais convaincu que je serais épargné. »

Le « survivant » n'est pas seulement affamé et en colère mais il sait mettre à profit l'insécurité, l'instabilité et le risque. J'ai déjà évoqué l'exemple de la Bourse. En apparence, les barracudas que l'on y rencontre vous donnent une impression de force, de confiance et d'exubérance. Lorsque vous avez en face de vous un spécimen de cette espèce, une question vous brûle les lèvres : « Comment réussissez-vous à encaisser le stress – les hauts et les bas des marchés, le risque de perdre des milliards, la nécessité de gagner des milliards ? » Ne vous fatiguez pas à poser vos questions : le poisson n'a pas conscience de l'eau. Mais il sait nager. Autrement dit, pour ces hommes – et depuis peu, ces femmes – vivre sur le fil du rasoir est devenu une seconde nature. Et ils adorent cela.

Quelles qu'aient été les raisons à la base de leur apprentissage, qu'ils aient été ignorés, maltraités, déracinés ou tout simplement élevés par des combattants, ils ont appris jeunes à survivre, et n'ont pas eu la vie facile. Jamais ils ne seront rassasiés et toujours ils prendront des risques. On peut élargir, jusqu'à un certain point, ce raisonnement à tous les hommes, qui dans l'enfance ont été moins protégés que les filles des difficultés émotionnelles et physiques de la vie. Mais ce n'est pas parce qu'ils ont su s'adapter qu'ils ne payent pas le prix fort : placez une grenouille dans de l'eau tiède et portez la doucement à ébullition ; la grenouille s'adaptera si bien qu'au lieu de sauter hors du bocal, elle finira par mourir bouillie. C'est, en résumé, le risque qu'encourt le survivant sur le long terme. Et à court terme, il est soumis à l'effet boomerang de l'agressivité dont il fait preuve dans ses relations personnelles. Je dis souvent à mes patients que « celui qui vit par l'épée périra par l'épée ».

L'un de mes amis se plaignit un jour des automobilistes dans les grandes villes : « Avez-vous remarqué que les types qui vous coupent la priorité et vous font des queues de poisson sont toujours au volant de grosses BMW et de Mercedes ? » Je me moquais à l'époque de la jalousie que sa remarque reflétait, mais en y réfléchissant, je me dis qu'il y avait du juste dans ce qu'il disait. Vous ne devenez pas riche en étant gentil, et vous ne vous mettez pas à être gentil une fois que vous avez accédé à la fortune.

L'agressivité dont font preuve les survivants n'a en définitive rien à voir avec la Bourse, les voitures ou l'argent. J'eus comme patient un homme qui aurait pu être un riche survivant mais l'argent ne l'intéressait pas. La vie et la mort en revanche, oui. Harry était en dernière année d'études lorsque je le recontrai pour la première fois. Il était homosexuel et se demandait s'il devait le dire à sa famille dont il avait toutes les raisons de croire qu'elle le prendrait mal. Il vint consulter pendant quelques mois puis il partit étudier la médecine dans une autre partie du pays où il s'installa après son internat. En quelques années, il était devenu un spécialiste reconnu du sida, tant en clinique qu'en recherche. Il vint me voir à l'occasion d'un séjour professionnel prolongé là où j'exerçais.

Son histoire était un peu particulière. Il avait grandi en ville dans une famille patriarcale très stricte et très conservatrice dont il était le troisième enfant. Sa mère, une Juive d'origine égyptienne, était morte à la maison quand il avait seize ans. Il était très proche d'elle et avait été traumatisé lorsqu'il l'avait vue cracher du sang et mourir littéralement devant ses yeux. Mais la manière dont elle était morte n'avait fait que le renforcer dans sa décision fermement ancrée, prise quelques années auparavant en voyant mourir son chien dans des circonstances étrangement similaires : il allait devenir médecin.

Harry pensait à la mort depuis longtemps déjà. Petit, il faisait un rêve récurrent dans lequel il était mordu par un serpent à sonnette et attendait la fin. Quelques années plus tard, ce rêve était réapparu sous la forme d'images hypnogogiques – des images qui ressemblent à des rêves et qui se glissent dans l'esprit au moment de sombrer dans le sommeil. Il se voyait au lit et sentait « une main ou une autre présence » ouvrir la porte ou la fenêtre de sa chambre puis avancer doucement et en silence vers son lit avec l'intention de le tuer.

« Je sais très bien ce qui me terrorisait ainsi – et me terrorise sans doute encore », me dit Harry quand je l'interrogeai sur sa peur de la mort. « Quand j'étais en cinquième ou en quatrième, je dus rédiger une phrase qui comportait la lettre “P” et je n'oublierai jamais ce que j'ai écrit : “Prends peur devant l'épouvantable présence paternelle.” » Le père de cet homme était en effet effrayant : il était né dans un petit village de montagne du Sud de l'Espagne – où « les hommes sont des hommes (et souvent des toreros) et les femmes des femmes » – et il était aussi dévoué à sa famille qu'à l'Église catholique. Mais il ne tolérait aucune transgression de ses valeurs de la part de ses trois fils comme de celle de sa femme. Bien qu'il n'ait jamais été violent avec ses enfants, ses explosions de colère étaient terrifiantes.

À l'âge de six ans, Harry demanda à ses parents s'il pouvait prendre des leçons de piano. « C'est pour les filles ! » éructa le père qui força son fils à sortir jouer au foot dans la rue avec lui. Une autre explosion suivit au bout de quelques mois quand l'enfant annonça qu'il ne voulait plus participer à aucun sport collectif. « Et si on te mettait une robe pendant qu'on y est ! » lui répondit son père avant d'entrer dans une colère noire. Quelques années plus tard, à l'occasion d'un barbecue familial où l'on parlait d'un lointain parent homosexuel et de son ami, le père déclara d'une manière directe et violente à son fils : « Je préférerais te voir mort que pédé. »

Cet échange, qui prit place bien avant que l'on ne commence à parler de sida, établit dans l'esprit du patient une relation entre l'homosexualité et la mort – une relation terrible dans laquelle la seconde était la punition de la première. Ce fut également cette relation qui quelques années plus tard, allait inciter le patient à orienter ses études de médecine vers la lutte contre le sida. Adolescent, le patient chercha consciemment à échapper au courroux paternel en trouvant refuge parmi les livres de médecine et le détachement scientifique qu'ils proposaient. Si ouvertement, il s'avouait qu'il allait devenir médecin pour sauver les autres de la mort qui le menaçait – comme sa mère et comme son chien – au niveau inconscient, il cherchait à accepter l'idée de sa propre mortalité, à échapper à sa peur d'un châtiment mortel et à se sauver.

Poussé par ces différentes préoccupations, Harry finit par se spécialiser en maladies infectieuses, domaine dans lequel les types de traitements font souvent la différence entre la vie et la mort. Et lorsque le sida fit son apparition il rejoignit tout naturellement la lutte. Pendant des mois il travailla d'arrache-pied, se livrant à des expériences sauvages sur ses patients. Pas une pierre du jardin médical qu'il ne souleva. Il se battit aussi contre les administrations des hôpitaux, les bureaucraties dispensatrices des aides gouvernementales, les journalistes médicaux et les directeurs de recherches des laboratoires pharmaceutiques. Il se battait parfois pour de bonnes raisons, par exemple pour essayer de simplifier les processus bureaucratiques, et parfois sans raisons, parce qu'il était né pour se battre.

Notons qu'à l'époque, ce qui le motivait consciemment, ce n'est pas tant de sauver des vies – la plupart des malade du sida ne répondaient alors à aucun traitement et mourraient peu de temps après l'établissement du diagnostic – que l'intérêt qu'il portait à l'étude des virus. Ceci, associé au dévouement total qu'il portait à son travail et à la très grande énergie qu'il déployait, lui conféra une très bonne réputation tant parmi les malades que parmi ses collègues. Il avait donc un nombre incalculable de patients, ce qui ne lui rapportait d'ailleurs pas beaucoup d'argent car il voulait rester dans le public pour pouvoir continuer ses recherches et son enseignement.

Je fus toujours étonné que Harry, qui avait vu sa mère mourir dans de terribles souffrances quand il était jeune, n'ait jamais été impressionné par la mort. Pourtant, il la côtoyait presque tous les jours dans l'unité de soins dans laquelle il travaillait et il en parlait constamment à ses patients et à leurs proches. À chaque fois, il semblait affronter le problème en face, animé par un parfait mélange de retenue médicale et d'esprit de combat. Comme tout bon survivant, il semblait tirer le meilleur parti des crises.

Aucun de ceux qui travaillaient avec lui n'aurait jamais pu deviner le prix que Harry payait pour conserver l'agressivité qui lui permettait de survivre. D'une part, comme tout bon intoxiqué du travail, il n'avait que peu de temps à consacrer aux choses les plus agréables de la vie – que ce soit ses relations amicales, amoureuses ou la littérature. Il y avait aussi ces images hypnogogiques qui l'assaillaient au moment de s'endormir. Elles étaient peut-être sans substance mais très perturbantes. Et puis il y avait le côté face du manque fondamental de sécurité dont il avait fait son moteur. S'il affrontait sans problème les troubles physiques des autres, il était pris d'angoisse quand il s'agissait de symptômes que lui-même pouvait présenter. D'une manière générale, tous les médecins qui sont confrontés à la maladie grave développent cette tendance. Mais cette angoisse était particulièrement violente chez Harry et pointait encore une fois en direction de son ancienne peur de la mort. Cette angoisse surgissait aussi parfois hors contexte comme par exemple ce jour où il avait reçu et accepté une offre d'un hôpital universitaire prestigieux. Il m'avait alors dit avoir le pressentiment que ce nouveau boulot ne marcherait pas et qu'il « se retrouverait à la rue ».

Cela peut paraître absurde à moins d'admettre que 1) le succès est souvent motivé par ce type de peur, 2) plus vous avez du succès et plus vous avez à perdre. Autrement dit, le succès ne donne pas accès à un sentiment de sécurité. Si le survivant ne redoute jamais le risque, il craint toujours la peur et n'a donc d'autre choix que de continuer à se battre. C'est ainsi que l'on peut voir certaines personnes arrivées au sommet du succès scier elles-mêmes la branche sur laquelle elles sont assises, afin de se rappeler leurs origines et garder leur motivation intacte. Bill Clinton, « l'homme du come-back » illustre parfaitement ce type de comportement : les analystes politiques vous expliqueront que, lorsqu'il fut candidat et plus tard président, à chaque fois que tout allait bien, il allait au-devant des ennuis pour pouvoir ensuite se battre avec une énergie décuplée et reprendre sa place au sommet.

Harry – pour en revenir au prix qu'il avait payé en échange de son succès – traversa le même genre de processus peu après avoir commencé son nouveau boulot. Heureusement l'expérience lui servit de leçon car il aurait pu y laisser sa vie. Il avait pris l'habitude de boire un verre ou deux en rentrant chez lui le soir pour se détendre un peu. Mais un soir, il but plus que de raison et sortit retrouver l'une de ses anciennes relations avec qui il finit par passer la nuit.

Ce n'était pas dans les habitudes de Harry qui était loin d'avoir une sexualité débridée et possédait relativement peu d'expérience en la matière. Le plus étrange pourtant, c'est que sous l'emprise de la boisson, il « oublia » que l'autre homme était HIV-positif et qu'il était lui-même un spécialiste du sida, censé avoir une idée assez précise sur les modes de transmission et leurs conséquences : il eut un rapport non protégé et à haut risque avec un porteur déclaré du virus !

Cet incident aurait évidemment pu être mis sur le compte d'une consommation excessive d'alcool, ce qui n'était pas faux. Mais Harry était un cérébral et il ne s'arrêta pas à cette explication. Il se dit qu'il devait y avoir en lui un désir de mort pour qu'il se conduise de cette manière. Nous n'eûmes pas à chercher trop loin pour entendre la voix intériorisée du père qui condamnait sa sexualité et disait préférer avoir un fils mort plutôt qu'homosexuel. Harry devait donc d'abord travailler à rejeter la sentence de mort prononcée par son père pour ensuite accepter sa propre sexualité plutôt que l'inverse.

Cependant, son geste allait au-delà de l'autodestruction. Il s'agissait aussi d'une régression dans la peur avec laquelle il avait grandi, la peur qui l'avait toujours poussé à survivre et à réussir. Quand il me raconta son aventure, cet aspect était beaucoup plus évident que son désir de mort : il avait tellement peur qu'il refusait de passer un test. Il finit par le faire et il était négatif. Mais la peur avait été telle qu'il changea du tout au tout : il cessa de boire, s'engagea dans une relation stable, et redoubla d'énergie au travail. Ce qui d'ailleurs ne laissa pas de nous inquiéter parce que cela aurait bien pu être les germes annonciateurs d'un autre round d'autodestruction à venir.

Pères et fils : le dilemme de Kafka

Pour le meilleur *et* pour le pire, ce sont les pères qui enseignent l'agressivité à leurs fils. Ou les substituts paternels que sont les frères aînés, et même parfois les mères, les amis, ou des hommes à la télé. Les fils apprennent non seulement en observant et en imitant l'agressivité dont fait preuve leur père dans ses relations avec les autres, mais aussi en s'identifiant à la manière agressive dont leur père les traite. Comme nous l'a montré l'exemple de la tribu de Nouvelle-Guinée analysé par Robert Stoller et comme l'explique en détail Terrence Real dans *I Don't Want to Talk About It*, c'est par la violence, souvent perpétrée – ou à tout le moins encouragée ou autorisée – par les pères que, dans nombre de cultures, les garçons apprennent à être des hommes.

Terrence Real montre que les rites d'initiation infligés aux filles, telles que la mutilation des parties génitales, s'apparentent au marquage d'un bien, alors que les rites subis par les garçons sont destinés à montrer qu'un homme est capable de tolérer la douleur. Le guerrier doit être fort. Si nos sociétés industrialisées épargnent aux garçons et aux filles les violences physiques, la philosophie qui sous-tend les rites n'a pas disparu. Et même si le rôle de chacun des sexes a évolué, Real affirme – et je suis d'accord avec lui – que l'image de l'homme en guerrier fort, entreprenant et héroïque perdure dans notre culture (avec son pendant, l'image de la femme vulnérable qui attend d'être sauvée par son héros).

Quand il atteint ses dix-huit ans, l'Américain moyen a assisté à vingt-six mille meurtres à la télévision. Presque tous ont été commis par des hommes. Real explique que « dans l'imaginaire des enfants d'aujourd'hui – qui se forme au travers des histoires que nous leur racontons, des livres qu'ils lisent, ou des films qu'ils regardent à la télévision et au cinéma – le garçon est presque toujours le personnage central. Les hommes sont plus grands, plus forts, plus entreprenants et plus intéressants [...]. Les garçons et les hommes sont les héros qui se sacrifient [...]. Les garçons sont des Peter Pan qui sauvent Wendy des griffes du capitaines Crochet ; ils sont le Casse-noisettes qui se transforme en un beau prince et porte secours à Clara prisonnière du terrifiant roi des Rats... »

Certaines féministes affirment que si nous parvenions à nous débarrasser de ces préjugés et de ces stéréotypes culturels, il serait possible de gommer la différence d'agressivité entre les garçons et les filles. Il ne fait pas de doute que cette influence culturelle a un impact énorme sur les enfants. Mais il me paraît totalement irréaliste de penser que nous pourrions un jour l'éliminer totalement de notre environnement – la censure appartient au passé. De plus, quand bien même nous réussirions à l'éradiquer, nous ne pourrions faire disparaître la graine de vérité sur laquelle elle s'appuie. Ce n'est pas qu'à la télévision que la plupart des meurtres sont commis par des hommes. Et en tant que groupe, les hommes *sont* plus grands, plus forts et, oui, plus entreprenants.

Il est vrai que ces données biologiques ne se traduisent pas directement en attributs psychologiques. Ainsi, les hommes ne sont pas plus forts que les femmes sur le plan psychologique. Mais dans le dialogue interne qui se met en place lorsque nous nous développons et au travers duquel nous découvrons qui nous sommes, les garçons doivent écouter et répondre à leur biologie et les filles à la leur, et ce quelles que soient les influences culturelles.

Cependant, outre l'absorption passive et le mimétisme, les enfants découvrent aussi leur agressivité en digérant et en transformant celle qui les entoure pour l'adapter à leur propre psychologie : garçons et filles procèdent là encore différemment. Au chapitre III, nous avons vu que la dureté des pères envers leur fils laisse à l'enfant le choix entre deux options aussi peu satisfaisantes l'une que l'autre : il peut accepter passivement la souffrance que lui inflige son père ou la minimiser d'une manière active en devenant comme son père et en la faisant subir aux autres. Étant donné que les garçons sont sur le plan de la biologie plus actifs que les filles (il s'agit d'ailleurs de l'une des découvertes les plus logiques et les plus importantes que l'on ait faite dans l'étude de la différence entre les sexes), il est probable qu'ils opteront pour la deuxième solution. Leur choix sera sans doute aussi guidé par leur peur de la passivité bien que – ou, comme nous l'avons vu dans le conflit de l'insécurité masculine, *parce que* – ils la désirent inconsciemment.

Nous nous retrouvons ici en plein territoire freudien qu'on ne peut, quoi qu'on en veuille, quitter totalement. L'une des idées maîtresses de Freud est que, pour maîtriser l'expérience subie lors d'un traumatisme, nous la répétons parfois à l'envers, c'est-à-dire en faisant subir aux autres ce que nous avons nous-mêmes subi. Cela nous permet de nous échapper par le haut. Cette « compulsion de répétition » affecte certes autant les femmes que les hommes, mais ces derniers, poussés par leur prédisposition biologique à l'activité et leur peur de la passivité (que par ailleurs ils appellent inconsciemment de leurs vœux), tendent à reproduire de manière active leur traumatisme [12].

C'est l'une des raisons qui explique que les garçons qui subissent des violences physiques ou dont on abuse sexuellement seront, plus que les filles, des adultes violents et abusifs. Les femmes auront quant à elles tendance à inverser l'abus et à le répéter sur un mode passif. Ou, plus exactement, elles semblent chercher activement – et peut-être inconsciemment – l'occasion de se transformer en victimes passives.

La compulsion de répétition, tout comme l'agression, ne concerne évidemment pas que l'abus. On voit ainsi beaucoup d'enfants dire qu'ils veulent être instituteurs ou profs lorsqu'ils seront grands, en partie pour avoir le pouvoir et infliger aux autres ce qu'on leur inflige. C'est le même fantasme que l'on retrouve à l'œuvre chez les adultes qui s'identifient à un patron dominateur. Pour prendre un autre exemple, lorsque j'étais à l'université, les étudiants de troisième année se battaient pour participer au comité d'admission des étudiants. Je pense qu'inconsciemment, chacun voulait interviewer les candidats pour leur infliger le même interrogatoire (en l'améliorant si possible) qu'il avait lui-même subi deux ans plus tôt quand il avait passé le concours.

S'il est vrai que dans l'ensemble, les filles sont plus actives que les garçons, on remarque aussi que tous les garçons ne choisissent pas de répéter activement les traumatismes qu'ils ont vécus. La répétition sur le mode actif n'est d'ailleurs pas préférable à la répétition sur le mode passif : chacune à ses avantages et ses inconvénients. Tant sur le plan philosophique que pratique, ces deux styles forment les deux faces d'une même médaille. Celui qui abuse des autres détruit son self qui finira en général par se venger ; celui qui laisse les autres abuser de lui finit par les détruire et par les conduire dans le mur. Pour pousser le raisonnement jusqu'à son terme logique, l'homme qui tue les autres finit par se tuer ou par se détruire, et l'homme qui se tue finit par « tuer » ou détruire la vie des autres – sa famille, ses amis et ceux qui lui « ont fait du mal ».

Aussi l'enfant qui « prend peur devant l'épouvantable présence paternelle » se trouve dans une situation dont il aura du mal à sortir indemne. Les écrits de Franz Kafka sont pour moi le meilleur témoignage de ces difficultés. Ses récits autobiographiques montrent que l'écrivain avait conscience de ne pas vouloir reproduire sur un mode actif ce que lui avait légué son père et qu'il était même capable d'expliquer son refus. Dans sa « Lettre au père », en réalité une cinquantaine de pages écrites à l'intention de son père, Kafka proposait une analyse de leurs relations :

> Très cher Père,
>
> Tu m'as demandé l'autre jour pourquoi je dis que je te crains. Comme d'habitude, je n'ai rien

su te répondre, en partie justement à cause de la crainte que j'ai de toi, en partie parce qu'il me faut, pour expliquer cette crainte, entrer dans une foule de détails dont je ne pourrais rendre compte oralement avec tant soit peu de cohérence. Et si j'essaie ici de te répondre par écrit, ce ne sera encore que de manière très incomplète, parce que même à l'écrit la crainte et ses conséquences entravent ma relation avec toi et parce que le sujet, par son ampleur, excède de beaucoup ma mémoire et mon entendement.

Au travers de ces mots très simples, Kafka invite son père au dialogue tout en dévoilant à la fois la douleur de ses sentiments et son talent pour l'analyse – on pourrait presque dire la psychanalyse. Les pages qui suivent montrent comment l'enfant a grandi aux côtés d'un homme qui était – selon les propres termes de l'écrivain – massif, bruyant, imbus de sa personne, impressionnant, emporté et rougeaud. Son père souscrivait de plus à certaines « méthodes éducatives », qui allaient des menaces à l'humiliation en passant par l'ironie, le rire sarcastique et les cris. Kafka note que cela aurait pu produire un résultat différent s'il avait eu en face de lui un enfant fort et insouciant. Mais sa sensibilité et sa timidité l'avaient amené à éviter tout ce qui avait trait à son père, y compris ce qui l'aurait tenté, comme de travailler avec lui ou même de se marier.

C'est lorsque Kafka explique pourquoi il lui fut impossible de se marier – il rompit par deux ou trois fois ses fiançailles – que nous voyons qu'il se refuse à répéter sur un mode actif ce que lui a fait subir son père et à s'identifier avec lui :

Les tentatives de mariage sont l'occasion, au sein de mes relations avec toi, d'un affrontement plus violent que partout ailleurs entre deux éléments apparemment opposés. Le mariage est à coup sûr la garantie de l'indépendance et la plus rigoureuse libération de soi-même. J'aurais une famille, ce qui est à mes yeux ce qu'on peut atteindre de plus haut, j'aurais donc ce que tu as toi-même atteint de plus haut, et je serai par là ton égal, toutes les vieilles hontes et tyrannies éternellement renouvelées seraient renvoyées à l'histoire. Ce serait évidemment digne d'un conte de fées, mais c'est là justement où gît le doute. C'est trop, on ne peut pas atteindre autant. C'est comme si un homme était détenu dans une prison et que, non content de projeter une évasion, ce qui serait peut-être réalisable, il projetait en même temps de transformer la prison en château de plaisance. Mais s'il s'évade, il ne transforme pas, et s'il transforme, il ne s'évade pas. Si, dans la relation particulièrement malheureuse que j'entretiens avec toi, je veux devenir indépendant, je dois faire quelque chose qui n'ait, si possible, aucun rapport avec toi ; le mariage est sans doute, dans cet ordre d'idées, ce qu'il y a de plus grand à faire, ce qui assure l'indépendance, la plus respectable, mais c'est aussi et en même temps ce qui est le plus étroitement en rapport avec toi.

Kafka parle de bien d'autres choses encore. Mais pour ce qui nous concerne, j'ajouterais juste que si la lettre est dans l'ensemble plus nuancée que les extraits ci-dessus peuvent le laisser croire – Kafka y dit par exemple assumer la responsabilité de certains de ses actes – la timidité et la peur que l'écrivain avait de son père l'empêchèrent de l'envoyer. Il ne la montra qu'à sa mère et elle ne fut publiée qu'après sa mort.

Le dilemme de Kafka hanta non seulement sa vie mais aussi toute son œuvre littéraire. Il dit dans sa lettre qu'il avait eu le sentiment, grâce à ses écrits, de s'éloigner enfin quelque peu de son père, sentiment que l'aversion que ce dernier portait à ses travaux ne faisait que renforcer. Mais à peine a-t-il écrit cela qu'il ajoute : « Bien sûr, c'était une illusion, je n'étais pas, ou dans le meilleur des cas, pas encore libre. Ce que j'écrivais traitait de toi, je ne faisais qu'exprimer là des plaintes que je ne pouvais exprimer contre ta poitrine. »

Mon propos n'est pas de décider si, dans ses derniers écrits, Kafka avait réussi à se séparer de son père et à échapper à sa tyrannie. Dans ses romans philosophiques, l'écrivain qu'il était parvenait incontestablement à transcender son expérience personnelle. Mais si l'on s'intéresse aux thèmes de ses romans – par exemple la tyrannie des pouvoirs métaphysiques dans *Le Procès* ou dans *Le Château* – il est impossible de ne pas faire le lien avec les méthodes d'éducation littéralement kafkaïennes de Kafka père. Nombre de critiques littéraires, surtout ceux qui appartiennent au déconstructivisme, ainsi que des artistes et des écrivains, n'aiment pas ce type d'analyse. Ils veulent envisager l'art en lui-même, libéré des démons de l'artiste. Mais, comme dans notre rapport aux singes, c'est justement lorsque nous cherchons à échapper à notre passé qu'il nous rattrape.

L'un des récits de Kafka, *Le Jugement*, met en scène un père vieillissant qui refuse à son fils le droit de se marier et finit par le « condamner » à mourir noyé. Le fils lui obéit, quitte l'appartement, court jusqu'à la rivière pour mettre lui-même à exécution la sentence. Cette histoire est étrange, improbable et presque biblique – comme une bonne partie de l'œuvre de Kafka – mais elle a la précision brute et logique de l'insconscient.

Si vous n'êtes pas capable de répondre à l'agressivité de votre père par la vôtre – ce qui est le cas de la plupart des enfants qui ont subi des sévices et qui ont peur – et si vous n'avez pas envie de devenir comme lui par défense et d'agresser les autres, quelles sont les alternatives ? La vie de Kafka nous propose une bien triste solution : avant de mourir, il ordonna à l'un de ses amis de détruire tout ce qui n'avait pas encore été publié. Heureusement pour nous, mais sans doute pas pour le père de l'écrivain, l'ami n'exauça pas son souhait ce qui nous permit d'avoir accès à quelques-uns des chefs-d'œuvre de la littérature mondiale.

La lettre de Kafka ne fait pas état de faits particuliers. Il y reconnaît que son père n'a jamais été physiquement violent avec lui, et une bonne partie des problèmes du jeune homme étaient liés à la « forte » personnalité de son père. Cette lettre ressemble à celle que l'on écrit pour « dire-à-son-père-tout-ce-que-l'-on-a-toujours-voulu-lui-dire-sans-jamais-oser ». Et c'est ainsi qu'on la lit et qu'elle nous touche encore aujourd'hui, même ceux qui n'ont pas eu un père abusif sur le plan émotionnel. Le dilemme de Kafka fait écho au conflit intérieur qui déchire beaucoup d'hommes aujourd'hui qui, en restant loyaux à un père destructeur, finissent par se détruire eux-mêmes.

CHAPITRE VI

L'autodestruction
(« Je suis vraiment nul »)

L'idiot

Il y a un an ou deux, alors que nous étions aux sports d'hiver, ma femme et moi avons décidé de partir skier quelques heures sans les enfants. Étant l'un et l'autre de bons skieurs amateurs, nous nous sommes laissés entraîner par un ami – un skicur hors pair quc rien n'effraye – sur l'une des pistes les plus difficiles du domaine. Ce fut horriblement éprouvant, tant sur le plan physique que moral, et nous n'en avons retiré aucun plaisir. Nous n'avions qu'une seule idée en tête : arriver en bas indemnes. De retour au chalet, alors que nous déchaussions, ma femme, qui est pourtant une bien meilleure skieuse que moi, se plaignit en disant que cette descente avait vraiment été une perte de temps inutile.

« Tu trouves ? lui rétorquai-je. Moi je suis content qu'on l'ait fait.

Et je marmonai dans mon coin : “J'ai l'impression d'être un homme, un vrai.” Ce à quoi ma femme répondit :

– Ah bon ? Eh bien moi, j'ai l'impression d'être une idiote, une vraie.

– C'est exactement ce que je veux dire ! fis-je, et nous partîmes d'un grand éclat de rire. »

Si ma femme s'était permis de dire la même chose, je me serais mis en colère en lui reprochant de vouloir me minimiser et en l'accusant d'être une femme castratrice, phallique et hostile aux hommes. Moi, je pouvais me le permettre, d'abord parce que je suis un homme, ensuite parce que je n'y croyais pas vraiment. Si, de tout temps, les hommes ont eu tendance à s'autodétruire, par exemple en se mettant à boire, à se droguer, à conduire comme des fous, ou en adoptant d'autres comportements par lesquels ils cherchent à se faire disparaître, ce n'est pas simplement parce qu'ils sont idiots.

Rappelons d'abord qu'une même action « virile » sera jugée stupide ou héroïque en fonction de ses conséquences, qui sont imprévisibles. Si vous résistez à quelqu'un qui vous agresse et que vous êtes tué, vous êtes un idiot. Si par contre vous réussissez à faire arrêter votre agresseur, non seulement vous devenez un héros, mais encore le génie qui a eu l'intuition que le type était un cave. Mais il existe aussi d'autres explications plus simples au comportement autodestructeur masculin, comme par exemple la force et l'activité physiques qui permettent aux hommes de s'infliger, et d'infliger aux autres, beaucoup plus de tort que les femmes. Cette hypothèse permettrait de comprendre en partie pourquoi le taux de suicide est supérieur chez les hommes alors que les femmes sont plus nombreuses à tenter de mettre fin à leurs jours. Cela ne suffit évidemment pas à tout expliquer, car cet acte, qui peut sembler le résultat d'une seconde d'égarement, est en réalité souvent le point culminant d'une tendance lourde qui s'est développée de manière souterraine.

J'eus comme patient un jeune scientifique dont le moins que l'on pouvait dire était qu'il était loin d'être idiot. Il pénétra un jour dans mon cabinet en souriant :

« Encore une semaine comme celle-ci et vous pourriez ne jamais me revoir. En sortant de la séance la semaine dernière, je me suis fait attaquer et là, je viens de me faire draguer par une femme beaucoup plus âgée que moi ! » Je me mis à rire et lui répondis que je ne savais pas ce qui était le pire des deux. Je ne disais pas cela uniquement pour plaisanter : cet homme était fils unique et son père – auquel il avait toujours été très attaché – avait quitté la maison pour s'installer dans une autre région quand il était petit. Il le voyait donc plusieurs fois par an et passait de bons moments avec lui, mais le reste du temps il était « coincé » avec sa mère, une psychologue dépressive qui – avec les meilleures intentions du monde – passait son temps à faire des commentaires perspicaces et intrusifs sur les pensées et les sentiments les plus intimes de son fils. Aussi la virilité de cet homme se trouvait-elle plus menacée par les avances d'une femme d'âge mûr que par un braquage.

La semaine précédente, il était sorti de mon cabinet en pensant à la colère qu'il éprouvait à l'égard de sa mère et à la façon dont il avait toujours évité de la lui exprimer. Plus il y réfléchissait et plus il s'enfonçait dans sa colère. Perdu dans ses pensées, il ne remarqua pas qu'un homme à l'air louche avait traversé la rue pour se diriger vers lui : tout d'un coup, l'homme braqua sur lui un revolver et lui demanda son argent. Le patient, déjà très énervé, donna un coup de mallette sur la tête de son agresseur. L'homme le frappa à son tour à la tête avec son arme et les deux adversaires s'écharpèrent jusqu'à ce que les voisins, alertés, s'approchent. Le voleur prit peur et détala. Mon patient s'accrocha à sa mallette et à son argent jusqu'à l'hôpital – tout comme il s'accrochait à son système de défense agressif né du sentiment d'insécurité masculine qu'il éprouvait. On lui soigna la plaie superficielle qu'il avait à la tête alors que sa blessure la plus profonde était sans doute dans sa tête : comme il ne voulait inquiéter ni sa mère, ni son amie, ou sans doute parce qu'il ne voulait pas montrer à des femmes qu'il était vulnérable, le patient ne les appela pas et passa la nuit seul aux urgences.

Lorsqu'il me raconta qu'il avait frappé son agresseur alors qu'il était plongé dans des pensées hostiles à l'égard de sa mère, je partis d'un rire incrédule et lui dis que cela me faisait penser à un film de Woody Allen. Il sourit avant de me raconter ce que cela lui avait évoqué. À douze ans, il était parti en vacances avec son père, un haut fonctionnaire du ministère de la Défense. Ils s'étaient rendus en Grèce, à la fois pour profiter des plages et pour visiter le berceau de la démocratie. Une après-midi, alors qu'ils se baladaient dans un village d'une petite île, le père se fit voler son porte-monnaie par un groupe de jeunes pickpockets qui les avait encerclés. À peine s'était-il rendu compte de ce qui s'était passé que le père empoigna le bras de son fils pour poursuivre la bande au travers des rues étroites du village. C'était une réaction complètement idiote, surtout lorsqu'on est accompagné par son fils. Mais le patient trouva cela formidable et voua à son père une admiration sans borne pour le courage et la force dont il avait fait preuve.

Ils ne rattrapèrent pas les pickpockets, mais le jeune homme, plusieurs années plus tard, vengea son père en frappant lui-même un voleur qui l'attaquait. Je dirais même que la violence dont il fit preuve à l'égard de son agresseur fut non seulement provoquée par la colère grandissante qu'il ressentait à l'égard de sa mère, mais aussi par une identification triomphante à l'image idéalisée d'un père qui lui manquait. À cet instant précis, il vint donc brusquement à la vie et se métamorphosa en un homme. Avec un peu de malchance, pourtant, cela aurait fort bien pu être un moment d'autodestruction. Cela aurait ainsi illustré comment celle-ci peut parfois être une extension logique de l'agressivité, qui est elle-même une défense élaborée par les hommes contre un sentiment d'insécurité qu'ils ressentent sans en avoir vraiment conscience à cause de leur vide émotionnel et de leur honte.

Une autre forme d'autodestruction, assez banale de nos jours, me fut révélée avec beaucoup de honte et d'humiliation par un jeune homme venu consulter pour dépression grave parce qu'il venait de perdre presque toutes ses économies dans des placements boursiers hasardeux. Sa femme et lui avaient mis cet argent de côté pour pouvoir acheter à crédit une maison. Il avait d'abord sagement acquis des bons du trésor mais, devant l'envolée des cours de la Bourse, il s'était par la suite laissé tenter par des fonds d'investissement qui rapportaient plus. Puis il acheta des actions individuelles dans différentes grandes entreprises, encore plus rémunératrices, avant de succomber aux attraits de plusieurs start-up Internet, empruntant même de l'argent pour pouvoir investir dans des actions « à la marge » et très volatiles. Il espérait doubler la valeur de son investissement quand le marché s'effondra, ne lui laissant bientôt presque plus rien sur son compte en banque.

Au bout d'un mois ou deux, le marché se redressa et battit même de nouveaux records. Mais pour cet homme, c'était trop tard : sa femme, à qui il avait raconté ses mésaventures boursières, avait insisté pour qu'il se débarrasse de toutes ses actions, ce qu'il avait fait une semaine avant le début de la reprise des cours. Il avait sombré dans la dépression en observant le marché remonter, ce qui me laissait penser que ce n'était pas tant le fait d'avoir perdu de l'argent qui l'avait affecté que celui d'avoir écouté sa femme. Il lui en voulait de l'avoir « forcé » à vendre, tout en sachant qu'il était seul responsable et qu'il n'aurait de toute façon jamais dû commencer à placer ses économies en Bourse. Comme il lui était impossible de reprocher cela à sa femme, il tourna sa colère contre lui-même et se punit en tombant dans la dépression.

Vous me direz que cet homme avait sans doute plus besoin d'un conseiller financier que d'un thérapeute. Pourtant, en grattant la surface, il apparaît que ce type de perte financière, dont sont régulièrement victimes des milliers de petits comme de gros investisseurs, reflète davantage qu'une méconnaissance des mécanismes boursiers ou un enthousiasme naïf : il s'agit d'un processus autodestructeur plus profond, que l'on peut analyser de deux façons. D'un côté, en écoutant sa femme et en vendant ses actions, le patient a commis l'erreur de succomber à une influence féminine : s'il était resté dans la course jusqu'au bout, tout aurait bien fini. Mais d'un autre côté, si l'on prend l'histoire par le commencement, on arrive à l'explication inverse, à savoir qu'en anticipant en permanence la montée des cours, il avait fait l'erreur de laisser son stupide ego mâle diriger sa stratégie d'investissement. Je dirais donc qu'il s'agissait autant d'une manifestation de sa masculinité offensive que de sa féminité défensive.

Cet homme était né à Hong Kong, où il avait passé la majeure partie de son enfance. Son père était un officier de la marine américaine en retraite qui s'était lancé sans succès dans les affaires. L'enfant avait subi une éducation stricte et autoritaire, où les sentiments n'avaient pas leur place. Sa mère était une sino-coréenne indépendante, ambitieuse et travailleuse. Elle gâtait et surprotégeait son fils aîné et voulait contrôler toute sa vie. Les parents divorcèrent quand le petit garçon eut douze ans. Le père resta à Hong Kong, où ses affaires continuèrent de péricliter, mais la mère émigra aux États-Unis avec ses enfants. Là, mon patient dut aider à faire vivre la famille et fut précipité prématurément dans l'âge adulte. Mais il restait sous la coupe maternelle (jusqu'à son entrée à l'université, il avait passé ses après-midi et ses week-ends à tenir le petit magasin familial). Même s'il en voulait à sa mère, c'était aussi un garçon bien élevé et respectueux, et il ne s'était jamais révolté contre elle.

En revanche, il s'était révolté contre sa femme. C'est tout du moins ainsi que j'interprétai les investissements risqués et impulsifs dans lesquels il s'était lancé : il cherchait à affirmer sa masculinité de façon indépendante et libérée. Il aurait pu le faire de manière plus classique et disciplinée si, dans son enfance, son père l'avait encouragé à exprimer ouvertement ses émotions. Par ailleurs, sa masculinité irresponsable était aussi un appel lancé en direction de sa féminité pour qu'elle prenne le contrôle et le tire hors des marchés boursiers.

Les hommes qui s'autodétruisent sont en général hypermasculins. De manière paradoxale mais logique, ils doivent rejeter leur propre féminité parce que la féminité a toujours été trop présente autour d'eux et qu'elle occupe maintenant trop de place à l'intérieur d'eux-mêmes. Aussi, dans bien des cas, on peut voir dans ce type d'autodestruction une tentative pour tourner le dos à une mère omniprésente et castratrice et pour accueillir un père absent et irresponsable. Dans le présent exemple comme dans le précédent, les parents s'étaient séparés et ne vivaient plus au même endroit : le jeune garçon s'était retrouvé avec une mère physiquement proche et un père physiquement éloigné. Cependant, le processus d'autodestruction que j'entends décrire n'a rien à voir avec un divorce ou un déménagement, un stress physique ou un traumatisme : c'est la personnalité des parents qui entre avant tout en compte, et plus exactement la manière dont ils intègrent leur propre part masculine et féminine.

Charles était un avocat d'affaires de trente-huit ans, sensible et agréable. Ses parents formaient un couple uni que tout le monde adorait. Ils étaient jeunes, sympa et branchés, toujours prêts à prodiguer un conseil ou à aider financièrement leur fils et sa sœur aînée. Pourtant, depuis le lycée, Charles souffrait d'un grave problème d'alcool et de cocaïne (l'abus de substances dangereuses est, chez l'homme, l'une des formes les plus courantes de l'autodestruction). Quelques mois après le début de sa thérapie avec moi, Charles s'était inscrit aux Alcooliques anonymes et, depuis lors, réussissait à rester sobre.

Ce qui, sur un plan clinique, était particulier dans le cas de Charles, c'était qu'outre son problème de drogue et d'alcool, il souffrait d'angoisse de séparation, un « trouble » que l'on diagnostique en général chez les enfants. Petit, il avait eu du mal à quitter sa mère pour aller à la maternelle ; dans le secondaire, il avait développé une véritable phobie de l'école, qui le faisait s'enfuir du collège pour rentrer à la maison retrouver sa mère. À l'adolescence, il avait eu peur d'aller au lycée à cause d'un groupe de garçons plus forts que lui qui l'embêtaient et, à l'université, il ne voulait rien faire sans sa petite amie. C'est d'ailleurs à ce moment-là qu'il avait commencé à boire, pour, comme il me l'expliqua lui-même, alléger l'angoisse qu'il éprouvait à l'idée d'être loin de sa famille qui habitait à l'autre bout du pays.

Pourtant, tout en ayant peur de se retrouver seul, il s'en voulait de se sentir dépendant. À son entrée à l'université, il s'acheta donc une vieille voiture et commença à partir en week-end tout seul. Il embarquait avec lui une caisse de bière qu'il buvait en route, réussissant ainsi à transformer son angoisse en excitation. Il se mit à l'escalade : il ne buvait jamais en grimpant, mais lorsqu'il arrivait au bout d'une voie ou à un sommet et qu'il s'installait pour la nuit, alors tous les démons de la terre se jetaient sur lui. Là, en pleine montagne, il tremblait de peur avec au ventre une seule envie : se retrouver chez lui auprès de son amie. Il buvait alors jusqu'à sombrer dans l'oubli.

Parfois, Charles s'arrêtait dans des bars le long de la route pour continuer de boire. Il lui arrivait de tomber sur une fille et il se sentait tenté de l'emmener dans l'arrière-salle pour coucher avec elle. Pourtant, dès que l'idée lui traversait l'esprit, il était torturé par une honte qu'il ne pouvait chasser qu'en buvant davantage. Il finit un jour par prendre conscience qu'il devrait rompre avec son amie, mais ne put s'y résoudre à cause de son angoisse de séparation. Il tomba alors amoureux de la sœur de son colocataire, venue passer quelques jours chez eux. Ils entamèrent une liaison qui lui permit de rompre avec sa petite amie. Sa nouvelle amie repartit chez elle, ils poursuivirent leur relation par téléphone.

Charles adorait la région où il faisait ses études ; il décida qu'il ne reviendrait jamais à une vie citadine. Mais son amie voulait faire carrière dans la finance ; elle lui dit qu'elle ne quitterait jamais la grande ville où elle habitait. Craignant de la perdre, il s'installa donc avec elle et ils se marièrent peu après. Charles essaya à de nombreuses reprises de s'arrêter de boire. Il y réussit parfois pendant de longs mois. Mais il souffrait toujours d'angoisse de séparation et, pendant des années, il se réveilla à quatre heures du matin tous les lundis, saisi par la peur de commencer la semaine. Il rêvait toujours de repartir vivre dans la nature, mais à chaque fois qu'il retournait là où il avait fait ses études – sa femme, débordée de travail, ne voyait aucune objection à ce qu'il y passe un week-end prolongé tous les six mois –, il se retrouvait pris d'angoisse au milieu de la nuit. Avec l'avènement du téléphone portable, il avait dû résister à la tentation d'appeler sa femme depuis sa tente, le bord de la route ou le sommet d'une montagne. Il avait semble-t-il renoncé à certains de ses comportements les plus risqués, comme de conduire en état d'ivresse, mais s'était lancé dans d'autres activités dangereuses. Ainsi, bien qu'il fût un skieur hors pair, il se blessait presque à chaque fois qu'il partait skier ; dans son travail, dès qu'il était sur le point de conclure une affaire, il ne pouvait s'empêcher de dire quelque chose à son client qui remettait tout en question au dernier moment.

Quand il vint me voir, Charles avait déjà pris conscience qu'il avait recours à l'alcool comme traitement contre l'angoisse. Et c'est lui qui me parla d'angoisse de séparation. « Ça me paraît clair, me dit-il. Tout à commencé à l'école maternelle où j'avais peur d'abandonner ma mère. Depuis ce moment-là, j'ai dû mener un combat de tous les instants pour réussir à survivre dans cette jungle. » Ce qui lui paraissait moins clair, en revanche, c'était *la raison pour laquelle* la séparation lui causait une telle angoisse. En thérapie, il se rendit compte progressivement que lorsqu'il était seul, c'était moins pour lui qu'il s'inquiétait, que pour sa mère, son amie ou sa femme qu'il avait laissé derrière lui. Il se rappela que lorsqu'il s'échappait de l'école pour rentrer chez lui, ce n'était pas tant pour que sa mère s'occupe de lui que pour vérifier qu'elle était bien là. Cela avait continué avec les autres femmes qu'il avait eu par la suite dans sa vie – lorsqu'il était loin, il avait peur que quelque chose ne leur arrive *à elles*, non à lui.

Il se rendit alors compte que tout avait débuté à la maternelle, non pas parce qu'*il* lui fallait *se* séparer de sa mère, mais bien parce qu'*elle* devait se séparer de lui. Sa mère venait de quitter à regret sa propre famille et le petit village dans lequel elle avait toujours vécu, pour suivre son mari dans une grande ville. Il est souvent vrai que les enfants qui souffrent d'angoisse de séparation ont peur de quitter les jupes de leur mère parce qu'ils reçoivent d'elle le message inconscient que c'est dangereux dehors. Pourtant, l'angoisse de Charles plusieurs années après était telle, qu'il était difficile de l'expliquer par une mère qui l'aurait surprotégé ou qui aurait elle-même eu des difficultés à faire face à ses propres pertes. Quand je le rencontrai pour la première fois, je m'étais même dit que son angoisse devait avoir des origines physiologiques et qu'il faudrait associer des médicaments à un traitement psychologique. Mais de façon assez étonnante, au bout de trois ans de thérapie (et d'abstinence), Charles se libéra de son angoisse.

L'une des principales raisons à sa guérison vient de ce que Charles avait fini par comprendre la personnalité de ses parents et que, dans une certaine mesure, il avait réussi à s'en dégager. Plus que son angoisse de séparation, c'était elle-même que sa mère projetait sur son fils. Il émergea lentement de la thérapie que cette femme débordait de sentiments, d'impulsions et d'images, mais qu'elle disposait de peu d'outils conceptuels et intellectuels. Elle vivait tout dans la vie, le bien comme le mal, avec une extrême intensité, et sans le moindre détachement. En résumé, elle était couleur et texture, mais manquait de forme et de structure. Elle traversait donc la vie dans un état de fusion totale avec l'univers, ce qui pour elle commençait par les gens qui peuplaient son espace affectif.

Ainsi, à mesure qu'il grandissait, tous les sentiments du petit Charles avaient été évincés au profit de ceux de sa mère. Avait-elle froid qu'il fallait que le petit garçon s'habille chaudement ; avait-elle peur du noir qu'il dormait avec la lumière allumée ; craignait-elle qu'un grain de beauté ne fût cancéreux qu'il avait peur qu'elle ne meure ; sa mère (à elle) lui manquait-elle, que la sienne (à lui) lui manquait ; si elle voulait des câlins au lit, il voulait des câlins au lit ; et si elle se plaignait de ce que son mari était une brute insensible, il avait le sentiment qu'il était une brute insensible.

La personnalité de cette femme, qui apparaît en quelque sorte comme une caricature de la féminité traditionnelle, nous permet de mieux comprendre pourquoi Charles souffrait d'une telle angoisse de séparation. Elle avait été déclenchée chez lui, non pas par une séparation traumatisante, mais par une personnalité traumatisante. De plus, si Charles, enfant, avait pu développer ses propres sentiments, ils auraient sans doute pris la forme de la colère envers sa mère plutôt que de la peur du monde alentour. D'ailleurs, au cours de la thérapie, Charles, adulte, se mit à éprouver cette colère à mesure que son angoisse refluait : elle était dirigée contre sa mère, sa femme, ou tout autre personne qui lui donnait l'impression de vouloir contrôler sa vie – et elle était aussi forte que son angoisse l'avait été. Il était désormais sujet à des crises de rage, sans doute moins destructrices pour lui que pour son entourage.

Je ne m'acharne pas ici sur les mères, bien évidemment – car il n'y a pas de mère à problème sans père à problème. Si le père de Charles n'était ni absent physiquement ni agressif, il incarnait cependant nombre d'attributs masculins négatifs dont j'ai parlé dans ce livre. Il ne parlait jamais de ses propres sentiments ou de ceux de son fils, sauf pour dire à celui-ci de contrôler ses émotions. Quand il parlait, il racontait des histoires de batailles commerciales, faisait des blagues salaces, se moquait de la mère de Charles et évoquait les aventures alcooliques qu'il avait eues dans sa jeunesse. En résumé, alors qu'il était parfaitement à son aise en société, il était si peu développé sur le plan des émotions qu'il n'offrait à Charles aucun refuge contre sa mère.

En avançant dans la thérapie, Charles découvrit la vraie personnalité de son père tout en prenant conscience de la déception qu'il éprouvait à son égard – celle de ne pas être une vraie personne, une personne en trois dimensions. En somme, l'angoisse de séparation dont il souffrait consistait à essayer de ressembler moins à la femme qu'incarnait sa mère et davantage à un homme que son père. Si en faisant de l'escalade il cherchait à échapper à sa mère, l'angoisse l'accompagnait forcément dans son ascension parce qu'il n'avait pas de père pour le protéger au sommet.

Ce n'est pas un hasard si l'angoisse de Charles fut

« guérie » par sa colère, même si nous avions tous les deux le sentiment que la thérapie ne serait pas terminée – si tant est qu'une thérapie puisse l'être un jour – aussi longtemps que cette colère subsisterait. Il existe en effet un lien étroit entre agressivité et autodestruction. Nous avons jusqu'ici évoqué le cas d'hommes dont les tendances autodestructrices sont le prolongement « idiot » de leur hypermasculinité agressive. D'autres, comme par exemple Kafka, tombent dans l'autodestruction à cause d'une agressivité insuffisante.

On pense souvent que la psychothérapie est un processus qui consiste à rejeter sur ses parents la responsabilité de tout ce qui ne va pas dans sa vie. Ce stéréotype est entretenu par le fait que patients comme thérapeutes ont souvent du mal à faire la différence entre colère et reproche. En théorie, la distinction est facile à faire : la colère est une émotion alors que le reproche est une attribution cognitive de responsabilité. Il n'en demeure pas moins que dans la vie, nous avons tendance à mélanger les deux. Si Charles finit par éprouver de la colère envers ses parents à cause du lien qu'ils ont établi avec lui dans son enfance, et surtout s'il finit par exprimer cette colère, cela ne signifie-t-il pas qu'il les rend responsable de son angoisse de séparation ?

La réponse est non, car quelles que soient les cartes qui vous sont distribuées à la naissance – et elles ne sont jamais toutes mauvaises –, chacun a le choix de les jouer comme il l'entend. Enfant, et plus encore adulte, Charles a lui-même choisi la manière dont il allait s'arranger des limites de ses parents. C'est pourquoi, à mon avis, une thérapie honnête se concentrera sur ces choix et sur les modifications que l'on peut y apporter, plutôt que sur la manière dont nous avons été victimes du choix des autres, qui est un fait auquel on ne peut rien changer. Il ne s'agit évidemment pas non plus de rejeter la faute sur le patient, mais de l'inviter à prendre ses responsabilités au lieu qu'il reproche tout à ses parents ou à lui-même.

Cependant, la colère est une émotion très douloureuse, surtout lorsqu'elle s'exerce en direction d'une personne que l'on aime ou dont on dépend. C'est pourquoi bien des patients se servent de la confusion qui existe entre colère et reproche pour éviter d'éprouver de la colère envers leurs parents : « Je ne vais tout de même pas leur reprocher mes problèmes trente ans après », disent-ils très justement. Mais ils se refusent ainsi à tort le droit de ressentir de la colère. Peut-être la confondent-ils avec le déni parce qu'ils éprouvent une telle colère qu'ils voudraient vraiment être capables d'en vouloir aux autres. Les personnes dont on a beaucoup abusé ont vraiment des reproches à faire à leurs parents qui portent en effet une indéniable responsabilité. Encore faut-il qu'elles ne se servent pas de cette réalité pour se mentir à elles-mêmes sur leurs propres choix.

Gagner en perdant : malade, en colère et moche

Il y a quelques années, j'ai fait un rêve qui mettait en scène ma propre tendance à l'autodestruction. C'était, comme par hasard, à une période de ma vie où je commençais à rencontrer un certain succès professionnel. En outre, je crois que le rêve avait été déclenché par une conversation que j'avais eu, ce jour-là, avec un ami plus âgé qui avait jusqu'ici très bien réussi, mais qui connaissait à ce moment-là quelques revers de carrière. J'ai donc rêvé que j'étais en voiture avec ma famille lorsque je perdis totalement le contrôle du véhicule, qui alla s'écraser un peu plus loin. Ma femme, mes enfants et moi en sortîmes vivants, mais nous étions en sang, la voiture était fichue et il y avait de la tôle un peu partout. Puis il y eut un fondu enchaîné et, dans la scène suivante, je faisais frénétiquement l'amour avec ma femme.

En réfléchissant à ce rêve, la première chose qui me vint à l'esprit fut que j'étais le seul homme de la famille à n'avoir jamais eu d'accident avec la voiture de mon père. Mes deux frères aînés en avaient eu dans leur jeunesse, ainsi que mon père. Aucun de mes frères n'avait évidemment été félicité pour sa bonne conduite mais, quelques années plus tard, cela n'avait pas empêché mon père de proclamer que l'un de ces deux casseurs de voitures était le meilleur conducteur de la famille. En réalité, pendant de nombreuses années, je m'étais senti moins à l'aise avec mon agressivité que mes frères – ce qui ne transparaissait pas seulement au travers de ma manière de conduire. Ce n'est pas tant que j'avais un esprit de compétition ou une hostilité moins grande que la leur, mais plutôt que ces sentiments généraient chez moi un conflit. Ma tendance à l'autodestruction ne se manifestait donc pas de la même manière : quand eux adoptaient un comportement idiot en bousillant des voitures, je me conduisais quant à moi comme un idiot en cherchant à me bousiller moi-même.

Pendant mes premières années à l'université, je fis campagne pour me faire élire président du bureau des étudiants. À peine élu, pourtant, je choisis un programme qui allait amener le bureau à entrer en conflit direct avec le président de l'université. Nous fûmes contraints à démissionner au bout de deux mois, ce que nous fîmes après avoir organisé des manifestations. L'idée même d'un bureau des étudiants disparut de l'établissement pendant plusieurs années. Cet incident montre que le pouvoir et l'autorité m'intéressaient, mais aussi que, à peine avais-je réussis à m'en emparer, je les rejetai au lieu d'en tirer des avantages pour les autres et pour moi. Je pensais : « Ça leur apprendra. » Mais je fus le seul puni, car j'avais manqué une occasion d'apprendre le leadership.

La manière dont j'ai choisi mon orientation après le bac est un exemple plus subtil d'autodestruction. Alors que mes frères s'étaient lancés à corps perdu dans des carrières juridiques agressives, je décidai de faire des études de cinéma. Ce qui en soit est parfait, sauf si vous n'avez aucun talent particulier en la matière, ce qui était mon cas. Au fond de moi, je savais que je n'étais pas fait pour ces études, mais je refusais de m'écouter ou d'écouter mes parents. Ce ne fut qu'une fois confronté à toutes les implications de mon choix – et notamment lorsque je pris conscience que je ne pourrais jamais supporter le manque de structure et de stabilité propre au monde du spectacle – que je changeai d'orientation.

Heureusement pour moi, je m'en sortis bien et je ne peux donc pas dire que je regrette ce premier détour. Un ami à qui je confiai il y a peu que je me voyais bien faire autre chose que de la psychologie, me répondit d'un air dubitatif que je lui donnais l'impression de m'investir tellement dans mon travail qu'il ne m'imaginait pas exercer une autre profession. Il n'avait peut-être pas tort, ce qui me ramène à mon rêve : sentant que j'avais réussi à trouver ma voie, je voulais semble-t-il passer du comportement débile qui était le mien à un comportement idiot : celui des autres hommes de la famille. Le rêve était en quelque sorte un rite de passage. Pour devenir un homme – je « possédais » la femme dans la deuxième scène –, il faut d'abord bousiller la voiture. Ou pour dire les choses vulgairement : pour baiser, il faut avoir des couilles.

Pourquoi l'agressivité que ressentent certaines personnes les met-elle mal à l'aise au point qu'elles en viennent à adopter un comportement autodestructeur ? Je laisse la parole à l'un de mes patients qui, pendant des années, s'est battu héroïquement pour surmonter de multiples traumatismes subis pendant l'enfance, dont le suicide de son père. Ce dernier avait toujours été violent avec lui et avec sa mère, et celle-ci avait plusieurs fois essayé de quitter le domicile conjugal avec le petit garçon et son jeune frère. Mais elle finissait toujours par céder aux émissaires de son mari, qui la suppliaient de revenir. Une nuit, après une bagarre particulièrement violente, la mère prit ses enfants et claqua la porte « cette fois-ci pour de bon ». Le garçon avait alors une douzaine d'années et jeta à son père, qu'il avait vu battre sauvagement sa mère pendant la journée : « Je te hais. » Quelques jours plus tard, bien qu'il n'y ait pas eu d'émissaires cette fois-ci, la mère et ses enfants prirent le chemin du retour. Ils sonnèrent, mais personne ne répondit. Comme ils vivaient au rez-de-chaussée, la mère demanda à son fils aîné de passer par une fenêtre restée entrouverte pour les faire rentrer. Il réussit à se glisser à l'intérieur et vit ce qui allait ensuite le hanter pour le reste de ses jours et de ses nuits : le grand corps de son père tout-puissant se balancer du plafond, un filet de sang écarlate aux commissures de ses lèvres.

Même s'il était alors assez grand pour savoir qu'il n'avait pas tué son père, le petit garçon ne put s'ôter cette idée-là de l'esprit : il avait finalement rassemblé son courage pour exprimer la colère qui l'habitait et voici ce qui était arrivé. En vérité, ce n'était pas qu'il haïssait son père, mais bien qu'il l'aimait. Et, adulte, il continua de l'aimer comme en témoignaient les rêves nostalgiques qu'il faisait souvent, au cours desquels la figure paternelle venait lui rendre visite. Ces rêves alternaient avec ceux où le père faisait preuve d'une violence effrayante. Les enfants expriment communément leur colère en ayant recours à des expressions telles que : « Je te déteste », « Tu n'es plus mon ami » ou « Je voudrais que tu sois mort. » Et lorsque cette colère est d'une certaine intensité et que son expression est suivie par un suicide, il est tout à fait logique que l'enfant ait le sentiment que son père s'est tué parce qu'il l'a, lui, rendu malheureux.

Il est de fait aussi logique que l'enfant ait à jamais

peur de sa colère et qu'il préfère se blâmer au point de sombrer dans la dépression plutôt que d'accepter ce trait de caractère. Ce patient avait, de manière assez classique, retourné vers l'intérieur la colère qu'il ressentait et s'était puni par la dépression du meurtre mental de son père. Si la dépression affecte plus les femmes que les hommes, alors que l'autodestruction est plus typiquement masculine, ces deux pathologies sont cependant cousines. Dans un cas comme dans l'autre, le sujet est en proie à des sentiments négatifs inacceptables à l'égard d'une personne qui occupe une place importante dans sa vie et il finit par les retourner contre lui-même. Toutefois, dans l'autodestruction, c'est la rage plus que la colère qui forme la base des sentiments négatifs que le sujet est trop « faible » pour contenir à l'intérieur de lui-même, car il a parfois subi un certain nombre de sévices quand il était enfant. Il se sent poussé à agir sur eux en les extériorisant ou en les exprimant de manière physique.

C'est ainsi que lorsque ce patient était en colère contre moi, il tombait en dépression et, la séance suivante, ne venait pas. Il préférait oublier vraiment le rendez-vous pour ne pas avoir à me dire qu'il me détestait. Lorsque sa femme lui reprochait de dépenser trop d'argent en achetant des disques, il lui répondait qu'elle avait raison, mais il en achetait encore plus le lendemain sans le lui dire. Cependant, l'exemple le plus significatif est lié à son travail : comme il estimait ne pas avoir été promu assez rapidement, il prit l'habitude de prendre des jours « de maladie » sans même appeler pour prévenir. Lorsque son patron le lui fit remarquer, il reconnut ses torts tout en continuant d'agir de la même façon. Il multiplia ses absences à mesure que l'on prenait des mesures disciplinaires contre lui et que son statut se détériorait au sein de sa société, jusqu'au jour où il fut licencié.

Un autre de mes patients offrait une dynamique similaire. Il avait toutefois été moins maltraité pendant l'enfance, aussi ses tendances autodestructrices se manifestaient-elles davantage sous une forme dépressive. Cet homme venait d'un pays sud-américain au régime instable, qu'il avait quitté pour faire une école de commerce. Juste avant son départ, son père avait été arrêté pour des activités « antigouvernementales ». Sur l'insistance de sa famille, et sans doute pour sa propre sécurité, le jeune homme partit étudier à l'étranger.

Peu après, il apprit que le gouvernement avait proposé de relâcher son père si celui-ci s'engageait à cesser toute activité politique. Le père refusa et fut donc condamné à deux ans de prison. Mon patient en voulut bien entendu au gouvernement, mais aussi à son père, qu'il admirait pour ses principes et son intégrité morale, tout en lui reprochant d'avoir perdu tout contact avec la réalité et de ne pas se soucier du bien-être matériel de sa famille.

Il se demanda donc pendant des mois ce qu'il devait faire de sa colère, finissant toujours par conclure qu'il ne pouvait pas risquer de faire de la peine à son père pendant que celui-ci était en prison. Un beau jour pourtant, il décida de lui écrire une lettre dans laquelle il lui disait que s'il n'arrêtait pas ses activités politiques et ne se mettait pas à travailler pour nourrir sa famille à sa sortie de prison, il ne devrait plus se considérer comme son père. Il ne put cependant pas se résoudre à envoyer la lettre, mais la déception et la colère qu'il éprouvait étaient telles qu'il finit par se dire que toute la famille se porterait mieux si le père mourait en prison.

Une semaine plus tard, il apprit que son père était mort d'une crise cardiaque, sept mois avant la fin de sa peine. Le désir de mort s'était donc une nouvelle fois matérialisé. Et même si l'esprit rationnel de l'adulte sait qu'il n'en est rien, il arrive inconsciemment à la conclusion que la colère est meurtrière et il se punit par la dépression. Dans le cas qui nous occupe, le patient pouvait difficilement continuer d'en vouloir à son père, un homme à principes qui avait été assassiné par un pouvoir oppressif que le patient lui-même craignait et haïssait. Il lui était en revanche facile de se détester et de se torpiller lui-même, ne serait-ce que parce que devant le sacrifice de son père pour l'intérêt général, il lui était désormais impossible de poursuivre son intérêt particulier.

Il commença par résister à l'idée que sa dépression était liée à la colère latente qu'il éprouvait à l'égard de son père : quand il vint me voir, il avait réussi à idéaliser ce dernier et à ressentir de la peine plus que de la colère. Nous entreprîmes de reconstruire son histoire et il se rangea assez vite à mon point de vue. Une nuit, il fit un rêve qu'il considéra être une étape thérapeutique importante : il imagina des retrouvailles avec son père au cours desquelles celui-ci lui disait : « Ne m'en veux pas. » Le patient lui répondait : « Je ne t'en veux pas » et les deux hommes s'embrassaient et se réconciliaient. Je lui dis que je pensais que ce rêve très cinématographique pouvait constituer soit une vraie résolution de la colère, soir un refus de reconnaître sa profondeur. Quoi qu'il en soit, cela renforçait l'idée que le patient était en colère contre son père, mais que c'était contre sa volonté.

Dans les deux cas que je viens d'évoquer, les actions du père avaient, sans doute de manière involontaire, transmis à l'enfant un message très fort qui était qu'il y avait quelque chose de mal chez lui. Dans le cas du suicide paternel, il disait : « Tu n'es pas une raison suffisante pour que je continue à vivre. » Quant au père qui avait choisi la prison plutôt que de s'occuper de sa famille – ou de défendre ses principes plutôt que son intérêt personnel pendant que le fils choisissait le contraire en faisant une école de commerce –, il ne disait rien non plus de très encourageant à son fils. On peut rapprocher ces deux messages de celui du père de Kafka qui « condamne » son fils à mourir noyé. Les deux premiers patients répondent aux messages inconscients de leur père en développant des tendances autodestructrices ; le fils Kafka finira quant à lui par se jeter dans une rivière.

Aucun parent, pourtant, ne peut consciemment vouloir que son enfant se détruise. C'est là l'aspect le plus paradoxal et le plus problématique de l'autodestruction : l'agressivité est tournée vers soi, mais son hostilité d'origine, qui est destinée au parent, demeure intacte. Elle est même encore plus efficace que l'agressivité directe. L'homme qui devient un « nul » ne se punit pas tant lui-même qu'il ne punit ses parents, ou les substituts parentaux qui disent « ne vouloir que son bonheur ». Le meilleur moyen dont dispose un enfant pour rendre ses parents malheureux, c'est en effet d'être lui-même malheureux. L'enfant qui est privé de jouer avec sa console électronique pendant une semaine perd indubitablement quelque chose. Mais s'il se sent capable de tolérer une perte supplémentaire, il peut gagner quelque chose de plus gratifiant que le droit de récupérer son jeu, à savoir le pouvoir de punir sévèrement ses parents en leur disant par exemple : « Tu peux le garder ton jeu, et tous ceux que tu m'as donnés. Je n'en veux plus aucun ! » S'il tient bon, il ne se passera guère de temps avant que ses parents ne viennent le supplier de jouer avec la console qu'ils lui avaient confisqué au départ.

Ce mode de fonctionnement est sans doute plus difficile à identifier chez les adultes, mais si la personne que vous aimez ne cesse de pousser le bouchon un peu plus loin alors qu'elle n'a visiblement aucune chance de gagner, demandez-vous si ce n'est pas justement sa manière d'y arriver : en perdant parce que sa perte sera aussi la vôtre. Dostoïevski a parfaitement illustré le caractère à la fois héroïque et vindicatif de celui qui cherche à s'autodétruire. Je recommandai un jour la lectures de ses *Carnets du sous-sol* à l'un de mes patients qui avait tendance à se saborder. Il me rit au nez, comme pour me montrer que j'étalais ma culture et qu'il était trop bête pour lire ce genre d'ouvrage, ce qui était faux : ce qu'il voulait en revanche, c'était *me* rabaisser en se rabaissant lui-même et c'est cette attitude qu'il adoptait inconsciemment qui m'avait fait penser à ce livre. « Je suis un homme malade [...], écrit Dostoïevski. Je suis un homme méchant. Un homme repoussoir, voilà ce que je suis. Je crois que j'ai quelque chose au foie. De toute façon, ma maladie, je n'y comprends rien, j'ignore au juste ce qui me fait mal. Je ne me soigne pas, je ne me suis jamais soigné, même si je respecte la médecine et les docteurs [...]. Oui, c'est par méchanceté que je ne me soigne pas. Ça, messieurs, je parie que c'est une chose que vous ne comprenez pas. Moi, si ! Évidemment, je ne saurais vous expliquer à qui je fais une crasse quand j'obéis à ma méchanceté de cette façon-là [...]. Je suis le mieux placé pour savoir que ça ne peut faire de tort qu'à moi seul et à personne d'autre. Et, malgré tout, si je ne me soigne pas, c'est par méchanceté. J'ai mal au foie. Tant mieux, qu'il me fasse encore plus mal ! »

Lorsque le vieil homme explique comment il est possible de trouver du plaisir dans la peine, il met droit dans le mille. Si celui qui a mal aux dents ne cesse de se plaindre alors qu'il sait parfaitement que son entourage ne supporte plus de l'entendre, c'est parce qu'il prend plaisir à transmettre un message à son « public » : « Bigre, je vous dérange, je vous tire des larmes, j'empêche toute la maison de dormir. Eh bien, ne dormez pas, sentez chaque seconde que j'ai une rage de dents. Maintenant, j'ai cessé d'être ce héros que je voulais être devant vous, je ne suis plus qu'un homme ridicule, un *mauvais drôle.* » Cet homme agit comme un enfant en colère, qui sait que le meilleur moyen de punir ceux qui se font du souci pour lui c'est d'être malheureux. Se sentant incapable de vivre ou d'exprimer son agressivité directement, il fait tout pour se mettre en situation d'échec de façon à ce que les autres se sentent coupables et malheureux de leur succès.

L'homme invisible

J'avais pour patient un thésard en relations internationales. Un jour, pendant les bombardements de l'OTAN sur l'ex-Yougoslavie, il me raconta un rêve qu'il avait fait dans lequel il pilotait un avion de chasse qui bombardait des cibles militaires sans être touché. En cherchant des « résidus diurnes » – c'est-à-dire des événements des jours précédents qui auraient pu déclencher le rêve –, il se rappela avoir vu à la télévision un reportage sur un avion qui devait faire face aux tirs de la défense antiaérienne. Il s'était alors dit que ces pilotes avaient vraiment les nerfs solides pour continuer de faire leur boulot en courant des risques pareils, et il se mit à penser par association au conflit qu'il ressentait quant à ce qu'il ferait après l'obtention de sa thèse. Il rêvait de trouver un poste dans le domaine des relations internationales aux plus hauts échelons du gouvernement mais comme il avait trop peur du risque pour oser plonger dans les arcanes du pouvoir, il en conclut qu'il finirait probablement comme professeur dans une quelconque université.

Cet homme avait eu en rêve les nerfs de courir un risque et de faire ce qu'il voulait vraiment faire. Je lui demandai pourquoi, à son avis, il en avait été capable, lui suggérant que c'était sans doute pour des raisons différentes de celles qui expliquent que nous arrivions à voler dans nos rêves, même sans avion. Nous tournions autour de cette question quand je l'interrogeai sur le type d'avion qu'il pilotait en songe : « Un F-117 », me répondit-il avec un sourire à peine déguisé, comme s'il avait cherché à cacher quelque chose que nous savions l'un et l'autre. « L'avion furtif ! » m'exclamai-je, ébahi tant par mes connaissances militaires que par ma perspicacité psychologique. Lui et moi avions évidemment entendu parler de cet avion qui se protégeait en restant caché. Ce bombardier invisible était le seul avion au monde conçu pour échapper aux radars de l'ennemi !

Ainsi, le patient voulait se lancer dans l'arène politique où il pensait être au cœur de l'action, mais il avait en même temps l'impression qu'il ne pouvait s'y risquer sans protection, et il ne voulait pas être blessé. Il ne se rendait pas compte que l'enseignement supérieur n'échappait sans doute pas aux jeux de pouvoir et qu'il lui serait de toutes les façons impossible de s'enfermer dans sa tour d'ivoire. Le rêve amenait à se demander pourquoi cet homme envisageait les conflits professionnels en termes guerriers. Certes, le monde politique est très agressif. Mais l'agressivité est indispensable pour réussir dans n'importe quelle profession. Il faut être capable de faire ce qu'il faut pour survivre, et ce parfois au détriment des autres. Comme l'agression appelle l'agression, il vaut mieux avoir le cuir particulièrement épais. Cet homme manifestait la tendance autodestructrice qui l'habitait non pas en retournant son agressivité contre lui-même, mais en étant réticent à la libérer sur les autres, par peur de représailles. On peut difficilement prétendre qu'une thèse en relations internationales soit une entreprise d'humilité. Mais le patient l'envisageait comme une cachette où il serait à l'abri du risque.

L'une des idées les plus communément reçues veut que tous les hommes rêveraient de posséder le plus gros organe sexuel possible. En réalité, nombre d'hommes voudraient « raccourcir » leur pénis, voire le cacher. Certains sont si terrorisés par l'idée que l'on attend d'eux des démonstrations d'agressivité qu'ils cherchent à exprimer leur agressivité de manière détournée. C'est à cela qu'il faut rattacher certains comportements sur le lieu de travail, comme les malversations financières, le vol ou le vandalisme (qui ne sont cependant pas l'apanage des hommes).

Si le patron caractériel est celui dont le style de management est trop agressif et masculin, l'« employé caractériel », quant à lui, manque d'agressivité : se sentant incapable d'être au niveau et d'« agir en homme », il exprime son agressivité de manière secrète et invisible. Il ressemble en quelque sorte à l'adolescent qui s'inquiète tant de devenir un homme qu'il cherche à cacher ou à se débarrasser de ses caractéristiques sexuelles secondaires, par exemple en se rasant les poils pubiens qui lui ont poussé et qui le mettent mal à l'aise. Cette réaction, ou d'autres du même genre, n'est pas rare : elle est notamment causée par la pression qu'exerce notre société au moment de l'entrée des garçons dans l'âge adulte. L'un de mes patients m'a raconté que lorsqu'il a commencé à avoir des érections à la puberté, il était tellement traumatisé à l'idée qu'il y avait un problème qu'il enveloppait son phallus dans de l'adhésif pour « arrêter le suintement ». Ce type de réaction sera plus fréquent dans des milieux où l'on ne parle pas de sexualité. Mais si l'on n'aborde pas ces sujets, c'est sans doute aussi parce que la famille est ambivalente ou inquiète de voir le fils devenir un homme.

Il est vrai qu'autrefois on parlait beaucoup moins de sexualité et que le problème est sans doute plus lié à une question de génération que de psychologie. Je ne me souviens pas avoir jamais dit à mes parents, comme le fait mon fils : « Est-ce qu'on est vraiment obligé de parler encore de sexe ? » Cependant, c'est justement parce que la sexualité est d'abord une activité d'adultes qu'elle constitue une telle menace pour les sociétés orthodoxes. L'orthodoxie – qu'elle soit religieuse, intellectuelle ou politique – a en effet tout intérêt à infantiliser ses adhérents, qui seront ainsi moins susceptibles de remettre en question la légitimité du système. Si l'on élargit la définition de l'orthodoxie pour y inclure tout environnement extrême, rigide ou inflexible, elle apparaît alors sur le plan psychologique comme peuplée d'hommes invisibles. Le problème de celui qui grandit au milieu d'orthodoxes est que s'il n'obéit pas à *leur* programme, il ne peut avoir *aucun* programme. À moins de mettre au point son propre programme, secret et invisible.

L'homme qui subit l'oppression de l'orthodoxie est amené à s'interroger sur son agressivité. Car que lui reste-t-il comme solution dès lors qu'il ne peut se bagarrer ouvertement contre l'autorité ? Un homme qui avait reçu une mauvaise évaluation professionnelle, laissa traîner un article sur un employé mécontent qui avait « fait ses besoins » sur le bureau de son patron. Ce dernier l'avait évidemment soupçonné, mais ne put rien prouver. Un autre, un jeune cadre de banque qui avait été testé positif à l'héroïne au cours d'une analyse d'urine, avait entrepris de saboter le système en utilisant l'urine d'un ami dans les tests de dépistage de drogue qui suivirent. Juste avant les analyses, il réchauffait l'urine au micro-onde pour tromper le thermomètre destiné à vérifier que l'urine était fraîche !

Ces hommes, comme bien d'autres qui utilisent le mensonge plutôt que l'agression pour transgresser les règles, ont reçu très jeune de la part d'une autorité orthodoxe quelconque, un entraînement approfondi – et parfois involontaire – dans l'art de la guerre de subversion. Dans nos cultures, l'autorité en question est en général plus psychologique que religieuse ; elle prend par exemple la forme d'un père tyrannique, d'une mère hyperémotive, ou d'un frère violent. Les parents « normatiques » que décrit Christopher Bollas peuvent avoir une influence tout aussi destructrice, quoique plus subtile. Ils vouent un véritable culte à la normalité, au raisonnable, et à l'objectivité. Ce type d'orthodoxie est particulièrement difficile à « diagnostiquer » parce que, par nature, elle est tout entière dévouée à des comportements qui ne soient pas extrêmes.

Même si ces environnements sont très différents les uns des autres, du point de vue de l'enfant qui grandit, ils ont en commun une composante centrale, toujours présente sur le plan psychologique : il est submergé par une telle pression extérieure qu'il ne peut jamais émerger. Face à l'immense quantité de stimuli dont on le bombarde, il ne peut qu'être réactif, jamais actif[13].

L'homme qui s'autodétruit de manière invisible est aussi le produit d'un environnement narcissique. Plus l'environnement est prétentieux, brillant ou imposant, moins l'enfant aura de place pour s'épanouir. De manière paradoxale, il cherchera alors à être « vu » ou remarqué en disparaissant. L'un de mes patients, dont l'enfance avait été assez chaotique, se souvint que, petit, il passait son temps à s'éloigner et à se perdre –, il faisait cela semble-t-il dans le but d'être trouvé. Un autre avait passé sa vie d'adulte à se perdre – d'un point de vue professionnel. Doué de multiples talents, cet homme ne cessait de changer de travail et même de métiers, non pas parce qu'il trouvait quelque chose de plus intéressant, mais parce qu'il cherchait désespérément à être vu et reconnu mais ne résolvait pas à « faire un coup d'éclat » dans aucun de ses boulots. Il ne restait jamais assez longtemps pour atteindre le succès. Cette disparition me rappelle un personnage du roman de Thomas Bernhard *Le Naufragé*. C'était un écrivain qui avait fait tant de corrections et de ratures à son manuscrit qu'il ne resta plus à la fin que le titre : *Le Naufragé*.

Le gentil cafard

Comment parler de disparition devant la tyrannie sans évoquer le plus célèbre des insectes mâles ? Dans *La Métamorphose* de Kafka, Gregor Samsa se réveille un matin transformé en un gigantesque cafard. On nous dit que Gregor avait été jusque-là un fils parfait. Il exerçait un métier qu'il exécrait pour rembourser les dettes de ses parents et se sacrifiait pour faire vivre sa famille, qui dépendait de lui. Et en dépit du dégoût égoïste de ses proches et de leur peu de compassion pour son nouvel état, Gregor, même après avoir été changé en cafard, continue d'essayer de leur plaire en se cachant par exemple sous le lit quand on vient nettoyer la chambre pour épargner aux autres sa vue répugnante. Pourtant sa famille ne sera satisfaite que par sa disparition définitive : sa mort. Il est ensuite littéralement jeté hors de la maison par la femme de ménage.

Cette histoire montre, entre autres choses, les côtés positifs de l'autodestruction. À sa manière, l'homme qui en est affecté est souvent quelqu'un qui se soucie des autres, un passionné et un idéaliste. Libéré des conventions, il peut être courageux, créatif et tolérant à l'égard des différences individuelles. Et lorsqu'il ne choisit pas la disparition comme moyen de défense, on le trouve souvent en première ligne de ceux qui combattent la tyrannie.

La Métamorphose de Kafka est aussi une illustration fantastique de l'une des théories les plus controversées de Freud : l'instinct de mort. Étonné par l'intensité et la persévérance des comportements autodestructeurs, Freud se dit que nous possédons tous un besoin qui nous pousse à inverser notre développement et à retourner à l'état inanimé d'où nous étions issus. Cela avait semblé n'être au départ qu'un concept étrange, né d'une frustration éprouvée devant l'incapacité de la psychologie à guérir, ou même à expliquer, certains comportements autodestructeurs. Pourtant si on le conçoit comme un besoin de régression – l'envie de rentrer à la maison pour retrouver l'environnement familier, sécurisant et dépendant de l'enfance et des premiers jours de la vie –, il permet d'expliquer pourquoi, dans bien des cas, les gens résistent au développement et s'enfoncent dans l'autodestruction.

L'un de mes patients, un scientifique qui s'intéressait beaucoup à la philosophie et cherchait à comprendre pourquoi ses comportements autodestructeurs avaient si bien résisté à la thérapie, me demanda ce que j'en pensais. Moi-même exaspéré, je mentionnai l'instinct de mort. Je lui dis que la psychanalyse contemporaine, dans son ensemble, n'aimait pas cette idée et qu'il existe au moins un manuel important de psychanalyse qui explique aux cliniciens que parler de ce concept inutile à ses patients ne conduirait qu'à une intellectualisation non productive. « Eh bien moi, je trouve ce concept plutôt intéressant », répondit-il en commençant à intellectualiser. Mais il finit par admettre, non sans émotion, qu'il le trouvait intéressant parce qu'il correspondait à sa propre expérience, qui lui avait montré qu'il ne contrôlait pas ses tendances à l'autodestruction. Tous ceux qui participent à des groupes tels que les Alcooliques Anonymes, vous diront que la reconnaissance de ce type d'impuissance constitue la première étape, et sans doute la plus cruciale, pour sortir de la dépendance. Elle est à mon avis tout aussi capitale pour faire face au désir d'autodestruction : l'homme qui s'autodétruit s'efforce en effet de contrôler ce qu'il *ne peut* contrôler – par exemple sa colère ou ses impulsions agressives – au lieu de se concentrer sur ce qu'il *peut* contrôler – c'est-à-dire son comportement.

Je souhaiterais maintenant présenter rapidement quelques principes qui m'ont aidé à faire face, non seulement dans ma vie professionnelle, mais aussi au quotidien, à l'autodestruction. Tout d'abord, examinons et décodons certains des messages les plus personnels générés par l'autodestruction masculine.

• Votre ami vous pose à nouveau un lapin. Traduction : *1. Je suis vraiment un nul ; 2. Tu n'as rien de bien intéressant à faire de ton temps de toute façon.*

• Votre mari vous a acheté des boucles d'oreilles pour la Saint-Valentin, mais vous trouvez le reçu d'un prêteur sur gage dans ses affaires. Traduction : *1. Je suis vraiment un nul ; 2. De toute manière, je n'avais pas l'intention de te les donner.*

• Votre mari brûle un stop. Traduction : *1. Je suis vraiment un nul ; 2. Où est le problème ? Il ne s'agit que de ta vie...*

• Un numéro récurrent apparaît sur votre facture de téléphone : 3615 SEX. Traduction : *1. Je suis vraiment un nul ; 2. Où est le problème ? Il ne s'agit que de ton corps...*

• Votre mari vous appelle d'une cabine dans la rue : il a perdu son portefeuille et vous demande de venir le chercher. Traduction : *1. Je suis tellement mal garé ; 2. Ton temps m'appartient.*

• Votre petit ami murmure au téléphone dans la pièce d'à-côté. Traduction : *1. Je suis vraiment un salaud ; 2. Tu es vraiment trop poire.*

• Votre mari vous dit qu'il est arrivé une fois de plus en retard au bureau. Traduction : *1. Je suis vraiment un nul ; 2. J'en ai assez de devoir t'entretenir.*

• Après vous avoir promis un million de fois qu'il ne recommencerait plus, votre mari est sorti avec ses copains après le boulot. Il rentre à deux heures du matin, sentant l'alcool à plein nez. Traduction : *1. Je suis vraiment un crétin ; 2. Et tu ne vaux pas mieux.*

• Votre mari a encore oublié de sortir la poubelle. Traduction : *1. Je suis vraiment un enfant ; 2. Fais-le toi-même !*

Cette liste est malheureusement interminable. Mais le pire, c'est qu'elle est le signe que les chances de réussir à affronter, sans parler d'aider, un homme qui a des tendances autodestructrices sont minces. D'abord, parce que cet homme, qui a recours à l'action plutôt qu'aux mots pour exprimer ses sentiments, est dans l'ensemble peu réceptif à la communication verbale. Ensuite, parce que ses actions étant non seulement autodestructrices, mais encore destructrices des autres, quel est votre intérêt à rester avec lui ? D'ailleurs, dans notre culture, il est en général admis que l'on prenne ses distances d'un homme manifestant des tendances autodestructrices, et c'est ce que font beaucoup d'entre nous. Mais ce n'est souvent pas aussi simple. Le thérapeute, par exemple, ne peut pas abandonner un patient sous prétexte qu'il se refuse à aller mieux. Un parent peut-il jeter à la rue son fils qui se drogue ou qui boit ? Une femme peut-elle quitter l'homme avec qui elle est mariée depuis vingt ans au prétexte qu'il s'est mis à jouer ? Est-ce qu'une jeune femme célibataire d'une trentaine d'années doit jeter dehors son ami avec qui elle a construit une relation prometteuse dès lors qu'elle prend conscience qu'il boit trop ? Et cette poubelle : devriez-vous vous résoudre à la sortir vous-même, ou allez-vous la laisser empuantir la maison ?

Verbaliser les actions

Étant donné que l'autodestruction masculine est un substitut de langage, quiconque, thérapeute ou non, décide d'entamer une relation avec un homme qui a développé cette tendance – ou d'ailleurs avec n'importe quel homme – doit d'abord perfectionner ses talents de traducteur-interprète. Heureusement, il s'agit d'un langage qui, quoique non verbal, est assez simple, comme le montre la liste ci-dessus. La partie la plus délicate sera de retransmettre votre réaction à l'étranger qui s'adresse à vous et qui, comme vous le savez, ne tient pas à la connaître. Pourtant, si vous réussissez à lui montrer, avec distance et objectivité qu'il vote avec ses pieds, il comprendra sans doute. Quand je dis « distance et objectivité », je veux dire qu'au lieu de lui sauter à la gorge en lui lançant que de toute évidence il n'y a que lui qui compte dans cette maison lorsqu'il vous laisse la voiture avec le réservoir à sec, vous lui demandiez par exemple sur un ton incrédule : « Tu t'imagines sans doute que remplir le réservoir fait partie de mon boulot ? » Je vous accorde qu'il est très difficile de ne pas s'énerver contre ce genre de comportement, et je vous suggère de penser à l'enfant qui punit ses parents en les rendant malheureux. Si vous vous énervez, il a réussi à vous atteindre, c'est-à-dire qu'il est arrivé à ses fins – les malheureux ont horreur d'être seuls dans leur malheur. Aussi, lorsque vous êtes confrontée à des comportements autodestructeurs, il vous faut à tout prix apprendre à oublier.

Face aux comportements autodestructeurs les plus bénins, vous gagnerez peut-être à transcrire en mot les actions de votre partenaire. Ainsi, un jeune homme disait un jour à son amie qu'il rencontrait quelques difficultés inattendues au travail. Son patron lui avait dit qu'il était content de son travail mais qu'il semblait avoir des problèmes relationnels avec ses collègues.

« Il m'a reproché de ne pas parler pendant les réunions, d'arriver systématiquement quelques minutes en retard, de déjeuner seul dans son coin et de ne jamais sourire, expliqua le petit ami. Je ne comprends pas. Je suis comme cela, un point c'est tout. Je vais là-bas pour faire mon boulot, pas pour traîner et raconter des coups.

– Tu n'es pas du tout comme cela, lui répondit son amie. Tu est plutôt vivant et ouvert avec moi ou avec tes copains. C'est peut-être simplement que tu ne veux pas être dans cette boîte.

– C'est peut-être ça, répondit-il. Je crois que je n'ai jamais aimé le monde des grosses entreprises. »

Et le soir même, il parcourait les annonces, à la recherche d'un autre genre de boulot.

Un autre homme suivait une thérapie de couple avec sa femme. Il était avocat d'affaires et avait trouvé le poste de ses rêves dans le département fusions-acquisitions d'une grande société. Il était au début tout excité et ravi, mais au bout de quelques mois, il fit une erreur en évaluant la transaction boursière de l'un de ses clients et se retrouva à devoir garantir une procédure frauduleuse. Par chance, la procédure ne fut pas exécutée, aucune loi ne fut enfreinte, et l'erreur passa inaperçue. L'homme en conçut cependant la plus extrême nervosité, persuadé que la COB, connue pour son intransigeance, allait le poursuivre. Cette pensée le tortura pendant plusieurs semaines et il était convaincu qu'il serait licencié et poursuivi. Pendant des mois, sa femme et moi nous tentâmes de comprendre sa peur et de le rassurer. Cela ne servit à rien, jusqu'à ce qu'elle ne trouve la formule magique : « Peut-être que la vraie question, c'est de savoir pourquoi tu as fait cette erreur au départ, et peut-être est-ce que la réponse, c'est que tu n'es pas très à ton aise dans ce boulot, mais que tu ne peux pas te l'avouer parce que tu en rêves depuis si longtemps. » « C'est une théorie intéressante », dit l'homme, sur un ton presque condescendant. Mais la nuit suivante, il dormit du sommeil du juste, et le lendemain, son angoisse avait presque disparu. Lors de la séance suivante, il parlait d'un changement de carrière.

Échouer alors qu'on est sur le point de réussir, comme ce patient, est une manifestation assez répandue de la logique de l'autodestruction : inconsciemment, la personne ne veut pas réussir. Et chez de nombreux hommes, comme ici, il y a, fondamentalement, quelque chose qui ne *leur* convient pas dans les choix de vie qu'ils ont faits, que ce soit sur le plan de leur carrière, de leur mariage ou de leur orientation sexuelle (ils se considèrent hétérosexuels alors qu'ils sont en fait homosexuels ou le contraire) : ils se sont trompés dans leurs choix et ils veulent les détruire. Malheureusement, ils sont prêts à emmener, dans leur descente aux enfers, quiconque se tient sur leur chemin, y compris les gentils traducteurs.

En route vers l'enfer

Le psychanalyste Phillip Bromberg raconte l'histoire d'un patient qui lui avait décrit un rêve dans lequel il se tenait sur le toit de sa maison en flamme et jetait des pierres sur les pompiers qui tentaient d'éteindre l'incendie. En un sens, à l'image de l'enfant qui se punit lui-même pour atteindre ses parents, le but ultime de l'autodestructeur est de détruire toute personne qui cherche à l'aider. Aussi, pour faire face à cette tendance, il s'agit d'être indestructible, ce qui, bizarrement, tant pour le thérapeute que pour l'épouse, l'amie ou la famille, signifie qu'il faut cesser de vouloir aider l'autre à tout prix.

L'enfer est pavé de bonnes intentions et chacun l'apprend à ses dépens. J'ai eu comme patient un gros fumeur de marijuana qui avait jusqu'ici refusé de suivre une cure de désintoxication, comme je le lui conseillais. Au cours d'une séance, pensant que cet homme avait fait suffisamment de progrès, je pris l'initiative de l'aider activement à arrêter de fumer de l'herbe. Il eut l'air d'apprécier et d'être touché par l'intérêt que je lui portais et accepta avec enthousiasme mon idée. Mais au cours de la séance suivante, il me confia que s'il s'était montré motivé à arrêter, c'était surtout pour gagner mon approbation. Juste avant de

« s'effondrer », il s'était dit : « Le Dr Gratch n'a qu'à aller se faire voir, je fumerai si j'en ai envie. »

Il est certes difficile de s'empêcher d'aider les personnalités autodestructrices. Pour reprendre l'exemple de ce patient, je ne peux retenir parfois de montrer, au cours de nos séances, que j'ai envie de l'aider ou que je me fais du souci pour lui. Ainsi, il avait un jour laissé paraître une telle détresse en me disant qu'il avait l'impression que sa vie partait dans tous les sens, que je lui lançai que ce serait le cas tant qu'il n'arrêterait pas de fumer. J'aurais mieux fait de tourner sept fois ma langue dans ma bouche : il acquiesca et, comme de bien entendu, ne fit rien pour arrêter de fumer. Mais, régulièrement, il arrive dans mon cabinet avec l'idée que cette fois-ci, je vais le « virer » de la thérapie, idée qui, bien sûr, fait partie d'un désir d'autodestruction. Et comme il n'est pas impossible qu'il ait besoin de toucher le fond avant de pouvoir commencer à se sentir mieux, je pourrais bien réaliser son vœu un jour ou l'autre.

J'ai eu affaire à un autre patient qui ne me paraissait pas présenter de tendances autodestructrices quand il vint consulter. C'était peu après la fin de ses études supérieures et ce garçon, beau et intelligent, ne semblait pas avoir beaucoup de problèmes. Mais il pensait entamer une thérapie sur les conseils d'un psychologue scolaire à qui il s'était ouvert des difficultés qu'il avait à choisir une carrière ainsi que de son absence d'expérience sexuelle. Si aucun psychologue ne pouvait lui dire quel métier choisir, ni même comment s'y prendre pour en trouver un, il en allait tout autrement de sa vie amoureuse. Il me raconta que le psy lui avait suggéré de mettre la main sur la cuisse de sa voisine la prochaine fois qu'il irait au cinéma avec une amie. Il trouva que l'idée n'était pas mauvaise, mais ne la mit jamais en pratique.

Je lui proposai une approche bien différente. Nous nous demandâmes d'abord *pourquoi* il n'avait eu aucune expérience sexuelle jusque-là et *pourquoi* il ne savait pas comment faire le premier pas vers une fille. En nous penchant, comme d'habitude, sur l'histoire de ce jeune homme qui avait été traumatisé par la perte de sa mère dans sa jeunesse, nous commençâmes par nous dire que c'était par peur qu'il fuyait toute intimité, celle par exemple de se montrer trop agressif envers les femmes. Mais nous n'avancions pas, aussi nous mîmes-nous à explorer l'hypothèse inverse, à savoir que cette fuite était dans le fond peut-être motivée par un désir.

Nous avions semble-t-il mis le doigt sur quelque chose : il apparut rapidement que ce patient ne voulait pas d'intimité avec les femmes. Dans les fantasmes sexuels qu'il avait, il se voyait toujours séduit *par* une femme qui était en général plus âgée et inaccessible. En un mot, il attendait que sa mère revienne et ne voulait donc personne d'autre. Pourtant, même si cette hypothèse était juste, elle ne menait pas à grand-chose pour la simple et bonne raison que le patient attendait que ce soit moi, le thérapeute-transformé-en-mère, qui agisse à sa place, ce que je ne compris pas. J'étais de plus en plus frustré à mesure que le temps passait, et je me mis à être de l'avis du psychologue scolaire dont je n'avais au départ pas tenu compte : au fil des années de thérapie, le patient progressait dans tout ce qui était lié à sa carrière mais il restait totalement passif pour le reste, ce qui me conduisit à lui faire une série de suggestions qui allaient de lui dire de téléphoner à de potentielles petites amies jusqu'à l'inviter à répondre à des annonces matrimoniales, en passant par la participation à des thérapies de groupe ou un changement de thérapeute.

Le patient refusa de mettre en œuvre aucune de ces idées, ce qui finit par faire apparaître ses tendances autodestructrices : il avait besoin de réintégrer dans sa vie non seulement une mère qui s'occuperait de lui, mais aussi une mère qu'il pourrait punir – de l'avoir abandonné – en rejetant son attention et en la torturant par ses échecs. En faisant de moi sa mère, le « symptôme » de cet homme – l'attente d'une mère – avait fait échouer la thérapie qui était sensée le guérir. Je fis part de cette théorie au patient, qui approuva. Mais cette fois-ci, c'est à moi que je demandais de faire quelque chose, pas à lui. J'arrêtai une bonne fois pour toutes de lui faire des suggestions et je m'efforçai de me tenir en retrait de toutes les façons possibles, jusqu'à me transformer en une caricature de l'analyste silencieux qui s'ennuie. Et bien que le patient se plaignît amèrement de mon manque d'intérêt – sa mère l'avait une fois de plus abandonné – ma passivité lui permit de prendre en charge sa vie amoureuse et de commencer à rencontrer des jeunes femmes. Notons cependant qu'un autre de mes patients finit lui par conclure, au terme du même processus thérapeutique, qu'il n'avait dans le fond aucune envie de sortir avec qui que ce fût et que, mis à part la pression sociale qui le poussait à se marier, il était très heureux tout seul. Cet homme cessa donc de vouloir ce qu'il ne voulait pas vraiment, ce qui, de mon point de vue, est aussi un résultat positif sur le plan thérapeutique.

N'avons-nous toutefois pas d'autres solutions que de commencer par « donner du pouvoir » à l'homme qui souffre de tendances autodestructrices avant de comprendre ce qui se passe ? Si cela me semble parfois inévitable, tant il est vrai qu'on ne tire souvent de vraies leçons que de ses propres échecs, il y a pourtant deux techniques qui peuvent vous aider à ne pas être un jouet entre les mains (auto)destructrices de ceux qui comptent dans votre vie. La première est excessivement difficile à appliquer, surtout dans les moments de crises récurrentes, car il s'agit de ne rien faire. J'envisageai d'ailleurs un moment de remplir une page de ce livre du conseil suivant : VOUS NE POUVEZ RIEN FAIRE POUR AIDER UN HOMME AUX TENDANCES AUTODESTRUCTRICES. VOUS NE POUVEZ RIEN

FAIRE POUR AIDER UN HOMME AUX TENDANCES AUTODESTRUCTRICES. VOUS NE POUVEZ RIEN FAIRE POUR AIDER UN HOMME AUX TENDANCES AUTODESTRUCTRICES... J'aurais écrit ces mots autant pour moi que pour le lecteur. Je préfère néanmoins laisser la parole à un écrivain plus talentueux que moi. Ainsi, Dostoïevski écrivit : « Car quoi, où les savants ont-ils bien pu trouver que les hommes ont besoin de je ne sais quelle volonté naturelle, de je ne sais quelle volonté de vertu ? Car ce dont les hommes ont besoin – c'est seulement d'une volonté *indépendante*, quel que soit le prix de cette indépendance, et quelles que soient ses conséquences. »

Autrement dit, les hommes cherchent, par l'autodestruction, à manifester leur indépendance intellectuelle, ou tout du moins leur droit de choisir. Aussi, plus *vous* êtes convaincu(e) qu'il leur faut choisir la vie, plus *ils* devront choisir la mort. Et ils ne peuvent que rejeter votre aide dans la mesure où vous cherchez ainsi à influencer leurs choix. Si en revanche vous vous retenez pour une fois de leur tendre une main aidante, vous les mettez face au choix de s'aider ou non eux-mêmes, qui est, en réalité, ce dont ils ont besoin.

Il est heureusement possible de se montrer un peu plus actif pour contrôler notre inclination naturelle à aider celui, ou celle, qui rejette la main qui se tend : au lieu d'essayer de l'aider *lui*, nous devrions essayer de nous aider *nous-mêmes*. Au thérapeute, je dirais : commence d'abord par te soigner. Et à toute autre personne qui entend consacrer sa vie à prendre soin d'un homme aux tendances autodestructrices, je dirais : vis ta vie. Cela ne passe pas forcément par la séparation ou le divorce. Et cela n'a rien à voir avec un manque d'intérêt égoïste envers les autres. Ce que je veux dire, c'est qu'il vous faut trouver une autre raison de vivre : elle peut être émotionnelle, spirituelle, intellectuelle ou autre, mais elle doit être indépendante.

Cet objectif est difficile à atteindre, surtout pour les femmes dont la plupart sont encore élevées dans l'idée qu'elle doivent prendre soin des autres, non d'elles-mêmes. Pourtant, si vous voulez vous embarquer dans un tel voyage, il vous faut d'abord vous demander non pas pourquoi vous voulez changer le *statu quo*, mais pourquoi vous ne le voulez pas. Autrement dit, que cherchez-*vous* en laissant un homme aux tendances autodestructrices vous détruire ?

Un homme et une femme vinrent un jour me voir pour entamer une thérapie de couple à la suite d'une série de crises : le mari avait été incapable de remplir certaines obligations financières et l'avait caché à sa femme. Au cours d'une séance, la femme, une personne très brillante qui réussissait très bien sur le plan professionnel, se tourna vers moi pour me dire : « Dites-moi si je fais erreur, parce que je ne suis pas psy, mais je pense que David, [son mari] au fond de lui-même, veut échouer. » « Eh bien, lui répondis-je, tout le monde peut jouer au psy et je suis d'accord avec ce que vous dites. Mais vous faites erreur en ne vous demandant pas pourquoi *vous* voulez rester avec quelqu'un qui veut échouer. » En nous interrogeant là-dessus, nous élaborâmes une théorie pertinente liée à son passé. Son père avait terrorisé les autres par son perfectionnisme et l'avait toujours rabaissée. Aussi, en étant avec un « nul », elle pouvait agir avec lui comme son père avait agi avec elle. Elle évitait du même coup de ne pas se sentir à la hauteur et d'éprouver une colère douloureuse à l'égard de son père. C'était comme si elle avait dit : « Mon père avait bien raison d'insister sur l'importance de la réussite. Il n'y a qu'à voir ce raté que j'ai épousé ! »

Pour cette femme, l'élaboration d'une telle théorie était de bon augure pour sa relation actuelle ou, si elle devait se terminer, pour ses relations à venir. Dans bien des cas de séparation ou de divorce, la femme s'en va parce qu'elle ne supporte plus, à juste titre, les actes autodestructeurs de son mari. Pourtant, dans la mesure où elle se voit comme la victime passive de ses abus, il y a de fortes probabilités qu'elle se retrouve dans le même genre de relation par la suite. À moins qu'elle ne se retrouve seule.

Le cactus

L'un de mes patients rêva un jour d'un cactus dans le désert. Il venait d'être licencié d'un poste à responsabilités qu'il n'aimait guère et qu'il avait donc lui-même inconsciemment saboté. « Le cactus, c'est moi, me dit-il en analysant son rêve. J'ai été transplanté d'un sol fertile vers une contrée dénudée où il me faut maintenant survivre avec très peu. » Je n'aurais pu mieux dire. Pourtant, à la différence de cet homme, je ne me sentais pas triste pour lui. Certes, il avait des raisons de s'inquiéter – il avait une famille à charge et il était peu probable qu'il trouverait un poste du même niveau ailleurs –, mais le cactus m'apparaissait comme un symbole plus complexe. En s'apitoyant sur son sort, il cherchait à punir les autres, comme s'il avait dit : « Toi, le chêne, tu ne comprendrais même pas ce que c'est qu'être un cactus. » En vérité, le cactus est un survivant plutôt épineux.

Je fis part de mon point de vue à mon patient, dont la dépression et l'angoisse liées au fait d'avoir perdu son travail étaient pourtant bien réelles. J'ai appris par expérience qu'il n'y a pas de meilleur moment pour se montrer sévère envers un homme aux tendances autodestructrices que lorsqu'il est au fond du trou. Sinon, il ne vous écoute pas. De plus, en lui parlant ainsi, on s'adresse à la conception héroïque qu'il a de la masculinité. Aussi, bizarrement, le critiquer au moment où il est le plus faible constitue la meilleure forme de soutien, comme si on lui disait : « Je sais que tu es assez fort pour encaisser. » Et lorsqu'il est au plus bas et qu'il ne lui reste aucune illusion, il trouve des forces en entendant qu'il n'est pas victime, mais plutôt responsable : s'il est à l'origine de sa propre destruction, alors il peut être à l'origine de sa résurrection.

C'est quand votre homme touche le fond que vous pouvez enfin faire appel au désir irrésistible qui vous habite d'aider les autres. Mais contentez-vous de lui prodiguer les premiers secours. Donner à quelqu'un le nom d'un thérapeute peut être utile, appeler le thérapeute à sa place ne l'est pas. Vous pouvez lui offrir un toit, mais pas lui donner de l'argent. Vous pouvez signaler une fois, voire deux, à quelqu'un qu'il est sur le point de rater l'embranchement sur l'autoroute, mais vous ne pouvez passer votre vie à le faire. Et s'il peut être utile de lui rappeler de temps en temps qu'il faudrait changer une ampoule, il est idiot de le faire à sa place et de se plaindre ensuite [14].

CHAPITRE VII

L'expression sexuelle
(« Je veux du sexe, maintenant »)

Pourquoi conclure sur le sexe ?

« Le patron me fait entrer dans son bureau et m'invite à m'asseoir. Me regardant droit dans les yeux, il me demande combien de fois j'ai fait l'amour la semaine dernière... » Mon patient, un commercial à qui, en général, on demandait plutôt combien de clients il avait démarché en une semaine, me racontait son rêve. Des rêves, nous n'en avons pas besoin pour savoir qu'au bureau, les hommes pensent au sexe. Ni, bien entendu, qu'ils y pensent aussi pendant l'amour. Un autre de mes patients me déclarait ainsi sur un ton triomphant, à propos de *L'Art d'aimer*, un livre d'Eric Fromm que je lui avais recommandé : « J'ai enfin commencé *L'Art de faire l'amour* ! »

Si j'ai laissé pour la fin la question du sexe, ce n'est pas par hasard, par oubli ou pour avoir à examiner le plus tard possible le cliché selon lequel les hommes ne penseraient qu'à ça. C'est plutôt parce que l'expression sexuelle des hommes est, de par sa nature même, un condensé des six attributs masculins que je vous ai présentés dans les chapitres précédents. Cette théorie s'applique d'ailleurs aussi aux femmes. La sexualité est en effet l'ultime lieu où se jouent les différences entre les sexes, celui où biologie et psychologie, réalité et fantasme se rencontrent. Toutefois, à cause d'une combinaison de facteurs physiologiques, culturels et psychiques qui les rend muets dès qu'il s'agit d'exprimer leurs émotions, les hommes ont plus tendance que les femmes à sexualiser leur psychologie. J'évoquerai donc dans ce chapitre la sexualité – normale ou problématique – de quelques-uns de mes patients, ainsi que certains fantasmes, pensées ou rêves que j'analyserai – ou « désexualiserai » – pour faire apparaître les émotions qu'ils recouvrent. Ceux qui ont sauté tous les chapitres précédents pour se précipiter sur celui-ci en espérant y trouver du sexe risquent d'être déçus : tout parle ici de sexe, sauf le sexe, qui parle de... Mais voyons un peu.

En préalable, une question : pourquoi les hommes vivent-ils leur sexualité différemment des femmes ? D'un point de vue évolutionniste, les mâles ont la possibilité d'accroître leurs capacités de reproduction par la simple multiplication de leurs rapports sexuels ; les femelles, quoi qu'elles fassent, ne peuvent mener qu'une grossesse à la fois. D'un point de vue culturel, nos sociétés attendent des garçons une sexualité libre ; en témoigne le fait qu'on apprend très tôt aux filles qu'elles doivent se protéger des garçons. D'un point de vue biologique enfin, tant au niveau des hormones que des organes génitaux, il existe, comme chacun sait, d'importantes différences entre les deux sexes. Les hommes sont, plus rapidement que les femmes, excités sur le plan sexuel et ont besoin d'une stimulation directe moins longue. C'est surtout vrai pour les jeunes garçons, dont l'expérience sexuelle est moins grande : à cet âge, ils développent la capacité à sexualiser leurs pensées. Autrement dit, la facilité avec laquelle le garçon obtient une réponse sexuelle, associée à de lourdes pressions évolutionnistes, culturelles et hormonales, va le pousser à rechercher la récompense de l'érection et de l'orgasme pour échapper aux conflits émotionnels ou gérer ceux-ci.

Un exemple tout simple : l'un de mes patients avait été élevé par des parents émotionnellement instables, qui lui faisaient subir des sévices corporels et s'absentaient régulièrement. Il se rappela avoir eu, dès l'âge de six ans, des « érections constantes assorties de sentiments d'attente solitaire ». Jeune adolescent, m'expliqua-t-il, « je me promenais toujours nu, le phallus dressé, quand j'étais à la maison ou dans la piscine, avec l'envie désespérée que quelqu'un me touche, autorisant même une fois un vieil homosexuel à me masturber dans les vestiaires ». Cette sexualisation de son besoin d'amour avait conduit ce patient à prendre le même chemin que beaucoup d'autres hommes aux tendances dépressives. Adulte, il confondait sexe et Prozac et se perdait dans la chaleur sensuelle du corps des jolies femmes, qu'il utilisait comme il l'eût fait d'un antidépresseur.

La honte sexuelle

« Il y a quelques mois, ma société a décidé de déménager en centre-ville, raconte Georges. Je me suis porté volontaire pour faire partie du comité de réflexion. Je pensais que ce serait une bonne occasion de me rapprocher des autres. Et voici quelques semaines, lorsque nous avons pris la décision du déménagement, j'ai proposé de rédiger le rapport. Je vous dis cela parce que j'étais sensé le travailler le week-end dernier, mais, pour la première fois de ma vie, j'ai été pris d'une terrible angoisse de la page blanche et je n'ai pas pu écrire un mot. Je n'ai pu boucler ce maudit rapport et j'ai passé un week-end affreux à cause de cela. »

Georges est un jeune associé dans un grand cabinet d'avocat. Travailleur acharné, bourré d'ambition, c'est aussi un être sensible et futé qui, pendant nos séances, assume toujours le rôle du cothérapeute, réfléchissant et analysant avec moi ses motivations inconscientes. Cette fois-ci pourtant, il reste vague et confus, n'arrivant pas à comprendre pourquoi il a été incapable d'écrire ce rapport et, en réalité, peu intéressé par la question. Il se met à parler d'autre chose et je me dis qu'il a estimé que le rapport n'était pas important parce qu'il n'était pas directement lié à son travail.

Quelque temps plus tard, Georges me raconte un rêve, dans lequel il est en train de regarder un film porno à la télévision quand sa petite amie entre dans la pièce. Il saute sur la télécommande pour changer de chaîne, mais elle ne fonctionne pas. Le rêve le conduit à évoquer quelques souvenirs banals, dont l'un est lié aux années qu'il a passées dans une école catholique et un autre, plus ancien, à un jour où il regardait, en compagnie de ses parents, un film qui comportait une scène d'amour. La séance suivait son cours quand Georges, qui recherchait sans doute des associations encore plus lointaines, me dit sur un ton distant et spéculatif : « Je ne pense pas que cela ait un lien avec mon rêve, mais on ne sait jamais. Il y a deux jours, après le travail, je suis allé dans l'un de ces établissements – vous savez, un peep show. Il était situé en centre-ville, juste à l'endroit où mon bureau va déménager. » Il marqua un temps et, comme je ne réagissais pas, il ajouta : « Mais je ne crois pas ce cela soit très important.

– Et ça vous a posé un problème ?

– Non, aucun.

– Et ça vous fait quoi de m'en parler ?

– Rien. »

Il y eut un court moment de silence, puis je lui dis :

« Que se passe-t-il ? Ça ne vous ressemble pas de vous exprimer par mots syllabes.

– Eh bien, j'imagine que je me sens un peu gêné. Sans doute parce que je me dis que vous risquez de me juger : vous pourriez penser que, moralement, c'est mal. »

Il poursuivit en me disant qu'il avait fini ce soir-là dans une cabine privée avec la fille : « Je lui ai caressé les seins, je l'ai enlacée et j'ai éjaculé dans mon pantalon. » La séance prit également fin dès qu'il eut prononcé ces mots.

« Désolé, surtout à un moment aussi orgastique, lui dis-je en souriant, mais nous devons nous arrêter là.

– C'est bon », répondit-il en riant.

Et il se leva pour partir.

Georges me révéla lors de la séance suivante qu'il s'était déjà rendu à plusieurs reprises dans cet endroit, ainsi que dans d'autres établissements « du même genre ». À la manière dont il parlait de ses « escapades », il était clair qu'il avait honte de celles-ci. Georges était comme beaucoup d'hommes quand ils parlent de sexe : ils restent vagues, ont brusquement du mal à articuler, adoptent un ton saccadé, font des allusions indirectes, refusent de manifester la moindre émotion et sont prompts à s'offusquer. Le fait que Georges ait « confessé » l'incident de façon si accidentelle l'autre jour était un autre indice qu'il éprouvait de la honte. Il cherchait non seulement à diminuer celle-ci, mais encore à la masquer, tant il est vrai que les hommes ont honte de ressentir de la honte à propos de sexe. Et pour finir, il projetait sa honte sur quelqu'un d'autre – il refusait de reconnaître que ses « escapades » le mettaient mal à l'aise, mais il craignait que je ne le juge mal à cause d'elles.

Dès lors, il n'est pas bien difficile de comprendre pourquoi Georges s'était révélé incapable de rédiger un rapport expliquant que le centre-ville était l'endroit idéal pour sa société : à ses yeux, ce n'était pas du tout l'endroit idéal. Et c'était bien la honte qu'il ressentait à propos de toute l'affaire qui l'avait retenu d'en discuter avec moi avant qu'il me fasse cette confession inopinée. Qu'ils soient ou non en thérapie, les hommes s'efforcent toujours de « confesser » sans honte des questions liées au sexe. Georges n'était ni le premier ni le dernier de mes patients à utiliser un langage indirect ou codé pour essayer, sans y parvenir pour autant, de contourner la honte sexuelle. Voici quelques exemples de ce que j'ai pu entendre :

– J'ai quelques angoisses liées au sexe. *Traduction : Je ne bande plus.*

– J'ai quelques angoisses liées au sexe. *Traduction : Je jouis trop vite.*

– J'ai l'impression que je bois trop. *Traduction : Je ne bande plus.*

– J'ai fait un rêve affreux dont je n'ose même pas parler. *Traduction : J'ai des fantasmes de relation sexuelle avec d'autres hommes.*

– J'aime les femmes. *Traduction : Je suis un obsédé sexuel.*

– Je commence à me rendre compte que ce n'est pas drôle de vieillir. *Traduction : Je n'aime que les filles de seize ans.*

– Je n'arrive pas à faire coïncider le sexe et l'amour. *Traduction : J'aime le sexe violent.*

– Ma femme n'aime pas faire des expériences. *Traduction : Je n'arrive à jouir que lorsque je l'attache.*

Comme on l'a vu au premier chapitre, en général les hommes éprouvent de la honte quand ils se sentent vulnérables, inférieurs à la moyenne, ou différents de ce qu'ils imaginent être la norme. Au lit, cela se traduit par la honte de ne pas contrôler son engin, de ne pas être un amant à la hauteur, ou de fantasmer sur d'autres positions que celle du missionnaire. Après en avoir discuté avec Georges, il apparut qu'il avait honte de devoir payer pour réaliser ses exploits sexuels. Dans son esprit, c'était « la » preuve qu'il était incapable de contrôler sa sexualité. Il avait également honte du pathétique (sa vulnérabilité) et de l'aspect pornographique (une soi-disant déviance de ce que devrait être une sexualité adulte et saine) de cette expérience.

Bien sûr, on peut dire que les hommes payent toujours *quelque chose* en échange d'une gratification sexuelle, que leurs besoins sexuels sont en eux-mêmes pathétiques et que leur intérêt pour le sexe est fondamentalement pornographique. De fait, dans la majorité de leurs rencontres sexuelles, les hommes montrent une certaine honte et manœuvrent pour y échapper : ils ont recours aux mains plutôt qu'aux mots ; adoptent en silence une position particulière ; répondent « rien » quand leur partenaire leur demande ce qui ne va pas ; plaisantent sur un ton nerveux ou en se moquant d'eux-mêmes ; ou critiquent la technique et le corps de l'autre.

Les diverses « techniques » thérapeutiques que j'ai présentées pour abattre le mur masculin de la honte peuvent toutes être utilisées dans le cas de la honte sexuelle. Une chose est sûre, cependant : pour amener son partenaire à parler ouvertement de sexe, il faut d'abord être soi-même à l'aise avec sa propre sexualité, ou du moins assez à l'aise pour en parler. Un patient me dit un jour que je n'avais pas du tout l'air gêné de parler de sexe. Cela m'était facile, en effet, puisque nous n'étions pas en train de discuter de ma propre vie sexuelle, mais de la sienne ! En fait, les frontières thérapeutiques qui protègent le thérapeute et lui évitent d'avoir à raconter ses propres problèmes sont souvent un handicap lorsqu'il veut encourager un patient à se livrer à lui. Pour aider quelqu'un à parler de sa sexualité, il n'y a rien de mieux que de parler de la sienne. Faire preuve d'ouverture d'esprit face à d'autres modes de vie, poser des questions précises, écouter sans juger, utiliser l'humour pour répondre au silence et le dissiper, sont autant de techniques à la portée de tous.

Certains hommes ne connaissent pas la honte. Ils s'attendent à une gratification sexuelle comme s'il s'agissait d'un droit civique, exigent de leur partenaire qu'elle satisfasse leur moindre caprice sans se soucier de ses goûts à elle, critiquent les réticences qu'elle peut avoir et lui font sentir qu'elle est sexuellement inhibée ou anormale si elle refuse de se plier à certains de leurs désirs. Une dose de honte ne leur serait pourtant pas inutile. En matière de sexualité, elle ne présente pas que des inconvénients – ne serait-ce que parce qu'elle fait partie de ce qui fait de nous des êtres civilisés.

Le vide sexuel

Si la honte est signe que l'on cherche à cacher quelque chose aux autres, le vide émotionnel indique que l'on cherche à se cacher quelque chose à soi-même. On en trouve la trace dans certaines stratégies de conquêtes masculines et dans la façon mécanique que certains hommes ont de faire l'amour. En thérapie de couple, beaucoup de femmes disent à leur partenaire : « Je n'ai pas l'impression que tu sois vraiment présent lorsque nous faisons l'amour. » J'ai montré au chapitre II que le vide émotionnel des hommes – leur difficulté à prendre conscience des sentiments qu'ils éprouvent – repose avant tout sur la peur de se perdre en une femme. Nous avons vu également que cette peur cache un désir et que l'on retrouve cette dualité au cœur du conflit de l'insécurité masculine. Sur le plan sexuel, le désir de se perdre en une femme se manifeste de manière flagrante au travers des efforts de l'homme pour se faire admettre au plus profond du corps de sa partenaire. L'autre face du conflit, la peur, est moins visible, car elle est souvent plus inconsciente.

Il existe néanmoins une large variété de comportements et d'attitudes plus ou moins sanctionnés par la société qui reflètent cette peur, depuis l'amour à la hussarde jusqu'au *vagina dentata*, qui est l'angoisse que des dents situées à l'intérieur du vagin ne se referment sur le phallus pendant les rapports. L'un de mes patients, qui avait été très attiré sexuellement par sa petite amie au cours des premiers mois de leur relation, vit son intérêt décroître à partir du moment où elle lui dit qu'elle avait envie de le voir plus souvent. Les choses empirèrent lorsque, peu après, elle lui parla de fiançailles. Le sort de ce couple fut scellé quand, pour essayer de revivifier leur vie sexuelle déclinante, ils eurent un rapport sans protection. L'idée qu'elle pût se retrouver enceinte – c'est-à-dire mère, ni plus ni moins – suffit à refroidir définitivement notre homme. Ce genre de perte de désir, même envers une femme attirante et aimée, affecte malheureusement beaucoup de ceux que je vois en psychothérapie.

Le vide sexuel se remarque aussi dans les limites que les hommes mettent à leur désir – quand ils ne perdent pas tout bonnement celui-ci. Certains hommes ne sont attirés que par de frêles ou de très jeunes femmes. Ainsi se protègent-ils inconsciemment pour ne pas se sentir dominés physiquement. D'autres ne s'intéressent qu'à des potiches ou à des femmes d'un faible niveau intellectuel, ce qui leur permet d'utiliser leur propre intelligence comme un bouclier ou un mur de séparation derrière lequel ils peuvent préserver un espace émotionnel suffisant. D'autres encore ne sont attirés que par une partie bien précise du corps féminin, évitant ainsi une trop grande intimité. Enfin, il y a ceux qui ne sont excités que par des jeux sexuels qui limitent le risque de se perdre en l'autre. La sexualité orale, par exemple, ne fait appel qu'à une petite partie du corps de l'autre. De même, quand on fait l'amour « en levrette », il est impossible de se faire absorber par une étreinte.

Les variations individuelles sur le même thème sont innombrables. J'eus comme patient un étudiant qui avait eu quelques expériences sexuelles mais qui, pour des raisons religieuses, était tenu de ne pas avoir de rapports complets avant le mariage. Même dans ses rêves, dont une bonne partie étaient à connotation sexuelle, il ne parvenait jamais à « aller jusqu'au bout de l'acte », car il était à chaque fois interrompu ou distrait juste avant la pénétration. Il y eut même une fois intrusion de l'image (certes, pas très excitante) de son thérapeute – moi – assis dans un fauteuil. Nous finîmes par nous apercevoir qu'il ne s'agissait pas seulement là d'un problème de religion, mais d'une peur de l'intimité. L'irruption d'une figure paternelle plus âgée invite à une interprétation freudienne de ces rêves, et nous pourrions conclure que mon patient avait une peur œdipienne des rapports sexuels : le désir inconscient de coucher avec la mère conduit à la peur d'une punition paternelle par castration. Le patient aurait ainsi évité les rapports sexuels parce qu'il craignait de perdre son pénis. Une interprétation plus profonde y verrait la peur de se perdre lui-même. L'histoire de cet homme autorisait les deux versions. Son père était mort au moment où, enfant, il atteignait le sommet de l'âge œdipien, ce qui signifie qu'il n'avait jamais eu la possibilité de voir que son père n'était pas là pour le punir, mais plutôt pour être son allié. Quant à sa mère, qui avait dès le départ des tendances à le surprotéger, elle réagit à la mort de son mari en se raccrochant à son unique enfant comme à une bouée de sauvetage – ce qui avait conduit le patient à se battre en permanence pour s'éloigner d'elle et de toutes les femmes qui avaient suivi.

Pour prendre leurs distances et se dépêtrer des sentiments d'intimité, les hommes ont volontiers tendance à transformer les femmes en objets – et notamment en objets pornographiques –, leur demandant de faite appel à tel ou tel accessoire de façon à être plus excitantes. Peut-être ne s'agit-il que d'un prolongement de l'envie que l'autre soit sexy, mais j'y vois aussi l'expression d'une tendance qu'ont les hommes à se protéger de la réalité de la sexualité féminine en ayant recours à des images mentales qu'ils peuvent contrôler. C'est l'une des raisons qui explique que la valorisation de sa vie sexuelle au moyen de fantasmes n'a qu'une efficacité temporaire : dès que la réalité correspond à l'image mentale, l'homme a souvent besoin d'images nouvelles et plus efficaces.

Pour certains hommes, même les images mentales sont inutiles. L'un des mes patients avait perdu ses deux parents dans un accident, alors qu'il était encore jeune. Il en fut si profondément affecté que parvenu à l'âge adulte, il avait du mal à ressentir quoi que ce fût. Sur le plan sexuel, il évitait de s'engager dans une relation avec une fille, mais il se faisait plaisir en capturant l'image mentale d'une fille séduisante dans la rue qu'il utilisait ensuite chez lui pour se masturber. Cet homme ne semblait pas avoir besoin de plus, mis à part le fait que par moment l'image qu'il rapportait chez lui « s'effaçait ». L'excitation tombait, ce qui le contrariait énormément, car il savait que cela signifiait qu'il était incapable d'établir un lien avec les gens, même au travers de ses fantasmes. Précisons en passant qu'il s'agit là d'un exemple de vide émotionnel provenant non pas d'une peur défensive de se perdre en quelqu'un d'autre, mais d'une fermeture émotionnelle générale survenant après une perte traumatisante.

Certains hommes ne transforment pas la femme en objet : ils font l'inverse. Ils considèrent les objets de la pornographie comme s'il s'agissait de personnes ayant une existence réelle, ce qui leur permet de subjectiviser ou de personnaliser la pornographie. Ces hommes auront souvent des fantasmes sexuels élaborés, ou seront réceptifs à des spectacles dans lesquels l'excitation, voire les moments orgasmiques clés, ne sont pas produits par des scènes de sexe hard, mais font davantage appel aux émotions. Ces instants d'émotion, ou symboles, pourront par exemple faire appel à des scénarios sirupeux où les femmes sont insaisissables et se font prier, à des images qui font apparaître des parties du corps aux désirs douloureux, et où les dialogues s'inspirent de « je vais te montrer ma bite » ou « dis-moi que tu as envie de moi, bébé ». Dans les fantasmes, en général, la femme parle et exprime sa dévotion et sa soumission sexuelles.

S'il va voir une prostituée, cet homme-là essaye parfois d'utiliser le pouvoir de l'argent pour transformer l'échange sexuel en une relation non pornographique. L'un de mes patients me raconta avoir essayé, après l'amour, de discuter avec une prostituée sur « la politique du sexe et notamment la nature de la transaction financière entre nous ». Comme je souriai, il me dit : « Pourquoi souriez-vous, docteur ? La dame a trouvé ça plutôt mignon de ma part ! » Un autre patient avait noué une relation à long terme avec une prostituée. Quoique limitée par les moyens financiers du patient et les obligations professionnelles de la dame, cette relation n'en était pas moins des plus romantiques : il lui offrait des fleurs et des bijoux, et lui avait même écrit un poème. Quant à un troisième patient, il allait voir des prostituées pour « se sentir sensuel et vivant », recherchant auprès d'elles un contact et des caresses plutôt qu'un soulagement sexuel.

En vérité, la personnalisation du matériel pornographique et la transformation des femmes en objets procèdent de la même démarche. D'un point de vue psychologique, celle-ci permet à l'homme de s'acheter son indispensable espace vital – loin des femmes – sans avoir à se priver totalement. La tendance qu'ont beaucoup d'hommes, pour accroître leur excitation sexuelle, à fantasmer sur des femmes imaginaires pendant qu'ils font l'amour à leur partenaire réelle, en est la parfaite illustration. Un musicien d'une trentaine d'années était très amoureux de son amie, une jeune femme d'une beauté à couper le souffle (il me montra des photos) et future célébrité dans son domaine de recherches. Lorsqu'il était au lit avec elle, il avait besoin de fantasmer sur d'autres femmes pour trouver une stimulation supplémentaire. Les femmes en question étaient en général « moins intimidantes » (elles allaient de ses élèves de musique aux femmes de ménage de ses parents), ce qui n'a rien de bien étonnant. Selon toute vraisemblance, les fantasmes avaient pour but de réintroduire dans la relation le sentiment d'une plus grande égalité : cet homme se sentait inconsciemment éclipsé par son amie et il cherchait à inverser la balance des pouvoirs. Mais ses sentiments restaient inconscients tant qu'il les sexualisait et il ne les éprouvait jamais. Au niveau conscient, il vivait ses fantasmes comme de simples aphrodisiaques, lui permettant de meilleures performances sexuelles avec son amie.

Si l'on analyse les relations de cet homme avec ces femmes imaginaires et pornographiques, on voit clairement qu'en y ayant recours quand il était au lit avec une autre, il cherchait à les rendre réelles. Et si l'on songe à sa relation avec son amie, on se rend compte qu'en fantasmant sur des femmes imaginaires alors qu'il se trouvait avec elle, il voulait la rendre pornographique. Ainsi, dans chacune de ses « relations », il évitait de s'impliquer dans l'expérience sexuelle sur le plan émotionnel : les femmes pornographiques ne devenaient jamais réelles et la femme réelle n'était jamais pornographique.

On l'a vu, le vide émotionnel masculin prend naissance, sous sa forme inversée, dans la vulnérabilité des jeunes garçons et dans le désir conflictuel qu'ils éprouvent d'avoir à se séparer de la première femme qu'ils aient eue dans leur vie. Un homme affecté de troubles obsessionnels compulsifs me disait mener avec sa femme une vie sexuelle particulièrement intense. Il m'en parlait comme d'une expérience de fusion totale, peuplée de fantasmes dans lesquels il s'immergeait totalement en elle et était vidé de sa semence durant des heures d'un bonheur infini et enviable. Mais il ne manquait pas d'ajouter un détail qui jetait une ombre sur l'ensemble du tableau. Par exemple, un jour, après m'avoir raconté qu'il avait pratiqué un cunnilingus pendant « au moins » deux ou trois heures, il ajouta : « Vous voulez que je vous dise à quoi j'ai pensé pendant ce temps-là ? Ça vous montrera une bonne fois pour toutes comment je fonctionne. Eh bien, j'ai *compté* ! » Puis il m'expliqua, comme pour s'en persuader lui-même : « Je comptais combien de fois je la léchais – et je suis arrivé à deux mille et une fois. Je le jure, deux mille une fois ! » Rien ne vaut l'arithmétique pour vous occuper l'esprit, et il n'y a rien de mieux qu'avoir un esprit occupé pour enfermer son espace mental à l'intérieur d'une frontière.

L'utilisation de la sexualité pour protéger le vide émotionnel s'appuie sans doute aussi sur certaines valeurs évolutionnistes. En s'empêchant de ressentir leurs émotions, les hommes évitent d'avoir à montrer de l'empathie envers leur partenaire et parviennent ainsi à se rapprocher de leur but en imposant de manière unilatérale leurs propres priorités. Celui qui demande à sa partenaire si elle a envie de faire l'amour risque d'essuyer un refus. Mais celui qui va au lit avec l'idée qu'il va faire l'amour – c'est du moins ce que pense l'esprit masculin – surmontera les objections de sa partenaire et parviendra à ses fins. En réalité, comme nous sommes quelque peu différents des chimpanzés, cette stratégie échoue souvent. Mais l'espoir ne meurt jamais. Pour les femmes, cela signifie qu'elles doivent être claires et s'exprimer sans ambiguïté sur leur désir ou, le cas échéant, leur absence de désir. Lorsqu'il s'agit de la satisfaction de leurs besoins sexuels, en effet, les hommes sont tout sauf subtils.

Cela me rappelle un étudiant qui se vit accusé d'avoir harcelé sexuellement une amie avec qui il avait passé la nuit dans le dortoir réservé aux femmes. Tout avait commencé de manière innocente quand, après avoir parlé jusqu'au petit matin, ils avaient décidé de se coucher dans le même lit avec la ferme intention de dormir. Ils avaient gardé leurs sous-vêtements et, une fois au lit, avaient commencé à batifoler de manière moins innocente. À un moment donné, l'homme s'était mis à caresser sa compagne qui avait répondu par une respiration plus lourde et manifesté un début d'excitation. Il avait continué jusqu'à ce que, brusquement, la jeune femme se redresse et se mette à hurler. Il apparut qu'elle s'était endormie juste après qu'ils aient commencé leurs jeux, mais qu'il ne s'en était pas aperçu ! Aussi, quand elle s'était réveillée pour trouver ses mains sur elle, elle s'était sentie assaillie. Décontenancé, le jeune homme essaya de s'expliquer, mais elle lui demanda de partir immédiatement, ce qu'il fit. Le lendemain, elle porta plainte auprès du doyen des affaires étudiantes. Le garçon ne fut pas poursuivi en justice, mais il fut « condamné » par les autorités de l'université et eut à subir des sanctions disciplinaires (il finit par être innocenté après avoir fait appel et les sanctions furent levées).

Le jeune homme, qui était né dans une famille juive libérale, était d'un caractère doux et gentil, et avait de nombreuses amies. Il fut secoué par cette histoire au point de décider d'entreprendre une thérapie. Au bout de plusieurs mois, nous établîmes que sous ses dehors timides et sa gentillesse envers les femmes, se cachait un fort sentiment d'agressivité envers l'autre sexe. Nous réussîmes alors à comprendre ce qui lui était arrivé cette fameuse nuit dans le dortoir des femmes : le vide émotionnel qui était le sien lui avait permis, une fois couché dans le lit de son amie, de faire usage de son agressivité sans s'en rendre compte. Le fait est qu'il n'avait pas prêté attention aux émotions de son amie. Quant à la jeune femme, elle n'avait pas su exprimer ses objections, même si l'on peut estimer que le message qu'elle faisait passer en s'endormant au milieu de jeux qui étaient en train de prendre une tournure peu équivoque était tout de même assez explicite. Mais de son point de vue à lui, elle n'avait jamais clairement indiqué qu'elle ne voulait pas qu'il la touche ou qu'elle était en train de s'endormir. Et, pendant son sommeil, son corps avait continué de répondre à ses caresses [15].

Le vide émotionnel, comme j'ai eu l'occasion de le montrer, constitue une défense bien plus solide que la honte et opère aussi instantanément qu'inconsciemment, ce qui signifie qu'il est beaucoup plus résistant à une intervention extérieure. La première chose à faire est d'agir sans tarder : si votre partenaire veut parler de sexe – foncez ! Foncez, même s'il veut exprimer sa colère et sa frustration à propos de votre vie sexuelle – du moment qu'il ne rejette pas tous les torts sur vous. Foncez, *écoutez*, et sautez sur l'occasion pour discuter dans sa langue, pas dans la vôtre. N'oubliez pas qu'il a besoin de son espace vital émotionnel. Il sera toujours temps plus tard de parler de vos sentiments : profitez-en pour chercher, avec lui, comment vous allez pouvoir, ensemble, trouver une solution : passer plus de temps tous les deux tout seuls ? Rallonger les préliminaires ? Acheter des livres pour vous aider ? Voir un sexologue ? Les possibilités sont innombrables et il vous faut mettre à profit la logique de la situation pour trouver une solution. Surtout, essayez d'être objective à défaut d'être détachée : « Je crois que ça ne marchera pas si tu t'y prends de cette manière, ce n'est pas comme cela que je fonctionne ; mais si nous avions plus de moments d'intimité, peut-être que je pourrais faire des progrès. »

Cette approche, dans la mesure où elle vous vient naturellement, parlera à la philosophie pratique et orientée vers la solution de votre homme. Elle contribuera de manière plus efficace à relâcher ses défenses intellectuelles que des questions sur ce qu'il pense quand il est au lit avec vous. Si vous lui demandez ce qu'il ressent quand vous faites l'amour, il aura l'impression que vous voulez l'avaler – et il se mettra à compter ! Aussi, de manière paradoxale, en montrant moins vos émotions, vous l'invitez, lui, à en avoir plus.

Enfin – et c'est sans doute le plus important –, si un sexologue ou certains livres peuvent vous fournir quelques techniques sexuelles, il vous faut penser en équivalents non sexuels lorsque le vide émotionnel emplit votre chambre à coucher. La sexualité est extrêmement sensible aux pressions psychologiques : le stress, certains conflits affectifs, ou une communication déficiente, tout joue un rôle. L'avantage, c'est que si vous travaillez à résoudre ces problèmes, cela ira tout de suite mieux au lit. Avant donc de vous précipiter chez un sexologue, vous devriez donc en quelque sorte verbaliser votre vie sexuelle. Avant de commencer à vous dire que *vous* avez un problème, demandez-vous si ce n'est pas *lui* qui en aurait un. Par exemple, un homme pourra perdre tout intérêt sexuel envers sa partenaire s'il rencontre un problème professionnel important (ou s'il a l'impression d'en avoir un). Au lieu de penser qu'il n'est pas à la hauteur, il « choisit » plus ou moins consciemment de se dire que *vous* n'êtes pas à la hauteur. Pour de nombreux hommes, le passage de « je ne suis pas capable de pourvoir aux besoins de ma famille » à « ma femme n'est pas séduisante » se fait de manière naturelle sur le plan narcissique.

Aussi, dans ce genre de situation, lorsque vous cherchez à aider votre partenaire – et surtout vous-même –, il vous faut faire en sorte d'empêcher ce passage ou même d'inverser la vapeur. Ce n'est d'ailleurs pas bien difficile et il suffit souvent de l'écouter vous parler de son travail – à moins que le problème ne soit plus profond. Il finira par exprimer par des mots, et non plus au travers de son inaction sexuelle, la déception qu'il ressent à l'égard de lui-même. Et si vous savez l'encourager face à ses problèmes, ou même lui montrer que vous l'admirez, il est probable qu'il s'ouvrira encore plus à vous et que les gestes qui parlent d'amour suivront les mots qui parlent d'autre chose.

L'idée que la solution à des problèmes sexuels se trouve en dehors de la chambre à coucher et demande une intervention non sexuelle s'imposera davantage encore à mesure que nous continuerons notre exploration de la sexualité pour pénétrer au-delà des défenses mises en place par la honte et par le vide émotionnel et nous rapprocher de certains conflits sous-jacents. En chemin, n'oubliez pas que la mise en acte sexuelle, même si elle repose sur certains besoins physiologiques, est aussi une tentative de défense destinée à éviter aux hommes de ressentir certains conflits. Mais elle n'est qu'une tentative, car ils finissent par devoir prendre en compte ces conflits. Autrement dit, le sexe a une signification interpersonnelle. Aussi est-il important, lorsque j'étudierai et que je décoderai les messages qui se cachent derrière certaines activités ou fantasmes sexuels – qui peuvent aller de la sexualité orale à la sexualité anale, de la « peinture réalisée avec son pénis » (une technique recommandée par certains manuels de développement sexuel) à l'immobilisation de sa partenaire – de garder à l'esprit que cette analyse du sens, même si elle met à jour certains éléments agressifs ou égoïstes, ne rend pas pour autant ces expressions sexuelles illégitimes ou pathologiques. Rien ne vous empêche bien entendu de penser que celui qui ne pratique qu'une sexualité orale ou ne fait l'amour que dans la position du missionnaire s'impose des limites un peu étroites qui, de plus, ne satisfont pas forcément sa partenaire. Mais cela ne constitue pas une pathologie [16].

L'homme lesbien

Un patient me raconta qu'il avait rêvé qu'il faisait l'amour avec l'une de ses collègues qui était lesbienne. Sans doute parce qu'il se doutait que j'allais l'interroger sur sa propre orientation sexuelle, il ajouta aussitôt que, s'il était convaincu que tout le monde avait des tendances bisexuelles, il ne pensait en revanche pas que son rêve eût un rapport avec cette question. J'étais d'accord avec lui sur ces deux points. « Alors que pensez-vous que mon rêve signifie ? » me demanda-t-il. « Eh bien, si cette femme est lesbienne, elle couche avec d'autres femmes qui le sont aussi, ce qui fait de vous... une lesbienne. » Je ne plaisantais pas, et le patient le savait. « Génial, me dit-il. Quand je vais raconter à ma femme que mon psy m'a dit que j'étais lesbienne... »

Je lui expliquai alors ce que je voulais dire : il s'agissait pour moi d'un rêve non sexuel, ou plus exactement d'un rêve qui se référait à une époque précédant son éveil à la sexualité et qui trouvait son originc dans sa première identification à sa mère. Nous avons vu, au chapitre III, qu'avant d'être poussés par leur propre désir et la pression sociale à « devenir des hommes » – à peu près au début du primaire – les garçons sont assez semblables aux filles, surtout dans la relation qu'ils ont à leur mère. L'identification première à la mère et la nécessité qu'ont les hommes de, tout à la fois, la préserver et la répudier se trouve au cœur du conflit de l'insécurité masculine. Si la plupart des hommes ont un potentiel homosexuel, tous ont un potentiel lesbien, c'est-à-dire qu'ils ont au fond d'eux-mêmes la faculté d'être une femme aimant une autre femme, ou, du point de vue de leur histoire, une fille aimant sa mère.

Bien qu'essentiellement non sexuel, ce potentiel n'est pas toujours épargné par les conflits sexuels.

Pour devenir sexuel, le petit garçon doit se séparer de sa mère, ce qui implique notamment pour lui d'accepter qu'il a des organes génitaux différents des siens. D'un point de vue intellectuel, les garçons comprennent cela très jeune ; émotionnellement, ils ne sont néanmoins pas toujours prêts à l'accepter, parce que cela menace leur sentiment premier de félicité et de sécurité de ne former qu'un avec leur mère.

En se promenant dans un parc, l'un de mes patients croisa deux policiers qu'il imagina brusquement en train de le sodomiser. Cette peur se répéta en cours de séance : nous avions décidé d'essayer une approche plus analytique et il s'était allongé sur le divan pendant que j'étais assis derrière lui, hors de sa vue. Il se mit tout de suite à montrer les signes d'une profonde angoisse, se tournant et gigotant sur le divan ; puis il verbalisa sa peur que je ne l'attaque et ne le viole. Nous avons vu plus haut qu'une peur recouvre souvent un désir, ce qui était vrai aussi dans ce cas. Ce n'était cependant pas un désir d'ordre sexuel, mais reflétait l'interprétation émotionnelle que cet homme avait fait de sa petite enfance. Il était fils unique et sa mère l'avait élevé seule. Il avait grandi avec l'impression d'être « pris au piège » de sa tendre attention et avec le désir d'une présence et d'un pouvoir masculin. Pour cet homme, ni le problème ni la solution – développer des relations plus profondes d'amitié masculine – n'étaient d'ordre sexuels.

Souvent, les problèmes semblent d'ordre sexuel alors qu'il n'en est rien. On sait bien que les homosexuels ne sont pas les seuls à pratiquer la stimulation et la pénétration anales. Ce que l'on sait moins, c'est que beaucoup d'hétérosexuels désirent être pénétrés – par une femme. Certains vont jusqu'à réaliser cette envie avec leur partenaire en ayant recours à un godemiché, alors que d'autres en restent au niveau du fantasme ou du rêve. D'autres encore en font l'expérience de manière plus indirecte, par exemple en se plaçant au-dessous pendant les rapports, parce qu'ils trouvent cette position plus excitante. Qu'ils soient réels ou fantasmés, ces scénarios peuvent être chargés d'une véritable intensité sexuelle puisque l'anus est une zone érogène. Cependant, ils représentent aussi un souvenir et un désir qui ne sont pas d'ordre sexuel : le souvenir d'avoir été semblable à une fille et le désir d'être à nouveau connu – au sens biblique du terme – par sa mère.

Robert Stoller et d'autres ont montré que, sexuellement, cela n'était pas forcément un problème ; il n'en demeure pas moins que, pour beaucoup d'hommes, ce type d'identification est conflictuel et s'accompagne de colère et de peur : *colère* parce qu'il faut abandonner l'illusion que « Maman et moi ne formons qu'un » et *colère* aussi à l'égard de la mère qui les a mis dans cette situation ; *peur* à l'idée de ne pas être capable d'échapper à l'influence maternelle. On voit bien comment ce conflit inconscient lié à la mère est mis en acte dans la sexualité masculine. Ainsi, beaucoup d'hommes s'énervent quand leur partenaire n'a pas les mêmes envies qu'eux au lit, ou quand elle ne sait pas les stimuler – ne devrait-elle pas ne faire qu'un avec eux ? Ils lui en veulent aussi d'être « obligés de renoncer » à d'autres femmes quand ils commencent une relation, comme si c'était de sa faute à elle. Et ils ont bien sûr peur de ce qu'ils peuvent perdre en termes d'expérience sexuelle avec d'autres femmes lorsqu'ils s'engagent auprès de l'une d'entre elles.

C'est l'une des principales raisons pour lesquelles les hommes ont des liaisons extraconjugales. En allant voir ailleurs, ils affirment avec colère qu'ils ont le droit d'avoir une femme sexuellement plus compréhensive et de conserver leur liberté sexuelle. De cette manière, ils soulagent aussi leur crainte d'être contraints de faire l'amour toute la vie avec la même femme. Ils ne réfléchissent pas qu'il est impossible de s'émanciper en secret, ou en remplaçant un maître – je devrais dire une maîtresse – par un autre. Nous sommes prompts à condamner les hommes (et les femmes) qui trompent leur partenaire et à voir en eux des profiteurs émotionnels ; les expériences cliniques montrent pourtant que ces personnes sont souvent dans la souffrance, essentiellement parce qu'ils sont prisonniers de ce qu'ils sont. Tôt ou tard, les hommes découvrent que leur système de défense hypermasculin ne sert qu'à prouver le contraire de ce qu'il est vraiment. Ou, pour nous replacer sur le terrain de la sexualité, qu'en exhibant à tout bout de champ leur pénis, ils ne le rendent pas plus grand, mais renforcent le sentiment – qui est aussi le leur – qu'il est si petit qu'il a besoin d'être montré souvent. Par ailleurs, on comprend que c'est par l'usage qu'il fait de son organe sexuel que le petit garçon pourra prouver à sa maman, et à lui-même, qu'il est différent et séparé d'elle.

L'idée que l'on réussira à assouvir son besoin d'espace vital par rapport à sa femme en faisant l'amour à une autre femme est aussi paradoxale que le conflit de l'insécurité masculine : les hommes veulent le beurre et l'argent du beurre, être un homme et être (avec) une femme. L'image stéréotypée qui présente l'homme sous les traits de celui qui rechigne à s'engager alors que la femme pousserait dans l'autre sens ne correspond à la réalité que si l'on se place d'un point de vue conscient. Inconsciemment – ce que les thérapies de couple mettent en général en lumière – l'homme fait en sorte que la femme le pousse parce qu'il veut répéter la relation qu'il vivait avec la Première Femme qu'il ait eu, sa Maman. Il s'agissait d'une relation dans laquelle la femme s'engageait, protégeait et absorbait pendant que le garçon cherchait, à contrecœur, à s'échapper.

J'eus pour patient un homme d'une trentaine d'années que sa mère, par besoin que l'on ait besoin d'elle, avait beaucoup soutenu et encouragé au point qu'elle avait développé en lui une certaine dépendance émotionnelle. S'il avait, en grandissant, réussi à surmonter son désir que ses parents s'occupent de lui et à atteindre l'autosuffisance, des restes de dépendance coloraient encore sa sexualité. Tout cela apparut lorsqu'il me raconta un rêve dans lequel l'un de ses amis d'enfance, du nom de Samuel, lui avait coupé les pieds pour le punir de quelque bêtise. Perplexe, le patient commença d'associer, ce qui aida à dissoudre le mystère. La veille du rêve, cet homme, qui n'était pas juif, avait eu une conversation avec l'un de ses collègues juif orthodoxe, prénommé Shmuel – l'équivalent hébreux de Samuel –, au cours de laquelle ce dernier avait mentionné un nouveau livre sur le « sexe kasher ».

Je me risquai à un premier essai d'interprétation : « Est-il possible que ayez eu un rapport non kasher et que votre « organe » – par ce que Freud aurait qualifié de déplacement, ait été coupé en signe de punition ? » Le patient se mit à rire mais, à mon étonnement, me dit que c'était effectivement ce qui s'était passé. Quelques semaines plus tôt, il avait fait l'amour avec son ancienne petite amie. Il pensait qu'il avait eu tort parce qu'il avait rompu avec elle quand il s'était rendu compte qu'il ne voulait pas s'engager auprès d'elle. Mais il y avait encore autre chose et il poursuivit : le soir précédant le rêve, son ex-amie l'avait appelé pour lui dire, sur un ton quelque peu sarcastique : « Au cas où tu t'inquiéterais, je ne suis pas enceinte. » J'appris ainsi qu'ils avaient eu un rapport sans protection – ce qui, de l'aveu même du patient, avait été « extrêmement irresponsable », et représentait selon moi un autre aspect non kasher de ce rapport sexuel. Il était particulièrement significatif qu'ils n'aient pas utilisé de préservatif parce que cela n'était jamais arrivé au cours des deux années pendant lesquelles ils avaient été ensemble et qu'il fallait que cela se produise maintenant qu'ils étaient séparés.

« Je vais vous dire ce que je pense, déclarai-je. Vous rompez avec votre petite amie parce qu'elle vous étouffe et que vous avez besoin d'espace vital, mais voilà que non seulement vous la voyez, non seulement vous faites l'amour avec elle, mais en plus vous essayez de la mettre enceinte afin d'avoir, en plus, un enfant avec elle. » Il protesta un peu avant d'accepter de voir qu'il avait agi cette fois-là comme il avait toujours agi avec les femmes, à commencer par sa mère, faisant en sorte qu'elles dépendent et aient besoin de lui de façon à ne pas avoir, lui, à lâcher prise, ou plus exactement, à pouvoir exiger avec colère que l'on cesse de le retenir prisonnier, sans se rendre compte que c'était sa propre dépendance qui le retenait.

La colère était chez ce patient l'une des dimensions de sa lutte avec la séparation. Cela fut encore plus clair lorsqu'il me raconta les circonstances de son rapport non kasher avec son ancienne petite amie. Celle-ci avait encore les clés de son appartement et, cette nuit-là, elle s'était introduite chez lui sans s'annoncer, visiblement pour récupérer des affaires. Il était très tard et il aurait dû dormir, mais il traînait chez lui, à moitié nu ; aussi, de fil en aiguille...

« Je pense que j'ai couché avec elle en partie par colère, me dit-il alors. Comme si je lui avais dit : “Tu imagines que tu peux pénétrer mon intimité comme ça ? Je vais t'apprendre ce que c'est que que d'être intime !” Je lui répondis que ce qu'il me racontait me faisait penser à un enfant en sous-vêtements imaginant avec colère le moyen de montrer à sa mère, qui vient d'entrer à l'improviste dans sa chambre, qu'il n'est plus un petit garçon. Le coup de téléphone de la petite amie – ou plutôt l'interprétation que le patient en avait fait dans son rêve – prenait du même coup une autre signification. En lui faisant l'amour sans préservatif, il lui signifiait : « Je vais te montrer que je suis un homme en te faisant un enfant » ; en l'informant qu'elle n'était pas enceinte, elle lui disait : « Non tu ne peux pas me le montrer, non tu ne peux pas me le montrer : ta bite a été coupée. »

Je pense à un exemple différent, celui d'un acteur d'environ quarante ans venu consulter pour un problème sexuel. Cet homme était vraiment amoureux de sa petite amie qu'il décrivait comme une fille intelligente, spirituelle et séduisante. Il était sur le point de la demander en mariage. Son problème était qu'il se sentait obligé, pendant l'amour, de lui interdire presque de parler, d'émettre des sons ou de bouger trop brusquement. Il disait que sa concentration et son érection retomberaient si son amie se manifestait avec trop d'intensité ou s'il avait l'impression qu'elle le dominait. Nous nous rendîmes compte que pour pouvoir se livrer à une activité sexuelle normale, il avait besoin que son amie soit « plus petite » que lui, ou soumise, de façon à ce qu'il pût se sentir « fort » et au-dessus d'elle. Bien entendu, plus il exigeait qu'elle se retienne, plus elle se sentait frustrée, en manque et en colère, et, au lit, elle finissait par exploser bruyamment en demandes émotionnelles qui mettaient fin chez lui à toute érection. En lui disant de diminuer, il l'encourageait à s'étendre ; en attendant d'elle qu'elle soit une gentille fille silencieuse, il la transformait en un femme difficile et hystérique.

Cette fois-ci encore, la « guérison » ne dépendait pas d'une technique sexuelle, mais d'un repérage des équivalents non sexuels au problème. Il ne fallut pas chercher très loin : dans la perspective des fiançailles, le couple avait abordé un certain nombre de questions comme les enfants ou l'endroit où il pourraient habiter. Pendant ces conversations, comme au lit, le patient adoptait une attitude qui amenait son amie à se transformer en une femme émotive et exigeante, un peu semblable à une mère. À propos de bébé, il lui disait : « Pourquoi ne pas attendre quelques années ? Nous serions plus sûrs de nous et tout ça. » Ce que son amie, qui venait d'avoir trente-deux ans, interprétait comme : « Peut-être qu'il n'est pas sûr de vouloir de moi et il veut gagner du temps. » Elle réagissait donc en disant : « Non, je ne vais pas attendre et risquer de me retrouver avec des problèmes de stérilité ; si tu n'es pas prêt à t'engager, nous ferions peut-être aussi bien de tout oublier. » De la même façon, lorsqu'ils parlaient de l'endroit où ils allaient s'installer, il disait : « Pourquoi ne resterions-nous pas en ville aussi longtemps que possible – c'est si pratique ; et la banlieue, c'est la mort ! » Ce qu'elle interprétait comme : « Peut-être n'est-il pas prêt à s'installer avec une femme. » Elle lui répondait donc : « Eh bien, si tu ne tiens pas à avoir une vie de famille, tu ferais mieux de me le dire maintenant, parce que j'ai vraiment envie d'avoir des enfants, une maison et un chien. C'est comme ça que j'ai grandi et c'est ce que je veux ! »

En travaillant avec lui sur son ambivalence non sexuelle – son désir d'être *avec* et *sans* femme dans l'image de sa mère –, je réussis à lui faire voir que dans les échanges qu'il avait avec son amie, il la conduisait sans le vouloir à devenir sa mère, et que c'était ce résultat qui causait son impuissance. Quand il en prit conscience, il fut capable d'arrêter de voir sa mère partout et considéra enfin son amie pour qu'elle était vraiment : la jeune femme attirante et excitante qu'il avait rencontrée.

On l'a vu au chapitre III, l'impuissance est la quintessence de la métaphore du conflit de l'insécurité masculine. « Je dois faire mon boulot – mais j'en ai assez d'avoir à dominer » : tel est le message que fait passer l'homme impuissant au travers de son symptôme. L'impuissance n'est pas qu'une métaphore : c'est un problème réel et douloureux ; mais j'invite une nouvelle fois celles et ceux qui ne souhaitent pas entreprendre de thérapie à rechercher l'équivalent non sexuel à l'impuissance. L'une des techniques que je préconise et qui fut mise au goût du jour sous ses différentes formes par des sexologues, prend pour point de départ la sexualité, ou le physique, même si en général elle n'en reste pas là. Sans entrer dans les détails – il existe d'excellents livres pour cela –, disons qu'il s'agit, au début, de pratiquer des exercices d'attouchements physiques, mais expressément non sexuels, tout en interdisant tout rapport sexuel. Puis l'on évolue tout doucement vers des exercices faisant appel à des attouchements plus directement sexuels. On finit par un rapport complet, au cours duquel la femme se place d'abord sur le dessus pour guider le pénis en elle.

Souvent, au cours de ces exercices, des choses inattendues se produisent. D'abord, l'homme retrouve presque tout de suite une érection. Il y a deux raisons à cela, toutes deux non sexuelles : premièrement, il ne subit aucune pression pour y arriver ; deuxièmement, la face négative de l'ambivalence masculine (la peur de se perdre en une femme) étant neutralisée par l'interdiction d'avoir des rapports, il peut se laisser aller à ressentir le côté positif du conflit (le désir de se perdre en une femme). Si en discutant de ces exercices le thérapeute s'éloigne de l'aspect strictement physique, il réussira presque toujours à trouver quels sont les équivalents non sexuels du problème. L'impuissance est souvent déclenchée par une pression croissante en termes de réussite et de résultats professionnels. L'acteur qui obtient de mauvaises critiques, l'avocat qui perd une cause importante, le médecin des patients, ou le commercial un gros client sont parmi les exemples possibles. Et en ce qui concerne l'ambivalence, les cas précédents ont montré que l'homme se sent souvent dépendant de ou absorbé par la femme et qu'il lutte pour se séparer d'elle. Tout cela peut être réel ou imaginé, comme le déplacement d'une relation antérieure importante.

On observe ensuite qu'un autre phénomène se produit de manière assez fréquente à la fin d'une série d'exercices réussis, quand l'homme a une érection suffisante pour envisager un rapport : la femme se trouve victime de la célèbre migraine. Inexplicablement, le sexe n'offre plus d'intérêt pour elle. Soit elle est préoccupée par autre chose, soit elle sabote inconsciemment l'espoir de rapports. Lorsque cela se produit, cela confirme l'idée que la main invisible d'une femme intervient même dans ce domaine spécifiquement masculin.

La solution à une partie de ces troubles ne peut être trouvée qu'au cours d'une thérapie. Néanmoins ces deux questions essentiellement non sexuelles – l'angoisse de résultat et l'ambivalence – ont d'importantes implications pratiques pour les couples qui ont à faire face à des problèmes d'érection. Ainsi, une discussion simple pour rassurer l'homme sur ses résultats professionnels, ou sur sa valeur en tant qu'homme indépendamment de ses résultats professionnels, peut avoir des conséquences plus positives dans la chambre à coucher qu'un échange qui aurait porté sur ses problèmes sexuels. Par ailleurs, la femme ferait peut-être bien de s'interroger sur elle-même : ne serait-elle pas ambivalente ? Elle éprouve peut-être de son côté un conflit d'« insécurité féminine » qui se manifeste par un refus de rapports sexuels quand l'homme y est disposé. Elle pourra, par exemple, vouloir épouser un homme fort et puissant pour qu'il pourvienne à ses besoins de façon à ce qu'elle se sente en sécurité, tout en souhaitant qu'il s'en remette à elle pour toutes les questions liées à la famille et à la maison. Cela fonctionnera au quotidien si le mari accepte cette répartition des rôles. Mais dans la réalité nue de la chambre à coucher, il risque d'être impossible de définir de telles zones d'influence, ne serait-ce que parce que d'un point de vue physique, le corps masculin est en général plus grand, plus fort et plus dur. Aussi, l'impuissance pourra bien être la réponse à ce souhait féminin d'avoir un partenaire à la fois fort et faible, car elle permet à la femme de ressentir les deux côtés du conflit : son désir de puissance masculine *et* son vœu de dominer la faiblesse masculine.

Autrement dit, si votre homme a des problèmes d'érection, vous pouvez l'aider en vous demandant si, d'une certaine manière, son impuissance ne vous conviendrait pas. Paradoxalement, cela pourra contribuer à alléger la pression qui pèse sur lui et peut même faciliter un retour spontané de l'érection. Un jour ou l'autre, cependant, surtout avec un problème qui perdure, vous devrez l'un et l'autre travailler sur l'intégration des aspects non sexuels de la fracture sexuelle.

L'éjaculation précoce est un autre problème très répandu. On peut lui aussi l'examiner au travers du prisme de l'insécurité masculine. Les hommes mettent en place cette tendance au tout début de leur développement sexuel. « Parmi les adolescents, écrit le sexologue Barry McCarthy, la masturbation est une activité secrète et cachée, hantée par la honte et la peur d'être découvert. C'est la raison pour laquelle la plupart des hommes cherchent à atteindre l'orgasme le plus rapidement possible. Il arrive que dans certaines réunions d'adolescents, les jeunes se masturbent en groupe dans le but de désigner le garçon le plus viril. Le gagnant est celui qui éjacule le plus vite et le plus loin. » McCarthy poursuit son exposé en montrant que cette « pression en faveur d'un résultat rapide » se manifeste souvent aussi lors de la première relation sexuelle qui a de fortes probabilités d'être précipitée, non planifiée, laissant peu de place au temps et à l'intimité. Pourtant, au lieu d'être simplement circonstancielle, cette pression est aussi alimentée par le désir du jeune homme de se prouver quelque chose à lui-même sur le plan sexuel, désir qui le plus souvent fait ombrage à la nécessité d'avoir une expérience sexuelle agréable, voire riche en émotions.

Puisqu'avoir des relations sexuelles ne prouve pour ainsi dire rien, la plupart des hommes ont le sentiment qu'ils doivent continuer de prouver quelque chose, encore et encore. Et, ironiquement, plus la pression pour atteindre un résultat est forte, plus l'éjaculation est précoce et l'impression d'échec, amère. Sur le plan psychologique, c'est comme si l'éjaculateur précoce voyait dans l'orgasme un raccourci vers la masculinité – « Pourquoi perdre mon temps à être un garçon ? », lui demande son inconscient lorsqu'il commence à s'exciter. Et c'est bien ce que signifient les équivalents non sexuels de l'éjaculation précoce. En réalité, comme nous semblons vivre dans une culture d'éjaculation précoce – au pire une culture de la gratification immédiate et au mieux une culture du sacrifice des plaisirs du présent dans l'espoir de quelque résultat à venir –, les équivalents sont faciles à trouver. La meilleure comparaison avec l'éjaculation précoce est celle du chef d'entreprise raté qui a de mirifiques idées de business qui ne manquent jamais de tomber à l'eau. Les exemples de ce genre, qui demeurent néanmoins exceptionnels dans nos sociétés, témoignent du désir qu'ont les hommes de contourner et de trouver un raccourci au processus de développement qui va de l'adolescence à l'âge adulte. Et le vocabulaire masculin est rempli d'expressions qui s'utilisent aussi pour décrire l'atteinte rapide d'un résultat sur le plan sexuel : faire un bon score, conclure, etc.

Comment dès lors s'étonner que les hommes aient du mal à faire durer un rapport et que, soit par manque de considération pour leur partenaire, soit parce qu'ils envisagent le rapport lui-même comme le summum du plaisir sexuel, s'ils y parviennent, ce soit d'une manière typiquement masculine, en s'efforçant d'évoquer un certain nombre de pensées désagréables comme les impôts, les beaux-parents, ou leur patron ? Un médecin avait essayé de réduire l'intensité de la stimulation avant l'orgasme en pensant à l'un de ses patients – un obèse qui, pendant l'auscultation, se curait le nez avant de se mettre le doigt dans la bouche. Ces méthodes, tout comme se mordre la langue ou se pincer, peuvent se révéler efficaces, mais elles ont un prix. Les sexologues vous diront qu'il existe heureusement une meilleure technique qui consiste à se concentrer sur le plaisir plus que sur des sentiments négatifs, car il est impossible d'avoir l'esprit pleinement occupé par plus d'une activité à la fois. Au lieu donc de penser à quelque chose de déplaisant ou d'extérieur, l'homme doit essayer, pour prolonger le rapport, de se concentrer sur les sensations qu'il éprouve à ce moment-là. Il constatera que son besoin d'orgasme devient tout de suite moins pressant. « La différence d'approche, explique McCarthy, ressemble à celle qui existe entre le coureur qui cherche à tout prix à atteindre la ligne d'arrivée et la personne qui marche d'un pas décontracté à travers un paysage de rêve et qui met à profit tous ses sens pour percevoir le plus de choses possible. »

Cette comparaison montre que les techniques sexuelles pour le traitement de l'éjaculation précoce peuvent être appliquées sur un plan non sexuel dans la vie quotidienne. À l'opposé de celui qui soumet les expériences du présent au but à atteindre, il s'agirait de mener une vie plus cool, de profiter de l'instant, d'un voyage, de la vue, des enfants, de la douche, du soleil, autant de manières non sexuelles de prolonger le rapport tout en en profitant plus. Étant donné que les femmes sont moins que les hommes enclines à voir la vie comme une course, elles peuvent jouer un rôle important en démontrant à leur partenaire que la seule ligne d'arrivée, c'est la mort. Ou, comme l'a dit un homme d'affaires célèbre expliquant pourquoi il prenait sa retraite jeune : « Je n'ai jamais entendu quelqu'un dire sur son lit de mort qu'il regrettait de ne pas avoir passé plus de temps au bureau. » Cependant, les femmes qui cherchent à encourager leur partenaire à apprécier le moment présent se garderont de se montrer en demande. Ainsi, au lieu d'exiger de passer plus de temps avec son mari, il s'agit de lui démontrer – en action et non en paroles – la « valeur » des loisirs ou de l'intimité, en en profitant soi-même, avec ou sans lui.

Si nous partons du principe qu'il ne peut y avoir aucun raccourci à la masculinité, nous sommes forcés de voir que, à l'image de l'impuissant, l'éjaculateur précoce refuse en réalité de se comporter en homme. Qu'ils veuillent rester des garçons, ou même être des filles, les hommes qui souffrent de problèmes sexuels déclarent inconsciemment, au nom de tous leurs semblables : « Nous en avons assez de dominer. » Au chapitre III, j'ai montré que la difficulté qu'ont les hommes à accepter leurs désirs féminins pose la question de la relation entre insécurité maculine et homosexualité. Pour prendre un exemple, nombre d'hommes ont des rêves érotiques où il découvrent avec un certain choc que la femme avec qui ils sont a un pénis. Selon les individus, ce rêve exprimera soit un désir homosexuel inconscient, soit une identification féminine (le souhait que l'on s'occupe d'eux, de manière passive ou réceptive), soit les deux. S'il est vrai que certains peuvent découvrir, au cours d'une thérapie, qu'ils ont toujours nié ou refoulé leur homosexualité et décident de l'assumer ouvertement, d'autres se servent de fantasmes homosexuels pour échapper à ce qu'ils perçoivent comme la pression de la masculinité. On ne connaît finalement pas très bien la nature des liens qui existent entre identification sexuelle et homosexualité : homosexuels comme hétérosexuels sont susceptibles d'avoir une part plus ou moins grande d'identification féminine. Le psychanalyste homosexuel Richard Isay établit néanmoins une distinction importante entre l'homosexualité « défensive » et la véritable homosexualité [17].

L'exemple suivant illustre la manière dont je comprends cette distinction. Cet homme était venu me voir parce qu'il se posait des questions sur sa relation avec sa fiancée et parce qu'il avait un problème d'alcool.

Il était hétérosexuel, mais avait fait un rêve dans lequel il se livrait à un rapport anal avec un homme plus jeune. Plus la date du mariage approchait, me raconta-t-il, moins il se sentait attiré sexuellement par sa fiancée. Sachant cela, son rêve aurait pu être interprété comme le signe qu'il avait le sentiment de se tromper de partenaire sexuelle, et le fait que le patient buvait aurait pu aller dans le sens de cette interprétation : on a en effet remarqué qu'avant de faire leur « coming out », certains homosexuels essayent de dissimuler leur orientation sexuelle derrière un abus d'alcool et/ou de marijuana.

Cependant, certains détails m'incitaient à explorer une autre direction. Tout d'abord, le rêve me paraissait être une réaction à une situation précise. Le jour même, cet homme avait dit à sa fiancée qu'il avait l'intention de sortir le samedi suivant avec un ami qu'il n'avait pas vu depuis longtemps, et elle s'était vexée en lui reprochant de ne pas passer suffisamment de temps avec elle. Il se sentit menacé, se mit en colère et ils se disputèrent. Cet événement apporte donc un nouvel éclairage au rêve, qui peut être interprété comme une demande agressive de libération lancé en direction de la fiancée : « Non seulement je sortirai avec mon ami mais, si j'en ai envie, je coucherai même avec lui. » Ce rêve pourrait, le cas échéant, aussi signifier que sous la demande d'une plus grande intimité avec une femme, le patient cachait le besoin de se sentir plus proche d'un homme – en quelque sorte pour réaffirmer sa masculinité. Ces deux interprétations sont aussi plausibles l'une que l'autre au regard de l'histoire familiale de cet homme. Il en avait toujours voulu à sa mère de s'être montrée envahissante et d'avoir voulu le surprotéger. Mais il avait aussi toujours rêvé d'une relation d'homme avec son père, un scientifique distrait et plongé dans ses problèmes, et avec son frère cadet (le jeune homme du rêve ?), un étudiant en droit ambitieux, complètement absorbé par sa carrière.

D'autres circonstances plus évidentes allaient à l'encontre d'une interprétation purement homosexuelle du rêve. Le patient disait n'avoir jamais été attiré par les hommes, et de plus il ne se souvenait pas d'avoir éprouvé de plaisir sexuel pendant le rêve. Il n'opposa pas non plus de résistance à l'idée d'explorer son homosexualité potentielle, ne montrant ni angoisse, ni défense en évoquant le rêve. D'ailleurs, l'un de ses meilleurs amis était gay et les deux hommes avaient ouvertement discuté du fait qu'il ne se sentait ni tenté, ni menacé par leur relation. Aussi, pour ce patient, dominer un homme n'avait rien d'*homo*sexuel. Au contraire, il s'agissait d'une pure expression d'*hétéro*sexualité : la preuve qu'il pouvait dominer une femme – sa fiancée. Nombre d'hommes vous diront que celui qui est capable d'affronter des hommes et de les dominer, n'a rien à craindre d'une femme.

Le narcissisme sexuel

On dit que 90 % des hommes se masturbent et que les 10 % qui disent ne pas le faire, mentent. Quelles que soient les véritables statistiques, une chose est sûre : les hommes en parlent plus que les femmes – d'abord entre eux à l'adolescence, puis en thérapie où ils ont moins peur d'être jugés. Et l'obsession qu'ils ont de cette pratique auto-érotique est la parfaite illustration sur le plan sexuel de leur préoccupation de soi.

Beaucoup d'hommes se sentent coupables et honteux de se masturber, même si cela ne les empêche pas de continuer. Culpabilité et honte peuvent venir de ce que cette pratique est perçue comme immature, de ce qu'elle s'accompagne de fantasmes « interdits », mais aussi de ce qu'elle n'est au fond qu'une pratique sexuelle solitaire et uniquement préoccupée de soi.

N'allez pas en conclure que je pense que les hommes *devraient* se sentir honteux de se masturber : j'ai montré au chapitre IV qu'une certaine dose de narcissisme n'était pas seulement bénéfique mais nécessaire. Seul ou à deux, il est bon de chercher à atteindre la satisfaction de ses besoins sexuels. Et les femmes ont, sur ce point-là beaucoup à apprendre des hommes.

Il m'est arrivé d'avoir parmi mes patientes des femmes qui disaient vouloir « explorer », « essayer » ou « pratiquer » la masturbation. Je n'ai en revanche jamais rencontré d'homme qui eût besoin d'apprendre à se masturber, ce qui peut sans doute être mis sur le compte de la nature « simple » de l'anatomie masculine ainsi que de cultures ayant historiquement incité et renforcé le narcissisme masculin. Les femmes n'ont quant à elles, du moins jusqu'à très récemment, jamais été encouragées à l'exploration de soi, mais plutôt à tenir, en coulisse, un rôle qui, sur le registre du soutien, de la facilitation, ou de la manipulation, était toujours *en relation avec* le rôle central que les hommes interprétaient sur le devant de la scène.

Si la gratification de soi, sexuelle ou autre, est au cœur du narcissisme, l'impact interpersonnel du narcissisme découle de sa nature défensive – le désir surcompensatoire de trouver une gratification en impressionnant les autres. La première fois que j'ai eu rendez-vous avec celle qui allait devenir ma femme – j'avais alors vingt-huit ans – j'étais un peu nerveux, et comme beaucoup d'autres hommes, j'ai pensé que je devais l'impressionner. Je ne lui avais donc pas plus tôt demandé ce qu'elle voulait faire à cette occasion que j'ajoutai, sans lui laisser le temps de répondre : « Tu sais, on dit que le petit déjeuner, c'est pour l'amitié, le déjeuner pour les affaires et le dîner pour l'amour. Lequel choisis-tu ? » Elle ne broncha pas, puis répondit : « Que dirais-tu d'un goûter ? »

Outre que j'avais sans doute besoin, plus ou moins consciemment, de cacher mon propre sentiment d'insécurité en l'impressionnant par mon esprit audacieux – même si mon humour était, j'en conviens, un peu douteux –, il me semble *a posteriori* qu'autre chose se jouait là. En évoquant la possibilité d'une relation sexuelle, j'indiquais que j'avais peut-être des intentions de conquête et je testais sa réaction. Sa réponse fut d'ailleurs parfaite, car elle indiquait une possibilité sans offrir de garantie – une combinaison gagnante lorsqu'on sort avec un narcissique. En général, plus l'homme se préoccupe de soi et plus sa partenaire devrait proclamer : « Je ne fais pas *semblant* d'être difficile à conquérir. »

Ainsi, même lorsqu'ils sortent du cercle de l'autoérotisme et élargissent leur sexualité pour y inclure d'autres personnes, les hommes continuent d'être tournés vers eux-mêmes. En amour par exemple, ils apprécieront d'avoir à conquérir une femme indépendante – une femme qui ne les effraiera pas par sa trop grande émotivité. Ils pourront de la sorte se sentir valorisés sans pour autant rabaisser leur conquête.

Malheureusement, une fois le but atteint, il est rare que les hommes renoncent à leur narcissisme sexuel. C'était évidemment le cas autrefois – ce qui, dans certains endroits, ne remonte pas à un temps si lointain – quand les femmes n'étaient pas sensées apprécier les joies du sexe et que les hommes n'avaient donc à se soucier que de leur propre gratification. Mais ça n'est pas moins vrai aujourd'hui, et l'antinarcissique qui peaufine sa technique sexuelle afin d'amener sa compagne vers les sommets de l'orgasme multiple et vers d'autres plaisirs, appartient bien à cette catégorie d'hommes. Même s'il ne fait pas de doute que la femme apprécie l'amour dans ces conditions, il est probable qu'elle finira par le trouver vide de sentiments, parce que l'homme est mû par la motivation narcissique d'améliorer sa propre performance afin de se rassurer sur sa virilité. Il n'y a bien entendu rien de mal à cela, et à condition que cela ne soit pas le but unique, ou même premier, du rapport sexuel, la femme appréciera peut-être de faciliter ces sentiments.

Le problème est qu'inconsciemment, les hommes n'attendent pas des femmes qu'elles jouent un rôle de facilitateur en la matière. La relation qu'ils ont eue, enfants, avec celle qui était alors l'unique et la plus importante femme de leur vie ne contribue pas, nous l'avons vu, à renforcer leur masculinité – bien au contraire. C'est ce qui explique qu'ils aient parfois l'impression qu'ils doivent de manière préemptive imposer et exposer leur virilité aux femmes. J'ai pu constater que, parmi mes patients, les hommes qui montraient des signes de préoccupation de soi avaient souvent une histoire d'exhibitionnisme sexuel. Très jeunes – entre quatre et huit ans – ils ont essayé semble-t-il de réguler leur estime de soi en montrant leur pénis aux autres enfants. Ces patients se posaient souvent des questions sur leur identité sexuelle parce que leur mère narcissique les avait traités comme des filles, ou plus exactement, comme des extensions, jolies, douces et idéalisées, d'elles-mêmes.

Dans la plupart des cas, l'exhibitionnisme précoce disparaît en grandissant, laissant derrière lui une grande variété de traces non sexuelles : le besoin d'être admiré, une obsession du body-building, un goût pour les femmes ultra-minces, le désir d'exhiber ses richesses, ou l'envie de s'exposer de manière créative, par exemple en écrivant ses mémoires ou en peignant des autoportraits. J'avais pour patient un jeune étudiant en cinéma, très charmant, très gentil et très doué. Il était Noir et avait réalisé un court métrage documentaire autobiographique qui montrait ce que cela voulait dire de grandir dans une cité sous la coupe d'un frère abusif. Comme je le fais parfois avec certains de mes patients artistes, je lui suggérai de m'apporter le scénario de son film, pensant le traiter à la manière d'un rêve en l'analysant comme une création de son esprit. Mais au lieu du script, il m'apporta une vidéo cassette du film que je regardai à la maison. C'était un film d'une grande force – tant sur le plan visuel qu'émotionnel : impressionné, je voulus célébrer son talent, si bien qu'en discutant du contenu du film avec lui, j'eus du mal à faire la différence entre l'analyse objective et les félicitations subjectives.

Je commençai par me trouver des raisons, me disant qu'il était bon de reconnaître et de célébrer le talent d'un patient – et je n'ai pas changé d'avis sur ce point-là. Cependant, lorsqu'il insista pour me montrer différents aspects de son travail, je commençai à me sentir mal à l'aise. Il me semblait que je n'étais plus avec un patient qui voulait m'aider à le connaître, mais plutôt avec une star dont le but était qu'on le voit et qu'on l'admire. Et, en un sens, cela rejoignait ses fantasmes sexuels : il imaginait qu'une infirmière le trouvait nu dans son lit et « découvrait », admirative, son corps.

Pourtant, je ne pris la pleine mesure de ce qui se passait qu'au moment où l'homme, qui était aussi peintre et photographe, proposa de me montrer ses dessins, « une série d'autoportraits érotiques ». Il m'apparut alors clairement qu'il cherchait à me « séduire » pour que je lui serve de miroir destiné à glorifier sa virilité. Comme il était très doué, je fus tenté de voir ces dessins mais je résistai car j'avais le sentiment qu'il y aurait une part de pornographie dans cet échange. Ce fut au cours de la séance suivante que l'homme me raconta qu'adolescent, il se masturbait devant une fenêtre grande ouverte, au sus et au vu de sa voisine d'en face, une femme plus âgée, « maternelle », qui, à l'inverse de moi, ne refusait pas de regarder.

Peut-être ne sert-il pas à grand-chose de partir de la séduction narcissique symbolique du thérapeute pour généraliser sur les relations physiques réelles. La dynamique à l'œuvre est cependant identique. L'homme narcissique qui poursuit une femme ne se soucie pas de connaître cette autre personne, mais plutôt de savoir si elle sera capable de le célébrer comme il se doit. Le genre ou les préférences sexuelles du thérapeute n'importent pas plus que la personnalité de la femme séduite, ou même son physique. Il pourra d'ailleurs s'écouler un certain temps avant que la femme choisie ne prenne la mesure de ce qui se passe parce qu'elle sera tout occupée à l'idée de célébrer l'esprit, le talent, le corps, la créativité, etc., extraordinaires de son partenaire. Il est probable aussi qu'elle confonde ouverture et générosité, interprétant la forte présence sexuelle de son compagnon comme un don de lui-même, plutôt que de la voir pour ce qu'elle est – une mise en scène de lui-même organisée dans le but d'être admiré.

Cette générosité narcissique physique est sans doute plus féminine que masculine : dans nos sociétés, ce sont les femmes qui sont encouragées à s'intéresser à leur corps et à le montrer. De nos jours cependant, un nombre croissant d'hommes sont de la même façon préoccupés d'eux-mêmes. Et on ne peut nier que d'une manière générale, les narcissiques, hommes ou femmes, sont le plus souvent extraordinairement séduisants – et ce même s'ils sont laids. Il peut y avoir plusieurs raisons à cela : ils passent plus de temps à embellir et à exercer leur corps ; ils respirent la confiance en soi, ce qui les fait paraître encore plus désirables ; et/ou, ils ont été des enfants particulièrement adorables et ont donc reçu une attention particulière, ce qui leur a appris à se servir de leur physique pour obtenir davantage. Ainsi, quand il m'arrive de me sentir sexuellement attiré par quelqu'un au cours d'une séance, j'en conclus généralement que j'ai affaire à un narcissique. Nous devrions peut-être tous nous interroger sur nos attirances, surtout lorsque nous nous apercevons que nous sommes au centre d'une séance de séduction physique. Si la sexualité et la sensualité sont idéalisées, nous sommes sans doute en présence d'une personne ayant besoin d'être admirée – pour son sexe – plutôt qu'aimée pour ce qu'elle est.

La plupart des hommes ne s'exhibent évidemment jamais. Cependant, le chapitre IV a montré qu'ils le font d'un tas de façons non sexuelles. J'ai un jour rêvé que mes enfants me téléphonaient au milieu d'une séance pour me demander s'ils pouvaient manger des cacahouètes pour le déjeuner. Ce rêve avait une origine toute trouvée : ma femme m'avait raconté la veille que la baby-sitter l'avait appelée au milieu d'une séance pour lui demander si les enfants pouvaient avoir des cacahouètes et des sandwiches de confiture pour le déjeuner. Elle s'était efforcée de répondre en restant suffisamment vague pour ne pas imposer à son patient certains aspects de la vie de sa thérapeute qu'il aurait préféré ne pas connaître. En repensant à ce rêve à la lumière de cette association, je me fis la réflexion qu'à la différence de ma femme, je n'avais pas cherché à protéger mon patient de ma vie : « Des cacahouètes ? Pour le déjeuner ? D'accord », avais-je répondu à mes enfants sous le nez de mon patient, à la fois amusé et irrité que j'aie répondu au téléphone. Il n'y avait rien à ajouter à ce rêve, mais je fis par la suite une autre association qui me confirma dans mes conclusions : quelques jours plus tôt, j'étais allé chez un voisin lui emprunter un sachet de cacahouètes pour le dîner des enfants. Pendant que j'attendais dans son salon, j'eus l'œil attiré par un livre sur le sexe qui traînait sur la table basse. Lorsque cette scène me revint à l'esprit, je ne pus résister à l'idée que « cacahouètes » (*peanuts* en anglais) se rapprochait furieusement de « pénis ». En somme, dans ce rêve, j'exhibai à mon patient les preuves de ma virilité – mes enfants et, bien entendu, mes « cacahouètes ».

Cela me fait penser à l'un de mes patients qui était obsédé par la petite taille de son pénis. Ce jeune businessman agressif et ambitieux reçut un jour de l'un de ses clients deux entrées pour un match de la coupe du monde de football. Il décida d'y inviter la femme avec qui il sortait depuis assez peu de temps, mais celle-ci refusa en disant qu'elle ne s'intéressait pas tellement au foot. Son ami ne lui dit rien mais il me raconta qu'il avait été déçu et qu'il lui en avait voulu. Cette nuit-là, il rêva que son pénis sortait de son pantalon et qu'une femme le touchait. « Elle ne fut pas impressionnée », me dit-il en fronçant les sourcils. Ce petit rêve montre d'une part que ce qui peut paraître un acte de générosité peut être une tentative de réguler l'estime que l'on a de soi, et que d'autre part cette tentative peut être sexualisée. Ou, comme je le dis à mon patient : « En fait, en lui offrant un billet, vous ne vouliez pas vraiment lui donner quelque chose – vous vouliez qu'elle soit impressionnée par votre grosse queue ! » Il fut d'accord avec moi et m'expliqua que son succès professionnel visait en réalité à compenser son petit pénis. « J'en ai assez d'entendre parler de votre petit pénis, lui dis-je. Si seulement le mien pouvait me rapporter autant d'argent ! » En vérité, je n'arrivais pas à partager cette vision simpliste, stéréotypée et masculine du succès. Ma propre vision simpliste du succès, du moins en ce qui le concernait, me disait que cet homme cherchait en permanence et vainement à impressionner sa mère, une femme exigeante et critique : une semaine avant le rêve, celle-ci était venue voir pour la première fois son nouvel appartement – un superbe loft avec une vue à 180° sur toute la ville. Tout ce qu'elle avait trouvé à dire c'était : « La cuisine est vraiment minuscule ! »

Un autre de mes patients, un homosexuel d'une trentaine d'années, évitait presque tout rapport sexuel parce qu'il était incapable de trouver un homme à la hauteur de ses canons de séduction. Il me raconta d'ailleurs au cours d'une séance un rêve amusant : « J'ai fait l'amour avec Danny DeVito, ce qui ne fut pas, comme vous pouvez l'imaginer, la plus agréable des expériences. Il avait le dos poilu et un tatouage sur le torse. Je ne voulais pas qu'il me baise. Il ne cessait de me tirer les poils comme s'il avait voulu me les arracher. Je laissai alors tomber que je connaissais Marlon Brando – j'imagine que c'était pour frimer. » Vous aurez peut-être deviné que cet homme ne vivait pas très bien les imperfections de son corps, et notamment le fait d'avoir des poils, bien qu'il reconnût ne pas avoir une pilosité particulièrement développée. Il lui était donc impossible de se sentir attiré par un homme poilu ou qui ait des problèmes de peau. Quand il faisait une tentative pour sortir quand même avec ce type d'homme, parce qu'il aimait leur personnalité, il avait une conscience douloureuse et très vive de ce qu'il percevait comme leur laideur et qui par conséquent devenait la sienne, alors qu'en réalité, il était assez beau et plaisait à beaucoup d'homosexuels. Au lieu d'accepter comme tout le monde de ne pas avoir un corps parfait, il recherchait à tout prix un amant qui lui offrît une version améliorée et idéalisée de lui-même.

Dans son rêve, cet homme essayait de transformer Danny DeVito, l'image dévaluée qu'il avait de lui-même, en Marlon Brando, l'amant idéalisé. Mais je lui fis remarquer que coucher avec des Apollon n'était pas plus la solution à son problème que faire semblant de connaître des gens célèbres, ou refuser de coucher avec qui que ce soit avant d'avoir rencontré l'équivalent de Marlon Brando. Au contraire, cela ne pouvait que renforcer la honte qu'il avait de son corps, car plus on se compare à Brando et plus on est persuadé de ressembler à DeVito. Ce schéma de pensée ne concerne pas que les homosexuels. Nous avons vu plus haut que l'homme préoccupé de soi ne se soucie guère de la réalité de l'autre personne. Les très beaux seins d'une femme peuvent, par un coup de baguette magique, faire grossir le pénis d'un homme – et il ne s'agit pas d'érection.

L'exhibitionniste qui espère choquer les femmes devant lesquelles il s'expose, illustre le fait qu'agiter son pénis est un acte agressif autant que narcissique. J'ai montré au chapitre V pourquoi les hommes sexualisent leur agressivité. Je vous propose ici une petite révision sous la forme d'un rêve raconté par l'un de mes patients à sa femme lors d'une séance de thérapie de couple : « J'avais été enlevé par un vaisseau spatial. C'était un scénario classique d'enlèvement par des extra-terrestres, sauf qu'au lieu du traditionnel lavage de cerveau, l'extra-terrestre entreprit d'extraire mon sperme. Et ce qu'il y a d'étrange, c'est qu'à la fin du rêve je m'aperçus que l'extra-terrestre, c'était toi ! »

Beaucoup d'hommes « bien élevés » et raffinés ont du mal à concevoir que l'intérêt sexuel qu'ils portent aux femmes comporte une part d'agressivité, voire d'hostilité. Pour s'en convaincre, ils préféreront parler de « faire l'amour » plutôt que de « baiser » ou de « se la faire ». Un avocat avait eu plusieurs petites amies qu'il décrivait comme « des potiches, sans intérêt ni mystère, mais néanmoins séduisantes ». Quand je tentai de lui faire prendre conscience de l'hostilité qu'il éprouvait envers les femmes, il rétorqua : « Dr Gratch, il est quand même difficile de voir là un acte prémédité d'hostilité. Vous voulez peut-être parler d'un dédain négligeant ou quelque chose d'approchant, mais sûrement pas d'une hostilité intentionnelle. » Eh bien, si, c'était exactement ce que je voulais dire : une hostilité intentionnelle – quoique inconsciente. Intentionnelle car, au moins dans l'esprit de l'homme, cette hostilité fait partie d'une stratégie de défense destinée à tenir à distance ces dangereux extra-terrestres voleurs de sperme.

Pour illustrer cette dynamique sexuelle, je prendrais l'exemple de l'une de mes patientes dont le mari perdit son emploi peu après leur mariage. Quelques semaines après son licenciement, ils sortirent dîner avec un autre couple. Pendant le dîner, la femme mentionna que son mari avait été licencié et, au moment de l'addition, elle fit une phrase comme quoi il leur faudrait dorénavant surveiller leur budget. En rentrant à la maison à la fin de la soirée, le mari – que sa femme décrit comme un homme doux et aimant – lui fit part de la honte qu'il éprouvait de se retrouver au chômage : « J'ai honte qu'il nous faille faire attention au moindre centime comme cela et d'être incapable de subvenir à nos besoins. » Sa femme le rassura en lui disant qu'il retomberait bientôt sur ses pieds et que tout irait bien.

Mais ce que l'homme ne dit pas – parce qu'il ne le savait pas vraiment – c'est qu'il lui en voulait beaucoup parce qu'il avait eu l'impression qu'elle l'avait émasculé et humilié devant leurs amis. Cela ne lui vint à l'esprit que lors d'une conversation – ou plutôt une sérieuse dispute – qu'ils eurent par la suite à propos de ce qui s'était passé au lit le lendemain de cette soirée. Ils avaient commencé à faire l'amour, comme souvent le dimanche matin. Mais, au milieu des préliminaires, le mari s'était soudain redressé tout excité pour s'asseoir sur sa femme en lui disant : « Notre vie sexuelle est devenue un peu barbante, que dirais-tu d'un peu de nouveauté ? » Elle sourit, ce qu'il prit comme un encouragement. Il s'assis donc à califourchon sur elle et lui enfonça son phallus dans la bouche en lui ordonnant de « l'avaler ». Comme ce n'était pas du tout son truc, elle lui en voulut énormément.

Nous avons vu plus haut que c'est notre agressivité qui se manifeste à nous et non l'inverse. Et cela peut advenir de manière très inattendue. Un jeune homme et une jeune femme vinrent me voir un jour, quelque temps après leurs fiançailles. Âgés d'une vingtaine d'années, ils travaillaient à l'hôpital. C'était, comme souvent, la femme qui avait pris l'initiative de rechercher un conseil extérieur. Elle jeta donc un coup d'œil à son fiancé, comme pour s'excuser, et me dit : « J'espère que vous ne m'en voudrez pas d'être directe, Docteur. Michel et moi nous aimons vraiment et nous nous entendons très bien. Je sais qu'il fera un mari merveilleux. Toutes mes amies me le disent. On ne peut rêver de quelqu'un de plus sensible et attentionné. Et en plus, il adore les enfants, il sait vraiment s'y prendre avec mes neveux et mes nièces, il fera un père génial. Et nous pouvons parler de tout. Il n'y a qu'un seul problème : le sexe ne l'intéresse pas et il est incapable de me dire pourquoi. Nous avons fait l'amour plusieurs fois, et tout fonctionne bien, si vous voyez ce que je veux dire. Mais à chaque fois, ça a tourné court. Il y a toujours une raison : il est stressé, fatigué, inquiet, en fait je crois que cela ne l'intéresse plus. Ce n'est pas que je pense qu'il y ait quelqu'un d'autre, et je sais qu'il m'aime. Mais ça m'inquiète. Nous ne sommes même pas mariés. Et je crois que Michel vous racontera la même histoire, n'est-ce pas chéri ? »

Non seulement Michel racontait bien la même histoire, mais en plus ses manières douces et charmantes et son intelligence tranquille confirmaient qu'il s'agissait d'un homme d'une exceptionnelle gentillesse, dévoué et généreux. Il m'assura aimer sa fiancée et insista sur le fait qu'elle l'attirait beaucoup. Et il reconnut que le sexe le mettait mal à l'aise. « Mais je ne sais pas vraiment pourquoi », me dit-il en me regardant avec de grands yeux tristes et perplexes. S'il était incapable de préciser ce qu'il ressentait à ce sujet, il ne montrait non plus aucun des signes d'agressivité dont font preuve de nombreux hommes lors de leur première séance de thérapie.

Nous nous mîmes d'accord pour explorer la question dans le cadre d'une thérapie de couple, mais au bout de quelques séances, nous n'avions pas progressé : j'étais aussi incapable que ne l'avait été la fiancée de dire quel pouvait être le problème de

Michel. Je proposai donc de voir le jeune homme en tête à tête. J'avais fait le bon choix, et je me rendis compte que Michel avait bien d'autres choses à raconter que ce que sa fiancée m'avait présenté. Il m'expliqua qu'en gros, son problème était qu'il ne ressentait d'excitation sexuelle qu'à partir du moment où il fantasmait qu'il violait ou se battait contre des femmes. Il ajouta d'un ton touchant qu'il s'en voulait de ces fantasmes, et s'il y avait recours lorsqu'il se masturbait, il ne pouvait se résoudre à les « utiliser » lors de rapports sexuels avec une femme qu'il aimait. C'est pourquoi il évitait de faire l'amour avec sa fiancée.

Ce symptôme était le seul problème que Michel ait jamais eu avec une femme. Il avait toujours été un petit ami modèle et n'avait jamais montré aucun des signes de colère, de critique, de méfiance ou d'insensibilité déployés par la plupart des hommes à l'égard de leur partenaire. La thérapie devait donc lui permettre d'intégrer, dans le dialogue émotionnel qu'il avait, la rage qu'il ressentait à l'égard du sexe féminin et qu'il avait réprimée, ou dont il s'était « séparée » afin de réussir à la désexualiser.

Ce cas d'hostilité sexuelle peut paraître extrême et trouvait ici son origine dans l'enfance de Michel, au cours de laquelle il avait été physiquement et émotionnellement maltraité. Ce patient faisait néanmoins bien la différence entre fantasmes et réalité et ne risquait pas de mettre en acte ses fantasmes. De plus, la signification interpersonnelle de ses fantasmes – l'idée de la domination sexuelle – est assez universelle. Au début de ma propre analyse, que je faisais avec une femme, je rêvais que ma thérapeute conduisait la séance allongée sur le divan à côté de moi. Je ne manifestais pas là un désir de coucher avec elle, mais plutôt de la baiser, c'est-à-dire de la ramener au même niveau que moi qui, à l'époque, n'était qu'un débutant dans le métier.

Un certain nombre de mes patients me disent qu'ils sont capables d'être directement agressifs ou d'exprimer leur colère envers d'autres hommes mais pas envers les femmes, qu'ils voient soit comme des créatures fragiles, soit comme des êtres tout-puissants. Dans le premier cas, ils ne veulent pas heurter la sensibilité féminine, dans l'autre ils ont peur de faire les frais d'une vengeance indirecte au travers de quelque manipulation invisible, au lieu de faire face à une agression directe qui serait la réponse masculine. Mais, dans un cas comme dans l'autre, les hommes qui n'arrivent pas à exprimer directement leur agressivité à leur partenaire sont susceptibles de la déplacer vers la sexualité. Un simple exemple suffira à vous en convaincre : l'un de mes patients en voulait à son amie de l'avoir délaissé pendant des mois pour préparer un examen professionnel. Mais, ayant dû lutter contre une mère qui l'avait toujours dominé et manifesté une émotivité démesurée, il n'avait pas envie d'exprimer sa colère à son amie : il la soutint et fit preuve de compréhension pendant toute la période. Mais le soir où ils sortirent dîner pour fêter la fin de l'épreuve, il se rendit compte qu'il regardait avec avidité les autres femmes autour d'eux et qu'il se sentait plus attiré par elles que par son amie.

Cet exemple montre que les hommes, qu'ils le veuillent ou non, finissent toujours par communiquer leur agressivité aux femmes. Mais ils le font par l'intermédiaire de la sexualité, et d'une manière qui passe souvent inaperçue – aussi bien d'eux-mêmes que de leur partenaire. Ou du moins c'est ce qu'ils aiment à croire. Les fantasmes sexuels masculins mettent en lumière cet étrange mode de communication. Le fantasme relève du domaine privé dans la mesure où il se passe à l'intérieur de la tête, mais aussi public parce qu'il fait intervenir d'autres personnes, et parce que, comme nous l'avons vu, il a toujours des équivalents non sexuels extérieurs prêts à se manifester dans la vraie vie.

Voici un fantasme masculin assez courant : « Je suis dans une sorte de palais aux jardins magnifiques, avec de ravissantes jeunes femmes. Il y a une piscine, un jacuzzi, de quoi boire et manger à volonté – tout ce dont on peut rêver. Et je suis avec deux femmes à tomber par terre. Je me fais sucer par l'une et je sodomise l'autre. Le pied ! » On voit là comment la préoccupation de soi se transforme en agressivité, glissant d'un élargissement de soi vers la domination des femmes. Le patient qui me racontait ce fantasme était un cadre tout ce qu'il y a de plus traditionnel : il s'y référait comme à « votre truc hétérosexuel classique ». Il était toutefois moins sûr que son autre fantasme de prédilection – éjaculer au visage de sa partenaire – fût un truc aussi classique. Il avait honte de cette idée, me dit-il, d'autant plus que lorsqu'il se trouvait avec une femme il essayait « subrepticement » de lui éjaculer au visage. « Quand je me sens prêt à venir, je tiens ma queue comme un fusil et je vise son visage, m'expliqua-t-il. Croyez-vous que je ne sois qu'un pervers ? »

Quoi que fût cet homme, le fantasme de domination pénis-contre-visage est fréquent. Dans le cas de cet homme, il avait une origine intéressante. Quand il était jeune, sa mère avait l'habitude de se promener nue à la maison. Elle avait aussi eu une aventure extraconjugale, du moins c'est que ce que son fils avait cru. De plus, enfant, il avait trouvé dans son armoire une série de cassettes pornos et des godemichés. En somme, il avait pris la sexualité de sa mère en pleine figure – ce qu'il cherchait semble-t-il à inverser dans ses propres relations sexuelles. Ce type d'inversion illustre ce que Robert Stoller décrit comme l'élément pervers de la sexualité masculine : transformer un traumatisme en triomphe. Stoller affirme que dans la perversion, comme dans l'hostilité sexuelle non perverse, le traumatisme est lié aux difficultés qu'a le jeune garçon à se constituer une identité sexuelle différente de celle de sa mère. Le triomphe, ajoute-t-il, survient lorsqu'il trouve un plaisir orgasmique ainsi qu'une revanche dans cette différence.

Le patient en question, un bel homme d'une petite quarantaine d'années, passait son temps en rendez-vous galants dans le but avoué de trouver la femme de sa vie et de l'épouser. Grand, blond et d'un commerce agréable, il avait donc du succès auprès de la plupart des femmes qu'il rencontrait. Mais bizarrement, l'intérêt qu'il portait à ses conquêtes s'évanouissait au bout de quelques rendez-vous. Je finissais par penser que l'idée de se voir dominé par une créature maternelle le refroidissait dès qu'il commençait à connaître mieux les femmes avec qui il sortait. Cela ne paraissait pas plus bête qu'autre chose mais ne conduisit nul part. Au bout d'un an et demi de spéculations du même genre, le patient me révéla qu'il avait une petite amie, ou du moins « une sorte de petite amie ». J'étais incrédule. « Oui. Cela fait plus d'un an que je vois cette fille. Elle est adorable et j'aime sa présence. Mais je sais très bien que je ne l'épouserai jamais, et je me dis sans cesse que je devrais rompre. Mais je ne le fais pas, ce qui n'est pas juste parce qu'elle voudrait bien m'épouser.

– Pourquoi ne m'avez-vous jamais parlé d'elle ?

– Je n'ai parlé d'elle à personne, me répondit-il en souriant. J'imagine que j'avais honte de cette relation. Je ne sais pas très bien pourquoi, mais le fait est que personne n'a jamais entendu parler d'elle. Je ne l'ai présentée à aucun de mes amis et je ne réponds même pas au téléphone quand elle est chez moi.

– On dirait que, comme votre mère, vous avez une liaison secrète.

– Sans doute. Mais cette femme ne ressemble pas du tout à ma mère.

– Normal. Puisque dans cette relation, c'est *vous* la mère. C'est *vous* qui dominez. »

Le patient, comme pour confirmer que nous étions

bien dans le monde du sexe, me confia que l'une des raisons pour lesquelles il avait honte de son amie était qu'elle était physiquement à l'opposé de sa mère. Cette dernière était une femme imposante du genre matrone, munie d'une « forte et protubérante poitrine » alors que son amie était de petite taille, avec les cheveux courts et pour ainsi dire pas de seins. « Parfois, je trouve qu'elle ressemble à un garçon, me dit-il. Ce qui me fait me demander si je n'aurais pas un problème. »

En plus d'illustrer la manière dont le traumatisme peut être transformé en triomphe, cet exemple montre que même si une femme ne se sent pas dérangée par l'agressivité sexuelle d'un homme – la maîtresse secrète de cet homme n'avait aucune objection au fait qu'il lui décharge au visage – elle ne peut empêcher d'être la cible de ses équivalents non sexuels. Dans le cas présent, la jeune femme avait à plusieurs reprises essayé de rompre mais finissait toujours par reprendre contact en acceptant les conditions posées par le patient. Si cette femme avait été ma patiente, je n'aurais pas forcément été impressionné par le fait qu'elle me raconte que son ami aimait lui gicler dessus avec son arme, mais je chercherais à comprendre de quelle autre manière, non sexuelle, elle se laissait tirer dessus. Et j'analyserais bien entendu son masochisme interpersonnel ou tout ce qui faisait qu'elle était attirée vers ce genre de relation.

Ainsi, une large partie de l'agressivité masculine est en réalité une tentative pour renverser l'équilibre premier des pouvoirs établit avec la mère. Mais les hommes sont aussi tout à fait capables de devenir sexuellement agressifs dès lors qu'ils se sentent menacés par un sentiment de perte de pouvoir sans rapport avec leur mère. L'un de mes patients, un médecin, me raconta un jour : « Hier, alors que je venais de passer une nuit de garde aux urgences, je me mis à penser au fantasme dont je me sers parfois quand je me masturbe : j'imagine une ravissante jeune femme qui me supplie de coucher avec elle. Mais là, il se produisit quelque chose d'étrange et de perturbant. J'étais sur le point d'éjaculer quand le visage d'une femme âgée – une patiente qui était morte aux urgences cette nuit-là – fit irruption dans mon esprit et remplaça celui de la jeune femme. Je vous accorde que j'étais un peu fatigué d'avoir travaillé toute la nuit, mais quand même, ça m'a fichu la trouille. »

J'interrogeai cet homme sur la vieille femme. Il me dit qu'il s'agissait d'une personne de quatre-vingts ans atteinte d'un Alzheimer qu'il avait tenté d'examiner quelques minutes avant sa mort. « Allez-vous-en ! » lui avait-elle dit sur un ton très brusque. « J'ai besoin de vous examiner, s'il vous plaît », l'avait-il pour ainsi dire suppliée. « Allez-vous-en ! » avait-elle répété dans son délire. Il s'éloigna et découvrit plus tard dans la nuit qu'elle était morte. En tant que médecin, il savait que ce décès était inévitable et n'avait rien à voir avec le fait qu'il n'ait pas réussi à l'examiner. Mais en tant qu'homme, il se sentait impuissant face à la mort, tout en ayant l'impression d'avoir été émasculé par une femme qui ne lui avait pas laissé mener à bien sa mission alors même qu'il la suppliait. Aussi avait-il tout transformé dans son fantasme en s'octroyant le pouvoir extraordinaire de la ramener à la vie et de *la* voir *le* supplier de remplir son devoir. Il avait de la sorte transformé l'angoisse de la défaite en plaisir de l'orgasme.

Le sadisme sexuel se situe à l'extrémité du continuum de l'agressivité sexuelle. La fréquence des fantasmes et/ou des jeux sexuels faisant appel au bondage en sont la preuve, tout comme le sont des formes bénignes de « taquineries » sexuelles au cours des préliminaires amoureux. On y trouve en arrière-plan le plaisir du contrôle, du pouvoir et de la domination, tout ce qui, nous l'avons vu, joue un rôle dans la bataille entre les sexes, à l'intérieur comme à l'extérieur de la chambre à coucher. Si le terme « sadisme » effraye, il peut néanmoins être utile de l'employer, surtout lorsqu'il est associé à son opposé : le masochisme. C'est cette association qui débouche sur des syndromes tels que « les femmes qui aiment trop » ou « les hommes qui méprisent les femmes et les femmes qui les aiment ». Mais aucun des sexes n'a le monopole des attributs psychologiques qui accompagnent ces syndromes, à commencer par le sadisme et le masochisme. Freud a dit que le sadisme faisait partie de ces concepts associés aux hommes qui peuvent se transformer en leur contraire, « féminin », le masochisme. Que l'on soit, ou non, d'accord avec cette théorie, on ne peut nier que lorsque les hommes retournent leur agression vers eux-mêmes, le résultat n'a rien d'enviable. Je voudrais donc conclure en utilisant le langage du sexe pour examiner à nouveau cette question.

Jouir à l'extérieur : sexe et autodestruction

Un homme à qui l'un de ses voisins demandait pour quelle raison il avait fait l'amour à sa femme sur le balcon, répondit : « Eh bien, j'ai entendu dire qu'en jouissant à l'extérieur, on pouvait contrôler la natalité. » Cette blague montre que dès qu'il s'agit de sexe, la stupidité des hommes ne connaît pas de limites. De fait, sur le plan sexuel, les hommes courent toujours le risque de jouir au mauvais endroit, au mauvais moment, avec la mauvaise personne, voir de ne pas jouir du tout.

Le précédent chapitre a montré que l'autodestruction masculine n'était pas qu'une question de bêtise, mais que, tout comme la préoccupation de soi et l'agressivité, elle était le résultat direct du conflit de l'insécurité masculine. C'est ce qu'exprime le fantasme sexuel préféré de l'un de mes patients qui s'imaginait pénétrer une femme avec la tête et nager à l'intérieur de son corps. Si le désir de se perdre en une femme était ici évident, dans la réalité la peur qu'il en éprouvait était tout aussi manifeste : pour prouver sa virilité, il aimait tout particulièrement faire l'amour dans des endroits à risque – sur le bureau de son patron, dans l'ascenseur public d'un gratte-ciel et une fois à quelques centimètres d'un ravin.

Le même conflit se retrouve, mais à l'inverse, lorsqu'un homme se retire d'une réalité qu'il perçoit comme dangereuse pour se réfugier dans la sécurité de ses fantasmes sexuels. J'avais pour patient un avocat d'une quarantaine d'années, qui avait toujours rêvé de travailler dans les fusions et acquisitions, bien qu'il fût en un sens trop sensible pour se sentir à l'aise dans ce milieu très compétitif. Néanmoins, quand il finit par se décider à faire le grand saut, il atterrit à un poste très élevé comme associé dans l'un des principaux cabinets de la place. Dès le premier jour, il se mit à imaginer qu'il ratait tout et qu'il était viré, et la nuit même, il rêva qu'il était revenu dans la maison de son enfance. Il allait aux toilettes mais faisait pipi par terre, « d'un jet violent qui sortait comme d'un tuyau, avant de repartir sans rien nettoyer, pendant que [sa] mère regardait ». Il lui semblait de toute évidence moins dangereux de faire le fier et de tout salir à la maison, où sa mère serait là pour nettoyer derrière lui, que de faire la même chose au milieu des agitateurs de pénis d'un cabinet juridique réputé.

Le cas de cet autre patient de trente-quatre ans qui, pendant plusieurs années, tergiversa sur le niveau professionel qu'il voulait atteindre et les risques qu'il était prêt à prendre pour sa carrière, permet d'aller un peu plus loin dans l'examen de la dynamique qui est à l'œuvre ici. Finalement, alors qu'il était sur le point de se marier, cet homme décida de « faire le saut ». Il prit la délicate décision de passer d'un poste de conseiller financier à celui de gestionnaire de portefeuille dans un établissement d'investissement. Il s'agissait d'un poste à haut risque mais à fort potentiel, où les résultats sont la clé de tout : c'était, en résumé, un endroit dangereux. Mais la première année ses résultats dépassèrent tous ses rêves les plus fous. « Bienvenue à la Bourse », lui dit son patron en lui tendant une enveloppe qui comportait une prime six fois supérieure au salaire annuel qu'il avait touché l'année précédente. Mais, paradoxalement, le succès ne rassura pas cet homme. Au contraire, sa nervosité s'accrut devant l'importance de ce qui était en jeu. Il continua donc de travailler dur, ne prenant pas de vacances et ne profitant d'aucune des primes que lui offrait la société. Il obtint des résultats encore meilleurs l'année suivante.

C'est à cette époque qu'il se rendit à Montréal pour assister à un séminaire professionnel. Comme il adorait le ski et qu'il n'avait pris aucune vacances en deux ans, il décida d'arriver la veille de l'ouverture de la conférence pour aller skier. Cependant, il éprouvait un tel sentiment d'insécurité qu'il ne prévint pas son patron qu'il prenait un jour de congé, s'imaginant que ce dernier n'y verrait que du feu. Une fois sur les pistes, il l'appela pourtant de son portable, persuadé qu'on penserait qu'il appelait depuis la conférence. Mais son patron lui dit : « C'est bien d'avoir appelé David. Il n'y a rien de spécial ici. Rappelle demain quand tu ne seras plus sur les pistes. »

Cette nuit-là, dans la solitude de sa chambre d'hôtel, le patient se sentit nerveux, au bord de la déprime. Il avait peur de se faire licencier et repensait de manière obsessionnelle à l'incident. Aussi, pour échapper à ses idées noires, il sortit marcher et atterrit dans une boîte de strip-tease où il finit par se livrer à une danse érotique avec l'une des filles. Cet homme – qui était marié depuis deux ans et dont la femme attendait un enfant – ne pensait pas que cela porterait à conséquence. Après tout, il était habillé. Mais il eut un orgasme pendant la danse, ce qui le paniqua – il eut l'impression d'avoir franchit les limites. Sa tentative de fuite avait échoué et il se retrouvait dans un état pire qu'avant de quitter l'hôtel : il se mit à imaginer non seulement qu'il perdrait son boulot, mais qu'en plus il avait attrapé le sida et que sa femme allait le quitter.

Il se trouva que son patron, son corps et sa femme furent plus compréhensifs qu'il ne l'était et il ne perdit ni les uns, ni les autres. On perçoit néanmoins comment cet homme cherchait inconsciemment à se saboter, sans doute parce qu'il percevait les succès qu'il avait obtenus, tant sur le plan professionnel que personnel, comme des tentatives porteuses de danger. De ce point de vue, l'autodestruction sexuelle peut être considérée comme le moyen d'échapper à ses responsabilités en se réfugiant en un lieu illusoirement ou momentanément sûr. Bien entendu, une fois que vous avez franchi la ligne – quelle qu'elle soit – le fantasme peut devenir réalité et n'est alors plus un refuge. Un autre patient, un homme particulièrement gentil, honnête et responsable, me dit au cours d'une séance qu'il « regardait toujours les femmes dans la rue ». Cela le perturbait parce qu'il était marié depuis à peine un an et parce qu'il aimait beaucoup la relation qu'il avait avec sa femme. « Pourquoi faut-il que je regarde d'autres femmes alors que j'ai trouvé la femme de mes rêves ? » me demanda-t-il. Je lui répondis par une question qui me semblait rhétorique : « Qu'est-ce qui vous inquiète ? Pensez-vous que vous pourriez finir par tromper votre femme ? » Sa réponse me surprit : « Je ne ferais certainement pas le premier geste. Mais si l'une de ces femmes venait vers moi et me proposait de l'emmener boire un verre, je finirais sans doute au lit avec elle. Tout du moins, je ne peux pas affirmer que je n'irais pas. »

Dans le film de Stanley Kubrick *Eyes Wide Shut*, le personnage de Tom Cruise marche en permanence le long de la frontière qui sépare le fantasme de la réalité. À l'occasion d'une dispute avec sa femme dans laquelle cette dernière lui révèle qu'elle a eu un fantasme sexuel à propos d'un autre homme, le personnage part explorer la vie sexuelle nocturne de New York. Mais à chaque fois qu'il s'apprête à passer à l'acte, un danger surgit. Le film ne donne pourtant pas l'impression d'être une fable morale sur les dangers de l'infidélité mais semble plutôt affirmer qu'il existe une relation entre sexe et danger, ce qui n'a rien de surprenant quand on sait qu'il est inspiré d'un roman de Arthur Schnitzler, qui fut écrit et se déroulait dans la Vienne de Freud.

Freud avait finit par voir la nature humaine comme le lieu d'une lutte entre les forces du bien et celles du mal : la première est associée à Éros et est constituée par la force de vie qui cherche à perpétuer et à renouveler la vie, et la seconde à Thanatos, l'instinct de mort qui, comme nous l'avons vu, peut être interprété comme le désir de se retirer de ses responsabilités et de retourner à certains états plus rassurants. Aussi, la sexualité n'est-elle pas dangereuse mais sa nature vivante est sans cesse remise en question par les forces sombre et anti-vie que nous avons en chacun de nous. Il n'existe évidemment aucune preuve scientifique de l'existence de l'instinct de mort, et d'aucuns ne se sont pas privés de le faire remarquer. En revanche, les preuves historiques et philosophiques sont légion. En dépit de tous les progrès religieux, scientifiques et technologiques accomplis par la civilisation humaine, aucune société à quelque époque ce soit n'a jamais échappé à une forme ou à une autre d'autodestruction. Nous – et sans doute plus les hommes que les femmes – trouvons différentes manières de nous tuer, que ce soit par la guerre, l'alcool, les drogues, le suicide ou les accidents industriels.

Point n'est besoin d'être freudien ou d'avoir des prédispositions pour la métaphysique pour comprendre la relation qui existe entre sexe et danger, et c'est pourquoi le film de Kubrick fonctionne aussi bien dans le New York d'aujourd'hui que le récit original ne fonctionnait dans la Vienne de Freud. Peu de temps après avoir installé mon cabinet dans un immeuble professionnel respectable d'un quartier assez chic, un patient que l'on me décrivit comme une grosse huile de la télévision et souffrant d'un problème de couple me fut recommandé. Il s'avéra que si cet homme était bien un haut responsable, très apprécié, d'une chaîne de télévision, en revanche il n'avait pas qu'un simple problème de couple. Certes, il était marié, mais il avait surtout développé une dépendance à la cocaïne, à l'alcool et au sexe. La combinaison n'est pas aussi inhabituelle que l'on peut l'imaginer, et je fis comme je fais d'habitude avec ce genre de patient : j'adressai cet homme à un centre de désintoxication afin qu'il entame un traitement à long terme avant de démarrer une psychothérapie. Je ne le vis donc qu'une seule fois mais son souvenir est à jamais gravé dans ma mémoire, et ce pour deux raisons : d'abord parce qu'au bout de quelques minutes de séance, alors qu'il venait de me parler de ses problèmes, il me dit qu'il y avait un « club SM privé » dans le loft situé au dernier étage de mon immeuble. Ensuite parce qu'il succomba à une crise cardiaque provoquée par la drogue alors qu'il venait de finir sa cure de désintoxication.

J'imagine que les deux points m'ont marqué parce que je me suis trouvé confronté à l'association sexe et danger. Mais « l'info » que m'avait donné cet homme sur le club privé de l'immeuble me frappa aussi parce qu'il s'agissait d'une tentative pour me choquer et me faire sortir de mon rôle de professionnel responsable et mature. Qu'il s'agisse de SM, d'obsession sexuelle ou tout simplement de sexe n'a que peu d'importance. Nous grandissons tous avec l'idée que le sexe est un plaisir mystérieux et caché, qui met mal à l'aise même les adultes : la preuve en est qu'ils n'en parlent pas ouvertement devant les enfants et y font des allusions à mi-voix et des blagues sur un ton coupable. Le sexe nous est présenté comme une activité dangereuse, réservée à certains, ou plus précisément comme un plaisir dangereux voire un danger très agréable.

Je crois que l'on est en droit ici de généraliser pour dire que les hommes qui passent à l'acte de manière sexuelle cherchent d'abord à se servir du plaisir – celui de l'orgasme – pour surmonter le danger. S'ils agissent ainsi, c'est non seulement pour prouver leur virilité ou pour lui échapper en se réfugiant dans la sécurité illusoire du corps féminin : il faut y voir aussi un défi narcissique posé à leurs limites les plus profondes. Le corps est sans aucun doute la limite ultime d'un homme. Obéissant aux lois de la science, il ne sera jamais parfait, et à mesure que nous vieillissons, il s'abîme et meurt. Le corps est ainsi le lieu le meilleur et le pire où défier ses limites. Et l'extase sexuelle qui permet de tout oublier est l'agent corporel idéal au service de ce défi.

Telle est selon moi la dynamique première sur laquelle repose l'obsession sexuelle. Qu'il s'efforce de transformer et de se débarrasser d'un traumatisme lié à un abus sexuel survenu pendant l'enfance ou qu'il essaye d'échapper à un sentiment de vide et d'inexistence, l'obsédé sexuel est en définitive quelqu'un qui, par le biais de conquêtes orgasmiques, vise à refuser et à maîtriser la vulnérabilité physique. Malheureusement à vivre à proximité immédiate de votre corps, vous n'êtes jamais loin de la dépendance au physique que vous cherchez justement à nier et qui constitue l'ultime vérité.

La personnalité addictive s'évertue à contrôler l'incontrôlable, à battre des limites physiques imbattables : aussi, quelle que soit la méthode choisie pour s'en sortir, il s'agira d'abord de renoncer à cette volonté de contrôle. Nous avons vu au chapitre précédent que cela place le thérapeute, la famille ou les amis de l'homme qui s'autodétruit par le sexe dans une situation intenable parce qu'une partie du processus est dirigée contre eux et vise à mettre en échec leur gentillesse. Aussi, si vous sortez avec un obsédé sexuel, vous devez vous aussi accepter le fait que vous n'avez aucun pouvoir sur ses compulsions. La meilleure façon de l'aider, c'est donc d'examiner les raisons pour lesquelles vous êtes avec lui, c'est-à-dire avec quelqu'un qui cherche à tout prix à préserver sa propre illusion d'invulnérabilité physique par la destruction de l'échange physique très réel que avez tous les deux.

Certains pensent que l'obsédé sexuel s'amuse aux dépens des autres, et qu'à la différence du toxicomane, il ne s'agit pas vraiment d'autodestruction. Bien qu'il y ait en effet des différences notables entre l'abus de substances ct l'obsession sexuelle, cette idée ne tient pas compte du fait que l'obsédé sexuel finit souvent par risquer, et même sacrifier, tout ce qui lui est cher ; qu'il a le sentiment déchirant d'être l'esclave de ses désirs sexuels ou qu'il éprouve une intense culpabilité, une haine de soi et un vide qui ne manquent jamais d'affluer à sa conscience après le soulagement de l'orgasme.

Bien qu'en réalité peu d'hommes souffrent du masochisme que sont les obsessions sexuelles graves, ce livre à montré que la dynamique que ces dernières recouvrent, depuis la sexualisation du danger jusqu'au défi posé aux limites physiques, était, elle, un peu partout à l'œuvre. Le masochisme sexuel et le plaisir érotique trouvé dans la douleur sont, tout comme le sadisme sexuel, part intégrante de la physiologie et de la psychologie de base du sexe. L'excitation sexuelle, les « taquineries » et les sensations physiques que l'on éprouve lorsque l'on approche de l'éjaculation impliquent toutes une perte de contrôle physique, un mélange de plaisir et de douleur, et la soumission joyeuse de l'esprit au corps.

Le paradoxe du célibat

La sexualité masculine est paradoxale. D'un côté, tous les dysfonctionnements (et bon fonctionnements) sexuels reflètent et contiennent des problèmes émotionnels non sexuels en rapport avec des relations passées et présentes importantes. Pour y faire face, nous devons désexualiser le sexe et parfois chercher des solutions non sexuelles au problème sexuel qui se présente. D'un autre côté, les conflits émotionnels non sexuels semblent toujours avoir une origine sexuelle, et pour les affronter, nous devons trouver et explorer les signes sexuels cachés dans les émotions. Ce paradoxe est illustré d'une manière privilégiée par les hommes qui – consciemment ou non – choisissent le célibat. En apparence asexuels, ils peuvent néanmoins être intensément sexuels à l'intérieur d'eux-mêmes, au point sans doute d'être incapables de faire coïncider fantasmes intérieurs et réalité extérieure.

Ce paradoxe, comme une poupée russe, en contient un autre qui est le conflit de l'insécurité masculine. L'un de mes patients, un acteur de vingt-huit ans, entama une thérapie lorsqu'il se rendit compte qu'il avait été tellement obsédé par sa carrière et par ses premiers succès qu'il en avait oublié sa vie privée. « Je n'ai jamais eu de relation amoureuse et je suis gêné de dire que je n'ai jamais eu de relation sexuelle, me dit-il lors de sa première séance. N'est-il pas temps pour moi de perdre ma virginité ? Je me masturbe, mais après je suis si épuisé que je suis incapable de rien faire pendant quarante-huit heures. Ne riez pas, mais à cause de cela, j'ai pour règle de ne jamais me masturber la veille d'une représentation – ce qui devient problématique lorsque vous vous produisez dans un spectacle régulier. »

J'étais un peu sceptique quant à ce qu'il affirmait mais il avait des preuves : « Je me suis récemment masturbé la veille d'une émission télévisée. J'ai la cassette et je vous assure que j'ai bafouillé comme un imbécile ! » « D'accord, lui dis-je, alors essayons de voir ce qu'il y a de si épuisant là-dedans. » Il apparut que ce qui le fatiguait n'était pas tant la masturbation en soi que le contenu des fantasmes qui l'accompagnaient et dans lesquels il rejouait la guerre des sexes. Dans certains, il donnait des ordres aux femmes qui l'entouraient : « Déshabille-toi », « Suce-moi » et « Dis-moi que j'ai une grosse queue » ; dans d'autres, il était un jeune garçon sensible et pubescent qui se faisait séduire par une grande femme d'âge mur, harnachée d'un godemiché.

Comme il s'agissait d'un jeune homme plutôt gentil et sain, il ne se voyait pas mettre en acte de tels fantasmes de domination et de soumission dans la vie réelle. Mais il n'imaginait pas non plus être excité par quoi que ce soit d'autre, ce qui expliquait qu'il fût toujours vierge. J'aurais pu l'encourager à mettre en œuvre ses fantasmes dans la réalité – dans le cadre d'un jeu de rôle sexuel ou avec une prostituée. Je choisis cependant une approche différente car j'étais convaincu que ce n'était pas tant le sexe qui lui manquait qu'une réalisation non sexuelle de ses fantasmes : une relation tendre avec une personne suffisamment féminine pour qu'il puisse affirmer sa masculinité opprimée, tout en étant assez masculine pour ranimer sa féminité réprimée. Vous me direz que c'est ce dont tous les hommes ont besoin. Ainsi que de sexe... Et sans doute dans cet ordre-là.

Mes patients trouvent sûrement plus facile de me parler de sexe qu'à une femme. Nos conversations ne sont pas pour autant du genre de celles qui se tiennent dans les vestiaires. Elles se rapprocheraient plutôt de celles que les filles ont entre elles. On y parle relations, sentiments. Et c'est parce que nous sommes entre hommes que nous pouvons le faire, parce que notre masculinité n'est pas en question. En présence d'une femme, au contraire, la virilité d'un homme est en première ligne.

Faut-il en conclure qu'il n'y a pas d'espoir qu'un jour les hommes et les femmes communiquement vraiment ? Pas du tout. La logique du conflit de l'insécurité masculine veut que les hommes aient des conversations de filles avec une femme, et cela n'est possible qu'à la condition que la femme accepte de se lancer dans des conversations de vestiaire avec eux. Ce qui ne devrait pas poser trop de problèmes, dans la mesure où, d'un point de vue psychologique, hommes et femmes se ressemblent plus qu'ils ne diffèrent – en dépit des sept attributs masculins. Si le sujet de ce livre m'a conduit à mettre l'accent sur les différences entre les sexes, je reste néanmoins persuadé que ce qui réunit les hommes et les femmes est plus important que ce qui les sépare. Cela dit, même ce qui les sépare n'est pas nécessairement polarisant : avec un peu d'amour et beaucoup de travail, nos opposés peuvent devenir nos meilleurs compléments.

NOTES

1. Robert D. Stolorow et George E. Atwood ont montré comment les théories des grands penseurs que sont Freud, Jung, Rogers et Winnicott reflètent certains événements de leur vie et leurs propres travestissements psychologiques : *Faces in a Cloud. Intersubjectivity in Personality Theory*, New York, Jason Aronson, 1994.

2. Cette analyse est évidemment schématique. Dans l'une de ses remarques théoriques les plus importantes, Freud explique que le comportement humain est « surdéterminé ». Cela signifie que la production d'un comportement particulier obéit souvent à plus de causes que le minimum normalement requis. En ce qui me concerne, si je veux expliquer la contribution de chacun des facteurs à un modèle comportemental, je n'ai d'autre choix que de les étudier les uns après les autres.

3. Virginia Woolf, *Orlando*, Paris, Stock, « Bibliothèque cosmopolite », 1992, p. 93-94.

4. À la différence des garçons, les filles n'ont pas à passer d'une identification à la mère à une identification au père lorsqu'elles développent leur identité sexuelle. Les implications de cette différence, que Freud fut le premier à évoquer, sont capitales pour chacun des deux sexes. Vu le sujet du livre, je n'évoque ici que celles qui touchent les hommes.

5. Ce cas montre que le concept de fracture sexuelle n'implique pas que toutes les femmes ambitieuses et carriéristes sont condamnées à la solitude ou à vivre avec un homme faible qui, lui, aura tendance à développer la partie féminine de son identité sexuelle. C'est cependant un risque. Je parle de risque, car il est probable que, à un moment ou à un autre de la relation,

l'un des partenaires (et parfois les deux) éprouvera le besoin d'exprimer la partie de lui-même qu'il avait jusque-là reniée ou refoulée.

Cette remarque vaut pour nombre de relations qui s'appuient sur la complémentarité plutôt que sur la ressemblance. Les thérapies de couples voient souvent s'affronter des partenaires qui, à l'origine, avaient été attirés par certains aspects fondamentalement différents de la personnalité de l'autre et qui en sont venus à se détester précisément à cause de cette différence. Ainsi, celui (ou celle) qui aime le contrôle, l'ordre, la réflexion, la planification, pourra être attiré par une partenaire spontanée, exubérante, impulsive, afin de faire par procuration l'expérience des qualités qui lui manquent. S'il se révèle en définitive incapable de les vivre par lui-même, c'est qu'il leur oppose une résistance interne : il estime que ces qualités constituent une menace pour l'organisation de sa personnalité. Les qualités de la partenaire, jugées si séduisantes au départ, ne tarderont pas à se transformer en défauts irritants, voire intolérables.

Les contraires, qui peuvent d'abord apparaître complémentaires, finissent donc presque toujours par séparer les partenaires, faute d'avoir été intégrés et intériorisé. Pour les femmes qui ont tendance à s'identifier aux hommes, le risque n'est pas qu'elles se montrent trop « agressives », mais qu'elles se coupent de leur propre vulnérabilité, réceptivité, sensibilité. Si elles réussissent à maintenir le contact avec les parts féminines de leur personnalité, elles n'ont alors aucune raison particulière de se retrouver avec un partenaire faible ou de finir leurs jours seules. En adoptant la stratégie émotionnelle de l'intégration androgyne, elles seront parvenues à réunir consciemment les deux parties de leur identité.

6. Milan Kundera, *Le Livre du rire et de l'oubli*, Paris, Gallimard, coll. « Folio », 1985, p. 137.

7. Les parents devraient-ils éviter de faire des compliments à leurs enfants ? En disant à leur fille : « Comme tu es intelligente ! », ils ont l'impression de lui faire une remarque innocente qui, en un sens, lui transmettra un message de force qu'elle pourra intérioriser. Mais cette phrase peut aussi aboutir à l'effet inverse si, dans l'esprit de l'enfant, elle sous-entend qu'il lui faut être intelligente pour obtenir l'approbation et l'amour de ses parents. Tout dépend donc de la manière dont le compliment est dit et des émotions que les parents expriment

à ce moment. Cela dit, les bons résultats se suffisent généralement à eux-mêmes, ils sont positifs pour la construction de soi ; les compliments qui les accompagnent sont donc souvent superflus.

8. De ce point de vue, on peut établir ici un parallèle entre la relation père-fils et la relation mère-fille. En effet, chacun des parents s'identifiera plus facilement à l'enfant du même sexe que lui et aura tendance à davantage projeter sur lui ses propres failles narcissiques.

9. J'insiste ici sur le fait qu'il convient de distinguer l'agressivité masculine de la violence. Même si les deux sont liées, l'agressivité à laquelle je me réfère ici est psychologique et relationnelle, jamais physique.

10. Le paranoïaque aura tendance à dire que c'est faux. En réalité, non seulement même les paranoïaques peuvent avoir de vrais ennemis, mais ils en ont *toujours*. Par peur d'être attaqués, ils attaquent en premier ; ils se créent donc des ennemis, ce qui, bien entendu, justifie et renforce leur paranoïa.

11. Note du traducteur : jeu de mots intraduisible entre les valeurs boursières (*securities*) et l'insécurité (*insecurity*).

12. Le concept de compulsion de répétition a permis de forger l'un des principaux outils dont dispose le psychanalyste. Beaucoup de patients se sentent frustrés parce qu'ils ont l'impression que leur thérapeute se concentre sur la relation patient-thérapeute au détriment, leur semble-t-il, de relations ou de problèmes qui leur paraissent plus importants et qui les ont au départ conduits sur le divan. Mais on a constaté que, en un sens, nous répétons les mêmes modèles relationnels, à commencer par les modèles destructeurs, et que ces modèles tendent à se révéler de manière plus claire face à un interlocuteur relativement neutre. Aussi la relation que le patient a créée avec son thérapeute peut-elle constituer une mine inestimable d'informations dans le cadre d'un travail thérapeutique.

13. Cette description s'appuie sur les concepts de self et de faux-self développés par Donald W. Winnicott.

14. Il est évidemment nécessaire, parfois, d'intervenir et de prendre les choses en main. Je pense par exemple à certaines situations où l'on se trouve confronté à une personne qui est prête à s'infliger (ou à infliger aux autres) des blessures irréversibles. Le risque est que cette intervention renforce chez cette dernière des tendances autodestructrices, mais il sera tou-

jours temps d'entreprendre un travail là-dessus par la suite. Autre exemple : une « intervention » auprès de toxicomanes, la mise en œuvre de procédures thérapeutiques spécifiques permettent quelquefois d'interrompre le cycle autodestucteur bien avant que l'individu n'ait touché le fond.

15. Je parle ici du rôle du vide émotionnel dans l'expression sexuelle masculine. Mais ce cas peut amener à s'interroger sur les viols perpétrés lors de rendez-vous amoureux et sur ce qui est à l'œuvre à ce moment-là d'un point de vue psychologique. Je ne suis pas spécialiste de cette question, mais il est évident que je n'envisage pas de justifier ces viols en faisant appel au concept de vide émotionnel. Même si la psychologie masculine joue un rôle dans ces cas-là, il est également indéniable que la majorité des hommes ne violeront jamais, que ce soit au cours d'un rendez-vous amoureux ou à une autre occasion.

16. Tous ces comportements ne sont pas équivalents. Il faut faire la différence entre, par exemple, une pratique qui vous excite vraiment et le fétichisme, entre le désir d'être dominé sexuellement et le viol, entre faire l'amour dans les bois et l'exhibition publique. Mais j'ai tendance à penser que la définition de la pathologie relève plus ici d'une question socioculturelle que scientifique.

17. Cette distinction est, me semble-t-il, un peu théorique. Pour ma part, je pense que la plupart des gens ont un potentiel bisexuel et se situent quelque part sur une ligne qui va de l'hétérosexualité pure à l'homosexualité pure. Autrement dit, je ne saurais dire où se situe le point à partir duquel on pourrait établir qu'un homme est vraiment gay et les différents facteurs que cela implique.

BIBLIOGRAPHIE

BECKER E., *The Denial of Death*, New York, Free Press, 1997.

BERNHARD T., *Le Naufragé*, Paris, Gallimard, 1986.

BOLLAS C., *The Shadows of the Object. Psychoanalysis of the Unthought Known,* New York, Columbia University Press, 1987.

BOLLAS C., *Les Forces de la destinée. La psychologie et l'idiome humain*, Paris, Calmann-Lévy, 1996.

BRANDES S., *Metaphors of Masculinity*, Philadelphie, University of Penssylvania Press, 1980.

CHAGNON N. A., *Yanomamo. The Last Days of Eden*, New York, Harcourt Brace Jovanovich, 1992.

COVEY S. R., *Les sept habitudes de ceux qui réalisent tout ce qu'ils entreprennent*, Paris, Éditions First, 1999.

DOSTOÏEVSKI F., *Carnets du sous-sol*, Arles, Actes Sud, coll. « Babel », 1992, p. 11, 26 et 38.

DWECK C. S., LEGGETT E. L., « A Social-Cognitive Approach to Motivation and Personality », *Psychological Review*, 95, 1988, p. 256-273.

ERIKSON E., *Childhood and Society*, New York, Norton, 1950.

FAIRBAIRN W. R. D., *Structure endopsychique et relation d'objet, 1. Les fondement théoriques*, Paris, Éditions Monde Interne, 1999.

FOGEL G. I., FREDRICK M., LIEBERT R. S. (dir.), *The*

Psychology of Men, New Haven et Londres, Yale University Press, 1986.

FREUD S. L'auteur se réfère à la *Standard Edition of the Complete Psychological Works of Sigmund Freud*, volumes 1-24, Londres, Hogarth Press, 1953-1974 (SE), qui n'a été que partiellement traduite en France et chez différents éditeurs. On pourra néanmoins se référer aux *fiuvres complètes*, sous la direction de André Bourguignon, Pierre Cotet, Jean Laplanche, Paris, PUF, « Psychanalyse », 1991-1998. Ainsi qu'aux éditions mentionnées ci-dessous.

FREUD S., *L'Interprétation des rêves*, Paris, PUF, 1999.

FREUD S., *Trois essais sur la théorie sexuelle*, Paris, Gallimard, 1987.

FREUD S., *Instincts and Their Vicissitudes* (1915), *SE*, vol. 14, p. 117-140.

FREUD S., *Mourning and Melancholia* (1917), *SE*, vol. 14, p. 237-260.

FREUD S., « Au-delà du principe de plaisir », *Essais de psychanalyse*, Paris, Payot, coll. « Petite Bibliothèque Payot », 2001.

FREUD S., *The Economic Problem of Masochism* (1924), *SE*, vol. 19, p. 155-170.

FREUD S., *Inhibition, symptôme et angoisse*, Paris, PUF, 1997.

FREUD S., *Nouvelles conférences d'introduction à la psychanalyse*, Paris, Gallimard, 1984.

GAY P., *Freud, une vie*, Paris, Hachette Littératures, 1991.

GRAY J., *Les hommes viennent de Mars, les femmes viennent de Vénus*, Paris, J'ai Lu, 2001.

GREENSON R. R., *The Technique and Practice of Psychoanalysis*, New York, International Universities Press, 1967.

GUNTRIP H., *Schizoid Phenomena, Object Relation and*

the Self, New York, International Universities Press, 1969.

HORNEY K., *Nos conflits intérieurs*, Paris, Éditions de l'Arche, 1992.

ISAY R. A., « Homosexuality in Homosexual and Heterosexual Men. Some Distinctions and Implications for Treatment », *in* G. I. Fogel, M. Fredrick, R. S. Liebert (dir.), *The Psychology of Men*, *op. cit.*

KAFKA F., *Lettre au père*, Toulouse, Éditions des Ombres, 1994.

KERNBERG O., *La Personnalité narcissique*, Paris, Dunod, 1997.

KERNBERG O., *Internal World and External Reality*, New York, Jason Aronson, 1980.

KIDD R., WENZEL M. P., *Golden Sound Story Disney Beauty and the Beast*, Racine Wisconsin, New York Western Publishing Company, 1992.

KLEIN M., RIVIERE J., *L'Amour et la Haine*, Paris, Payot, coll. « Petite Bibliothèque Payot », 2001.

KOHUT H., *The Analysis of the Self*, New York, International Universities Press, 1971.

KOHUT H., *Le Soi. La psychanalyse des transferts narcissiques*, Paris, PUF, 1991.

KUNDERA M., *Le Livre du rire et de l'oubli*, Paris, Gallimard, 1985.

LANGS R. (dir.), *Classics in Psychoanalysis Techniques*, New York, Jason Aronson, 1981.

LEWIS M., *Shame. The Exposed Self*, New York, Free Press, 1995.

LIEBERT R. S., « The History of Male Homosexuality from Ancient Greece Through the Renaissance. Implications for Psychoanalytic Theory », *in* G. I. Fogel, M. Fredrick, R. S. Liebert (dir.), *The Psychology of Men*, *op. cit.*

MASTERS W., JOHNSON V., KOLODNY, *Amour et sexualité. Mieux vivre sa vie sexuelle dans le monde d'aujourd'hui*, Paris, InterÉditions, 1987.

McCarthy B., *Male Sexual Awareness*, New York, Carroll & Graf, 1988.
Miedzian M., *Boys Will Be Boys*, New York, Doubleday, 1991.
Ovide, *Les Métamorphoses, livres I à XIV*, Paris, Les Belles Lettres, 1960-1991.
Real T., *I Don't Want to Talk About It*, New York, Simon & Schuster, 1997.
Reich W., *L'Analyse caractérielle*, Paris, Payot, 1992.
Rycroft C., *A Critical Dictionary of Psychoanalysis*, Totowa, New Jersey, Littlefield, Adams, 1973.
Stoller R. J., *Masculin ou féminin*, Paris, PUF, 1989.
Stoller R. J., *L'Imagination érotique telle qu'on l'observe*, Paris, PUF, 1989.
Stoller R. J., *La Perversion, forme érotique de la haine*, Paris, Payot, 2000.
Stolorow R., Atwood G., *Faces in a Cloud. Subjectivity in Personality Theory*, New York, Jason Aronson, 1979.
Sullivan H. S., *The Psychiatric Interview*, New York & Londres, Norton, 1954.
Sullivan H. S., *Clinical Studies in Psychiatrie*, New York, Norton, 1956.
Winnicott D. W., *De la pédiatrie à la psychiatrie*, Paris, Payot, 1989.
Winnicott D. W., *Processus de maturation chez l'enfant*, Paris, Payot, 1989.
Winnicott D. W., *Jeu et réalité. L'espace potentiel*, Paris, Gallimard, 1975.
Woolf V., *Orlando*, Paris, Stock, 1992.
Wrangham R., Peterson D., *Demonic Males. Apes and the Origins of Human Violence*, Boston & New York, Mariner Books/Houghton Mifflin, 1996.

Vous pouvez également consulter
le site web de l'auteur :
www.ifmencouldtalk.com

REMERCIEMENTS

Je voudrais tout d'abord remercier mes patients, hommes et femmes. Sans leur confiance et la réceptivité dont ils ont témoigné face au processus thérapeutique, ce livre n'aurait jamais pu naître. Leur lutte pour mettre au jour leurs propres vérités psychiques et le courage qu'ils déploient dans leur quête m'ont inspiré tant dans mon travail que dans mes entreprises personnelles. Et c'est à eux, plus qu'à n'importe quel livre, théorie ou professeur, que je dois d'avoir compris ce qu'est la psychologie.

Parmi les personnes qui m'ont beaucoup appris sur mon développement en tant qu'homme, deux reconnaîtront dans ce livre la marque qu'elles ont imposée à ma pensée. L'ironie – et la logique, si l'on en croit la thèse que j'ai développée dans ces pages – veut que ces deux personnes soient des femmes. Il s'agit de ma femme, et consœur, Michele Sacks, et de mon analyste, le Dr Betty Hellman. Aucun mot ne saurait exprimer toute la dette émotionnelle et intellectuelle que j'ai envers ma femme, et le cadre public de ce livre ne s'y prête certainement pas ; il en va de même, mais pour des raisons différentes, de ma thérapeute.

Judy Chain, mon éditrice chez Little, Brown, a joué un rôle capital dans l'orientation du livre dès qu'elle en a lu le manuscrit initial. Elle a apporté son enthousiasme et son intelligence au projet, tout en me faisant profiter de ses idées et de ses conseils avisés, créatifs et plein de bon sens. Elle m'a aussi encouragé à me livrer davantage, ce qui a rendu l'écriture à la fois plus difficile et plus gratifiante. Je tiens aussi à remercier le reste de l'équipe de chez Little, Brown, et notamment Beth Davey, Linda Biagi, Heather Rizzo, Matthew Ballast, Claire Smith et Betty Power. J'ai une dette particulière envers mon agent, Judith Rive. Depuis le début de notre relation, elle m'a soutenu dans mes efforts pour mieux faire entendre ma propre voix et n'a jamais cherché à la diluer. Elle m'a dirigé, d'une main ferme mais douce, et a su s'opposer à moi quand cela s'avérait nécessaire, témoignant à chaque fois d'intégrité et de respect. Elle a travaillé avec moi et pour moi avec une intensité, une humanité et un professionnalisme peu communs.

Je dois également beaucoup à Mark et Jane Rosenman. Les conseils et l'aide qu'ils m'ont offerts ont permis à ce livre de voir le jour sous sa forme actuelle. Plusieurs de mes collègues et amis ont lu le manuscrit d'origine et ont réagi par des mots d'encouragement et certaines suggestions critiques : Brenda Berger, Eric Friedberg, Morris Shinderman, Beth Dorogusker, Adam Price, Arthur et Evelyn Sacks, George Packer, Anne Berkowitch, et Linda Kane. Qu'ils soient ici remerciés, tout comme Zia Jaffrey et Joseph Berger, deux amis écrivains qui m'ont soutenu dans mon entreprise et m'ont dès le départ aidé dans mon travail d'écriture.

Parmi les amis, collègues, professeurs ou superviseurs qui ont influencé tant mon développement personnel que mon travail au cours des dernières années, je voudrais citer : Itamar Lurie, Ivan Bregsin Richard Shuster, Ysrael Eliraz, Harvey Hornstein, Joel Davitz, Marsha Levy-Warren, Sandra Buechler, Karen Crystal, Mona Macksoud, Peter Cohen, Andy et Laurie Grunebaum. Je souhaiterais aussi remercier Gordon Churchwell, Judy Siegel et Frank Schnneir qui m'ont recommandé à différentes personnes dans le monde de l'édition.

Mes derniers – mais non les moindres – remerciements vont à mes parents, Haya et Avraham Gratch, et à mes deux frères, Eli Gadot et Ariel Gratch. Sans leur amour, leurs encouragements et leur générosité, rien de ce qui m'importe dans la vie ne m'accompagnerait aujourd'hui.

TABLE DES MATIÈRES

Achevé d'imprimer en Janvier 2007
par Novoprint (Barcelone)

Dépôt légal : Mars 2005

Imprimé en Espagne